Changer le travail
pour changer la vie ?

© L'Harmattan, 2009
5-7, rue de l'École-Polytechnique ; 75005 Paris

http://www.librairieharmattan.com
diffusion.harmattan@wanadoo.fr
harmattan1@wanadoo.fr

ISBN : 978-2-296-09162-7
EAN : 9782296091627

Matthieu Tracol

Changer le travail pour changer la vie ?
Genèse des lois Auroux, 1981–1982

Des poings et des roses

Dans la même collection

Albert Gazier (1908-1997). Autour d'une vie de militant
Bruno Demonsais,
   Gavroche. Un hebdomadaire culturel socialiste de la Résistance à la Guerre froide
Christelle Flandre,
   Socialisme ou social-démocratie ? Regards croisés français allemands, 1971-1981
Robert Chapuis,
   Si Rocard avait su… Témoignage sur la deuxième gauche
Jacques Moreau,
   L'Espérance réformiste.
   Histoire des courants et des idées réformistes dans le socialisme français
Emmanuel Jousse,
   Réviser le marxisme ? D'Édouard Bernstein à Albert Thomas, 1896-1914
Gilles Morin et Gilles Richard (dir.),
   Les Deux France du Front populaire. Chocs et contre-chocs
Claire Marynower,
   Joseph Begarra. Un socialiste oranais dans la guerre d'Algérie

conception graphique|réalisation béatriceVillemant

illustration de couverture : le ministre du Travail Jean Auroux présentant son rapport sur les droits nouveaux des travailleurs aux salariés de l'usine Prophac à Evreux, le 22 janvier 1982. Photothèque *L'Unité* – Coll. FJJ-CAS.

Merci à Annie Kuhnmunch, Archives confédérales de la CFDT, et à Aurélie Mazet, Institut d'histoire sociale-CGT.

Préface

Olivier Wieviorka
Professeur des universités à l'École normale supérieure de Cachan

Malgré maintes déclarations de bonnes intentions, l'histoire dite du temps présent peine, aujourd'hui encore, à s'imposer en France et les historiens abordant les deux dernières décennies du XXe siècle restent une espèce rare. C'est dire que la recherche menée par Matthieu Tracol – jalon d'une thèse prometteuse à venir – mérite d'être saluée. Car, non contente de porter sur les années Mitterrand, trop délaissées par le monde académique, elle envisage l'histoire du premier septennat par son cœur – le social – plutôt que de se pencher, comme tant d'autres travaux empruntant des sentiers rebattus, sur la diplomatie de François Mitterrand.

La gauche, on s'en souvient, avait promis de «changer la vie», ambition qui passait par une audacieuse politique économique et de généreuses réformes sociales. Rétrospectivement, pourtant, le bilan apparaît mince. Car si l'œuvre du Front populaire suscite, aujourd'hui encore, respect et nostalgie – que l'on songe au statut dont les quarante heures ou les congés payés jouissent dans la mémoire nationale –, ni les nationalisations, ni les lois Auroux ne bénéficient de la même aura. Faut-il dès lors incriminer l'amont – la préparation des textes – ou l'aval, leur réception et leur application ?

Matthieu Tracol, certes, n'aborde pas la pratique – réservant à sa thèse l'examen de cette question. Mais il offre une analyse passionnante de la genèse des lois. Il montre, notamment, que le corpus voté en 1982 avait été préparé par une série de réflexions émanant avant tout de la

Deuxième gauche, mouvance que les noms de Jacques Delors – pour les hommes – et de la CFDT – pour les organisations – suffisent à symboliser. Ayant, avant même 1981, profondément réfléchi aux questions sociales, ce courant put offrir à un ministre novice l'outillage conceptuel nécessaire, avec d'autant plus de facilités qu'il avait peuplé de ses hommes les cabinets de Pierre Mauroy ou de Jean Auroux. D'autres apports, plus inattendus, ont également pesé. La droite technocratique mais modernisatrice jadis productrice des rapports Sudreau ou Boulin n'a pas été sans influencer les décideurs – comme on dit aujourd'hui – et ces inspirations se retrouvent, fût-ce à l'état de trace, dans le rapport qui devait mener au vote des textes législatifs.

Il y a loin, toutefois, de la coupe aux lèvres, et les lois Auroux furent aussi le produit de compromis. Toutes les sensibilités de gauche, d'abord, ne partageaient pas l'approche tempérée et réformiste de la CFDT. Ainsi, FO se méfiait du droit d'expression des salariés qui risquait, selon la centrale d'André Bergeron, de court-circuiter les syndicats. Sans partager cette analyse, la CGT se battit pour abaisser les seuils et conserver l'esprit de certaines propositions du candidat François Mitterrand – le droit d'arrêter les machines en cas de danger notamment. L'opposition droitière fut, on le devine, encore plus virulente. Certes, le patronat fut somme toute moins offensif que ce que la gauche pouvait redouter. Sonné par la défaite de 1981, il peinait à recouvrer ses esprits, et la modération des lois Auroux constitua au fond une divine surprise. En revanche, la CGC tonna, le gouvernement essayant, il est vrai, de contourner le monopole de fait dont jouissait la centrale de Jean Menu sur l'encadrement. Il n'en fallait pas plus pour que ce dernier s'exprime, non sans outrances, contre le pouvoir bolchevique, au point d'exiger le départ du Premier ministre. De même, les heurts se multiplièrent à l'Assemblée où les cadets – Philippe Séguin en tête – menèrent le combat, en utilisant toute la palette des artifices qu'offrait la procédure parlementaire.

On sera peut-être ici surpris de voir que le PS n'a guère été mentionné dans ces quelques lignes. De fait, et c'est l'une des révélations qu'apporte Matthieu Tracol, le Parti socialiste fut faiblement sollicité par Jean Auroux et son entourage. Du point de vue conceptuel ou programmatique, il avait bien peu à apporter, ayant tout misé sur les nationalisations qui, selon lui, régleraient par magie l'ensemble des problèmes. De même, le ministre et ses conseillers, sûrs que le groupe socialiste voterait à l'Assemblée son texte, jugèrent inutile de courtiser les parlementaires.

La démonstration, exemplaire, s'appuie sur des sources abondantes que Matthieu Tracol a patiemment exploitées. Puisant largement dans le fonds déposé par Pierre Mauroy, l'historien n'a pas hésité à solliciter les acteurs de la période, confirmant le grand intérêt que revêt une histoire orale aujourd'hui en déshérence. Il a, de même, exploré les débats parlementaires dont on sait la richesse. Cette diversité lui permet ainsi d'explorer la variété des points de vue et des stratégies adoptées par les différents acteurs.

Peut-on, dès lors, proposer une morale de l'histoire ? Trois grands enseignements semblent pouvoir être tirés de cette très solide recherche. On ne s'étonnera pas, d'une part, de constater que les lois Auroux ont été d'autant plus facilement élaborées qu'elles avaient été précédées par un intense travail de réflexion, commis par des experts, des politiques et des syndicalistes. À cette époque, le Parti socialiste entretenait avec le monde intellectuel des relations qui aujourd'hui paraissent relever de temps immémoriaux... On constatera, d'autre part, la flexibilité du clivage gauche/droite. Car si les contemporains eurent le sentiment, à bien des égards justifié, que le parti du progrès s'opposait avec vigueur au parti de l'ordre, les réalités furent, comme souvent, plus complexes. Une frange de la droite technocratique inspira en partie les réformes ; et certains hommes de droite, que le retard français en matière sociale préoccupait, se battirent mollement contre une réforme jugée sans doute modérée et peut-être nécessaire. L'ouvrage de Matthieu Tracol, enfin, décrit par le menu les méandres de la décision. Il confirme, mais ce n'est pas une surprise, qu'une décision politique, loin de découler de la simple volonté d'un homme seul, résulte toujours de compromis. Certes, on atténuera ce schéma, en rappelant que le soutien du président François Mitterrand fut parfois déterminant pour lever des obstacles ou briser des oppositions. Jean Auroux, toutefois, fut bien forcé de composer : avec les communistes qui, via la CGT et leurs ministres, disposaient de puissants moyens d'action ; avec FO, qui imposa la présence de l'un de ses membres au cabinet du Premier ministre ; avec le CNPF qui parvint à obtenir un débat au Conseil économique et social ; avec une frange du patronat, qui réussit à éviter aux PME les mesures, jugées trop lourdes, du dispositif législatif.

On lira donc avec intérêt les pages que Matthieu Tracol consacre à la genèse des lois Auroux, en se réjouissant que la Fondation Jean-Jaurès ait choisi d'honorer, par un prix, ce travail scientifique de haute tenue. La recherche, il est vrai, éclaire d'un jour neuf la politique conduite par un gouvernement qui ambitionnait de mettre « du bleu au ciel ». Elle pourra également nourrir, et ce n'est pas son moindre apport, la réflexion des formations politiques en général et du Parti socialiste en particulier, puisqu'elle souligne l'importance du lien unissant responsables politiques et intellectuels – un lien aujourd'hui rompu. Elle invite également à reconsidérer les liens entre l'exécutif et le législatif, alors dédaignés par Jean Auroux et ses conseillers, en pointant le risque d'une conception jupitérienne du pouvoir snobant les apports stratégiques et idéologiques que les parlementaires peuvent lui offrir. À l'heure où le travail des Assemblées subit le feu de la critique, l'analyse rigoureuse de Matthieu Tracol pourra, sans doute aucun, nourrir utilement le débat.

Remerciements de l'auteur

Mes remerciements vont en premier lieu à mon directeur de master Olivier Wieviorka, qui a su me guider lorsque j'étais encore indécis et sans qui je n'aurais sans doute jamais abordé ce sujet de recherche.

Ils vont également à Pascal Ory, mon actuel directeur de thèse qui, dès ce temps-là n'a ménagé ni son temps ni ses conseils.

L'historien, débutant comme confirmé, ne serait rien sans archives et se trouverait fort démuni sans le secours des archivistes. Pascal Geneste m'a aidé à me repérer dans le dédale du fonds François Mitterrand conservé aux Archives nationales et a bien voulu prendre de son temps pour faire un premier inventaire de cartons jusqu'alors délaissés. Qu'il en soit chaleureusement remercié. Ma gratitude va également à Emmanuelle Jouineau et à Thierry Mérel, qui se sont plongés dans les cartons du Centre d'archives socialistes pour repérer ceux susceptibles de m'intéresser, ainsi qu'aux autres archivistes des diverses institutions qui m'ont accueilli, Annie Kuhnmunch à la CFDT et Aurélie Mazet à la CGT.

Je remercie également tous les témoins de cette époque qui ont bien voulu prendre de leur temps pour solliciter leurs souvenirs et répondre à mes questions : Messieurs Jean Auroux, Bernard Brunhes, René Cessieux, Michel Coffineau, Jean-Paul Jacquier, Yvon Gattaz, Edmond Maire et Pierre-Louis Rémy. Parmi eux, je remercie tout particulièrement René Cessieux, pour son accueil chaleureux et pour la confiance qu'il a manifestée en me donnant accès à ses archives personnelles. J'espère m'en être montré digne.

Mes remerciements vont enfin à mes parents, vigilants et patients relecteurs d'une matière pourtant austère. Cette histoire est aussi un peu la leur.

Introduction

« Après mon passage, la France ne sera jamais plus ce qu'elle a été auparavant. Toi, tu voulais créer une nouvelle société, plus juste, plus humaine, plus contractuelle. […] Tu voulais transformer, améliorer, changer la société. Moi, je ne veux pas changer la société, je veux changer de société. »

François Mitterrand à Jacques Chaban-Delmas, mai 1981[1].

« Concilier le réalisme et l'utopie. »
Jean Auroux, janvier 1982[2].

« Changer la vie » : plus de vingt-cinq ans après, le slogan attaché au programme socialiste et à la campagne électorale victorieuse de François Mitterrand reste aujourd'hui encore dans toutes les mémoires. Cette formule accrocheuse et volontariste qui complétait efficacement le rassurant « force tranquille », attaché plus spécifiquement à la personne du principal candidat de gauche, résumait bien l'état d'esprit du personnel politique qui arrivait au pouvoir en 1981. Il s'agissait pour la gauche, écartée du plus haut niveau des responsabilités depuis 1958, de conduire le pays sur la voie d'un « socialisme à la française », défini

---

1. Cité dans Pierre FAVIER et Michel MARTIN-ROLAND, *La décennie Mitterrand. Tome I : les ruptures (1981-1984)*, Paris, Le Seuil, 1995, p. 77.
2. Tribune publiée dans *Le Monde* du 14 janvier 1982.

par le nouveau président de la République comme étant situé à mi-chemin de la social-démocratie réformiste et du modèle marxiste-léniniste[3]. De fait, les « 110 propositions pour la France » du candidat François Mitterrand avaient accordé une large place au social et témoignaient de la volonté de transformer en profondeur les rapports sociaux. Cette transformation devait être réalisée essentiellement grâce à la modification des mécanismes économiques. La nationalisation de grands groupes industriels et la mise en place d'une planification « démocratique et décentralisée » étaient ainsi considérées comme le moyen privilégié de réaliser un tel bouleversement socio-économique. Ces réformes de structure furent par ailleurs complétées par toute une série de mesures plus classiques (hausse du SMIC, des minima sociaux, baisse du temps de travail, de l'âge de la retraite), qui se plaçaient dans une continuité revendiquée avec le Front populaire : la gauche ne pouvait pas, dans l'esprit des socialistes du temps, ne pas être socialement généreuse et progressiste une fois arrivée au pouvoir. Tout cela était couronné par la solide conviction que le changement annoncé allait être naturellement soutenu et porté par l'ensemble de la société française. Ainsi, pour François Mitterrand, le 10 mai 1981 avait pour signification essentielle que « la majorité politique de la France [venait] de s'identifier à sa majorité sociale[4] ».

Vingt-cinq ans après, il est rétrospectivement facile de conclure à l'échec de ce projet économique et social. Le tournant symbolique en la matière fut naturellement le choix de la « rigueur » effectué en 1983, conséquence du maintien de la France dans le système monétaire européen (SME). Cela déboucha sur la conversion proclamée de la gauche de gouvernement à l'économie de marché, quoique aujourd'hui encore cette conversion soit inégalement assumée. L'élaboration du rapport Auroux sur les droits nouveaux des travailleurs dans l'entreprise, du nom de celui qui fut le ministre du Travail de Pierre Mauroy entre mai 1981 et mars 1983, puis des quatre lois Auroux, votées et promulguées au cours de l'année 1982[5], s'inscrit au cœur de cette contradiction. Les socialistes français avaient en effet comme objectif original de mettre en place les « droits nouveaux » promis dans les 110 propositions du candidat François Mitterrand. Comme ces dernières le proclamaient, il s'agissait rien moins que d'instaurer la « démocratie économique » dans

---

3. Entretien télévisé du 9 décembre 1981, *Le Monde* du 11 décembre 1981.
4. Phrase prononcée lors de son discours d'investiture le 21 mai 1981. Cité dans Pierre Favier et Michel Martin-Roland, *op. cit.*, p. 66.
5. Loi n° 82-689 relative aux libertés des travailleurs dans l'entreprise (4 août 1982) ; loi n° 82-915 relative au développement des institutions représentatives du personnel (28 octobre 1982) ; loi n° 82-957 relative à la négociation collective et au règlement des conflits du travail (13 novembre 1982) ; loi n° 82-1097 relative aux comités d'hygiène, de sécurité et des conditions de travail (23 décembre 1982).

l'entreprise. Les lois Auroux devaient donc faire partie intégrante du « socle du changement[6] » promis par la gauche. Deux ans après, aucun des points essentiels des 110 propositions traitant des droits nouveaux des travailleurs, certes peu nombreux, n'était pourtant réalisé. Le droit de veto du comité d'entreprise pour l'embauche, le licenciement, l'organisation du travail, le plan de formation, les nouvelles techniques de production ? Disparu. Le droit pour le comité d'hygiène et de sécurité de faire arrêter les machines ? Oublié.

Pour toute une frange du Parti socialiste, la déception était amère. Yves Roucaute, agrégé de philosophie et militant socialiste, stigmatisa ainsi à cette époque le « recul du gouvernement » sur ce sujet qui était pourtant, d'après lui, une « question cruciale ». Se faisant le porte-parole de militants syndicalistes déçus, il demandait : « Pourquoi [...] tarder et affaiblir le projet Auroux ? Pourquoi ne s'attaque-t-on pas aux rapports sociaux de production eux-mêmes[7] ? » Plus radical encore, Jacques Kergoat fustigea la « politique ouverte de "collaboration de classe" » menée par le gouvernement Mauroy. « Peu à peu, le rapport Auroux sur les "droits nouveaux" des travailleurs est [...] vidé de sa substance », déplora-t-il ainsi en 1983[8].

Dans le même temps, certains patrons se félicitaient au contraire de la tournure qu'avaient prise les événements. Yvon Gattaz, chef du CNPF de décembre 1981 à 1986, expliqua après coup que son organisation était « arrivée à une solution honorable pour les entreprises, en éliminant ce qui était le plus dangereux[9] ». Il alla même jusqu'à affirmer que le rapport Auroux, « qui avait semé la panique dans les entreprises par ses outrances », s'était transformé, grâce à ses efforts, en lois inoffensives ou presque, permettant même de « court-circuiter les syndicats. [...] Ceux-ci ont perdu de leur importance depuis l'entrée en vigueur de ces quatre lois », se réjouissait-t-il ainsi[10]. Les lois Auroux, lois patronales et antisyndicales ? On retrouve cette idée, sous une forme certes un peu différente, à l'exact opposé de la place qu'occupe Yvon Gattaz sur l'échiquier politico-social. L'historien marxiste néo-zélandais Bernard H. Moss put ainsi écrire que « ce furent les antagonistes les plus déterminés, c'est-à-dire patronaux, qui tirèrent avantage des lois Auroux, et non les syndicalistes qui les avaient parrainées[11] ».

---

6. Selon l'expression de Pierre Mauroy. Cité dans Jean-Jacques BECKER (avec la collaboration de Pascal ORY), *Crises et alternances, 1974-1995*, Paris, Le Seuil, 1998, p. 262.
7. Yves ROUCAUTE, *Le Parti socialiste*, Paris, Éditions Bruno Huisman, 1983, p. 141-142 et p. 145-146.
8. Jacques KERGOAT, *Le Parti socialiste. De la Commune à nos jours*, Paris, Le Sycomore, 1983, p. 300.
9. Yvon GATTAZ, *Les patrons reviennent*, Paris, Robert Laffont, 1988, p. 73-74.
10. Yvon GATTAZ et Philippe SIMONNOT, *Mitterrand et les patrons, 1981-1986*, Paris, Fayard, 1999, p. 31.
11. Bernard. H. MOSS, « La réforme de la législation du travail sous la Ve République : un triomphe du modernisme ? », in *Le Mouvement social*, n° 148, juillet-septembre 1989, p. 88.

Des appréciations un peu plus amènes ont cependant aussi pu être portées sur ce monumental ensemble législatif. « Vingt-cinq ans après, qui contesterait aux lois Auroux le statut de phare de l'histoire sociale ? », s'enflamme ainsi le juriste Jacques Le Goff, n'hésitant pas à les comparer aux plus grandes des avancées sociales des XIXe et XXe siècles[12]. Les lois Auroux seraient-elle donc égales en dignité à celle de 1864 reconnaissant le droit de grève ? À celle de 1884 légalisant les syndicats ? Auraient-elles donc produit une avancée semblable à celles du Front populaire, de la Libération et de 1968, comme le proclamèrent les députés socialistes à la tribune de l'Assemblée nationale ? Comment, pourtant, ne pas relever le relatif oubli dans lequel elles sont très vite tombées ? En 1995, dressant le bilan de deux septennats de pouvoir mitterrandien, en une suite de courts et instructifs chapitres thématiques, un éminent journaliste et un politiste réputé évoquèrent à peine ce chantier de début de premier septennat expédié en quelques lignes dans les rubriques « patronat » et « syndicalisme »[13].

Les lois Auroux ont donc autant déchaîné les passions sur le moment qu'elles ont rapidement disparu des mémoires. Cela n'empêche pas que le sujet soit encore aujourd'hui parcouru par de forts enjeux politiques et sociaux. Un des enjeux essentiels de notre travail est donc de parvenir à poser le regard historique le plus dépassionné possible sur une période au sujet de laquelle chacun ou presque dispose pourtant d'un avis ou d'un jugement personnel. Les prénotions en sont d'autant plus nombreuses et difficiles à éviter. Cette prégnance des discours politisés – voire politiciens – est, de manière générale, une caractéristique essentielle de la production écrite traitant des lois Auroux. Si les jugements portés sur le premier septennat de François Mitterrand abondent, les historiens universitaires l'ont, pour le moment, quelque peu délaissé, laissant le champ libre à d'autres voix. La majorité des ouvrages sur la période ont ainsi été écrits par les grands acteurs de cette époque[14], par ceux qui les ont côtoyés[15], et surtout par des journalistes[16].

---

12. Jacques Le Goff, « Introduction », in Jacques Le Goff (dir.), *Les lois Auroux, 25 ans après (1982-2007). Où en est la démocratie participative ?*, Rennes, Presses universitaires de Rennes, 2008, p. 9.
13. Jean-Marie Colombani et Hugues Portelli, *Le Double septennat de François Mitterrand. Dernier inventaire*, Paris, Grasset, 1995, p. 208 et 322.
14. Un certain nombre de personnages politiques importants de l'époque ont ainsi entrepris de rédiger leurs mémoires. À titre d'exemples et sans exhaustivité aucune : Pierre Mauroy, *Mémoires. Vous mettrez du bleu au ciel*, Paris, Plon, 2003 ; Jacques Delors, *Mémoires*, Paris, Plon, 2004.
15. Citons, à titre d'exemples, le témoignage d'un membre du cabinet de Pierre Mauroy (Thierry Pfister, *La vie quotidienne à Matignon au temps de l'Union de la gauche*, Paris, Hachette, 1995), ou le journal du très médiatique conseiller spécial de François Mitterrand (Jacques Attali, *Verbatim I, Première partie : 1981-1983*, Paris, Le Livre de poche, 1995).
16. Parmi bien d'autres, *cf.* par exemple : Alain Duhamel, *La République de M. Mitterrand*, Paris, Grasset, 1982 ; Jean-Marie Colombani, *Portrait du Président. Le monarque imaginaire*, Paris, Gallimard, 1985 ; Serge July, *Les années Mitterrand. Histoire baroque d'une normalisation inachevée*, Paris, Grasset, 1986.

Introduction

Parmi les travaux de ces derniers, fatalement très inégaux et le plus souvent de circonstance, un ouvrage mérite d'être plus particulièrement signalé pour son importance. Il s'agit de la somme de Pierre Favier et Michel Martin-Roland, *La décennie Mitterrand*[17], ouvrage qui a bénéficié du fait que ses auteurs ont été des témoins directs d'une bonne part de cette histoire. Ces derniers étaient en effet chargés dans les années 1980 de suivre l'actualité de la présidence de la République pour l'AFP. Ils ont, par ailleurs, procédé *a posteriori* à un très grand nombre d'entretiens avec les acteurs de cette histoire. Il s'agit, à ce jour, du récit le plus complet de la période, même si les auteurs ne sont pas à l'abri de tout reproche. À l'appui de leurs propos, ils citent ainsi fréquemment des «documents d'archives», sans préciser ni leur nature ni leur provenance. Leur ouvrage, pour informé et passionnant qu'il soit, ne correspond donc pas aux critères de rigueur que doivent suivre les historiens. Par ailleurs, les lois Auroux ne sont, dans cet ouvrage, que survolées[18]. Voilà qui nous fournit donc deux excellentes raisons d'aller plus loin et de faire de cette genèse législative un objet d'histoire à part entière.

Est-ce à dire que cela n'est pas encore le cas ? Les historiens auraient-ils dédaignés se pencher sur ce problème ? Ce n'est pas tout à fait vrai. Les travaux scientifiques sur la période du gouvernement Mauroy se développent progressivement depuis une dizaine d'années. Du côté de l'histoire politique, l'événement majeur, bien que pas tout à fait pionnier[19], fut ainsi le colloque «Changer la vie, les années Mitterrand 1981-1984», organisé en janvier 1999 par le Centre d'histoire de l'Europe du XXᵉ siècle et l'Institut François Mitterrand, et dont les actes ont paru en 2001[20]. Il s'agit, à notre connaissance, des premiers travaux scientifiques fondés sur des archives inédites, exploitées en théorie avec toute la rigueur nécessaire pour les «faire parler». Les contributions des différents intervenants, politistes mais surtout historiens, s'appuyaient ainsi sur les papiers de la présidence de la République, largement ouvertes pour l'occasion. Il s'agissait, concrètement, des archives des multiples conseillers gravitant dans l'orbite du président auquel ils faisaient parvenir quotidiennement notes, rapports et suggestions de toute nature.

17. Qui comporte quatre volumes dont seul le premier concerne la période qui nous occupe ici. Cf. Pierre Favier et Michel Martin-Roland, *op. cit.*
18. *Ibid.*, p. 194-198.
19. Il avait en effet été précédé de plus de dix ans par l'ouvrage dirigé par Stanley Hoffmann et George Ross, *L'expérience Mitterrand. Continuité et changement dans la France contemporaine*, Paris, Presses universitaires de France, 1987. Toutefois, il ne pouvait bien évidemment, à cette époque, pas être question de consulter un quelconque fonds d'archives.
20. Serge Berstein, Pierre Milza et Jean-Louis Bianco (dir.), *Les années Mitterrand, les années du changement, 1981-1984*, Paris, Perrin, 2001.

Introduction

Cet ouvrage aussi massif qu'inégal a fait date. Il comporte cependant quelques défauts. Ainsi, toutes les communications proposées à cette occasion ne se donnent pas la peine de croiser les archives de la présidence avec d'autres sources, les fonds ministériels n'étant en général pas mobilisés, pas plus d'ailleurs que les archives de Matignon. Du fait de cette approche, il n'est guère étonnant de constater que se dégage de ce colloque l'image d'une présidence de la République omniprésente, s'occupant de tout ou presque. Les autres centres du pouvoir exécutif sont ainsi peu ou prou rabaissés au rang de simples adjoints. Ce biais fort gênant pour la qualité de l'analyse est également à relier avec l'attention toute particulière portée à des sphères d'intervention relevant plus spécifiquement du président de la République, comme, par exemple, les affaires étrangères ou les grands choix de politique économique. Rien d'étonnant alors à ce que l'interventionnisme de François Mitterrand soit souligné.

La politique sociale, sans être particulièrement privilégiée, était tout de même traitée, les lois Auroux étant abordées, à côté d'autres sujets, par la communication de Lucette Le Van-Lemesle et Michelle Zancarini-Fournel[21]. Ces dernières utilisèrent, elles aussi, pour bâtir leur travail, essentiellement les archives des conseillers de François Mitterrand, en les croisant avec un entretien effectué avec Jean Auroux. Or, en ce qui concerne la politique sociale du gouvernement Mauroy en général et les lois Auroux en particulier, cette approche nous semble insuffisante, car la présidence de la République ne fut, dans cette histoire, qu'un acteur parmi d'autres et, pour dire vrai, ne fut sans doute même pas l'acteur principal, comme nous tenterons de le montrer dans ce présent travail. L'idée d'une omniprésence de ce que certains ont appelé une « présidence impériale[22] », concrétisée, par exemple, par l'interventionnisme des conseillers de l'Élysée sur tous les sujets, bien au-delà du fameux « domaine réservé », nous semble ainsi à relativiser, du moins en ce qui concerne les réformes sociales. D'autres acteurs, individuels ou collectifs, ont joué un rôle bien plus déterminant dans la conduite de la politique sociale du gouvernement Mauroy. Une histoire complète de la genèse des lois Auroux, qui serait fondée sur le croisement de différentes sources, restait donc à écrire après ces premiers pas effectués par l'histoire politique. Nous souhaitons donc procéder à un nouvel examen de cet objet de recherche en intégrant les apports récents d'une historiographie politique qui, nourrie des apports d'autres sciences humaines (sociologie

---

21. Lucette Le Van-Lemesle et Michelle Zancarini-Fournel, « Moderniser le travail : temps de travail, conceptions de l'entreprise et lois sociales », in Serge Berstein, Pierre Milza, Jean-Louis Bianco (dir.), op. cit., p. 531-547.
22. Jean-Pierre Dubois, « Le processus décisionnel : le Président, le gouvernement et le Parlement », in Serge Berstein, Pierre Milza, Jean-Louis Bianco (dir.), op. cit., p. 631-667.

et science politique notamment), témoigne d'ailleurs, actuellement, d'un « nouveau dynamisme [23] ».

Les lois Auroux ont également été un objet d'histoire sociale. L'étude de la transformation des relations et de la législation du travail est, de manière générale, un champ de recherche en expansion dont les acteurs ont profité du centenaire du ministère du Travail, célébré en 2006, pour faire le point sur l'avancée de leurs travaux. Un colloque important s'est ainsi déroulé à cette occasion, balayant un très grand nombre de thèmes [24], dont certains touchant étroitement à notre sujet [25]. Les lois Auroux servent cependant ici, surtout, de borne chronologique conclusive et ne sont pas étudiées véritablement en détail. Le ministère du Travail lui-même a édité pour son centenaire un ouvrage de prestige retraçant son histoire [26], mais qui ne comporte que quelques lignes rapides, il est vrai suggestives, sur les lois Auroux.

Dans ce paysage assez clairsemé émerge cependant un article publié dès 1989 dans *Le Mouvement social*, article écrit par l'historien Bernard H. Moss, déjà évoqué plus haut [27]. Il porte sur « la réforme de la législation du travail sous la Ve République » en général, mais est, en réalité, très largement consacré aux lois Auroux. Moss s'appuie principalement sur une importante documentation sociale (publications syndicales et juridiques surtout), ainsi que sur de nombreux entretiens, et applique à ces sources une grille de lecture néo-marxiste. Cela le conduit à se demander si les lois Auroux, à l'instar de la loi Wagner du New Deal, peuvent être considérées comme « une conquête ouvrière, un fruit de la lutte des classes, ou comme une mesure préventive prise par des capitalistes éclairés en vue d'éviter crises et conflits ». Sa réponse consiste à en faire un « produit de la lutte des classes ayant subi la médiation de projets idéologiques divergents : celui des marxistes et celui des modernistes ». Il cherche, par ailleurs, surtout, dans cet article, à montrer que l'application des lois Auroux, associée à une politique d'austérité économique, a sapé « les conditions économiques et politiques qui auraient été nécessaires pour restaurer l'autorité des syndicats dans les

---

23. Pascale Goetschel et Gilles Morin, « Le Parti socialiste en France. Approches renouvelées d'un mouvement séculaire », in *Vingtième Siècle. Revue d'histoire*, n° 96, octobre-décembre 2007, p. 3-9. À l'origine de ce renouveau, deux ouvrages emblématiques : René Rémond (dir.), *Pour une histoire politique*, Paris, Le Seuil, 1996 ; Serge Berstein (dir.), *Les cultures politiques en France*, Paris, Le Seuil, 2003.
24. Alain Chatriot, Odile Join-Lambert, Vincent Viet (dir.), *Les politiques du travail (1906-2006)*, Rennes, Presses universitaires de Rennes, 2006.
25. Michèle Dupré, Olivier Giraud, Michèle Tallard et Catherine Vincent, « L'État et les acteurs sociaux face à la démocratie industrielle en France et en Allemagne entre 1945 et les années 1980 », in Alain Chatriot, Odile Join-Lambert, Vincent Viet (dir.), *op. cit.*, p. 343-358.
26. Boris Dänzer-Kantof, Véronique Lefebvre, Félix Torres (avec le concours de Michel Lucas), *Un siècle de réformes sociales. Une histoire du ministère du Travail, 1906-2006*, Paris, La Documentation française, 2006.
27. Bernard H. Moss, *art. cit.*

négociations, encourager la participation et établir une réelle négociation collective ». En clair, il reproche aux « modernistes », groupe formé de « hauts fonctionnaires et d'intellectuels d'inspiration sociale-chrétienne » ayant, selon lui, imprimé leur marque aux lois Auroux, d'avoir détruit le modèle de négociation porté par la CGT. Ce modèle était systématiquement appuyé sur la démonstration préalable d'un rapport de force, c'est-à-dire, en un mot, qu'il ne se séparait pas des luttes. Les lois Auroux ont, d'après lui, miné ce modèle en dissociant la négociation du conflit social.

Cet article du *Mouvement social* ouvre, selon nous, un certain nombre de pistes plutôt fécondes : son apport majeur est notamment de replacer la genèse des lois Auroux dans des évolutions politiques, idéologiques et sociales de moyenne, voire de longue durée. Par ailleurs, l'idée selon laquelle les lois Auroux se rattachent à un projet de société défendu depuis les années 1960 par des technocrates et des syndicalistes issus du christianisme social, projet qui se heurte en 1981-1982 à l'héritage marxiste de la gauche française, nous semble globalement juste. Nous avons donc, dans notre propre travail, cherché à reprendre le dossier en approfondissant ces deux pistes, mais en abandonnant le lourd appareillage conceptuel de Moss qui nous paraît bien daté, voire franchement périlleux, tant il le conduit à prendre position en son nom propre contre les « modernistes ».

Enfin, les lois Auroux ont été un objet de recherche pour l'histoire du droit. Parmi les juristes qui ont tenté de les replacer dans des perspectives de plus longue durée[28], la figure de Jacques Le Goff émerge nettement. Son ouvrage majeur, consacré à l'évolution du droit du travail français au XIXe et au XXe siècles, envisagé dans son rapport aux transformations sociales et politiques, leur accorde ainsi une large place[29]. Les analyses qui y figurent ont été prolongées et développées à l'occasion d'une journée d'études pionnière que ce même Jacques Le Goff a organisée à l'université de Brest en mars 2007[30]. L'objectif en était d'étudier l'élaboration de ces lois, en recueillant notamment le témoignage d'un certain nombre d'acteurs de l'époque et de dresser le bilan de vingt-cinq ans d'application. La genèse des lois Auroux fut traitée dans une communication spécifique de Jacques Le Goff qui, reprenant les termes de Jean Auroux lui-même, en fit « une aventure législative partagée » qui « a porté à un degré inégalé l'imbrication et l'osmose entre la sphère

---

28. Citons par exemple Jean-Pierre Le Crom (dir.), *Deux siècles de droit du travail. L'histoire par les lois*, Paris, Éditions de l'Atelier/Éditions ouvrières, 1998.
29. Jacques Le Goff, *Du silence à la parole. Une histoire du droit au travail des années 1830 à nos jours*, Rennes, Presses universitaires de Rennes, 2004, 621 p. (première édition Quimper, Calligrammes, 1985).
30. Jacques Le Goff (dir.), *op. cit.*

politique et la sphère sociale[31] ». Ainsi, Jacques Le Goff voit dans le processus de gestation des lois le résultat d'un « coinvestissement intellectuel télépathique » entre le pouvoir politique et les partenaires sociaux, au premier rang desquels se place la CFDT, « coinvestissement » qui déboucha finalement sur une « coécriture législative à l'encre sympathique ». Animé d'une empathie et d'une proximité avec son sujet pour le moins visibles, le juriste, qui était lui-même inspecteur du travail au début du premier septennat de François Mitterrand, bâtit sa démonstration sur un certain nombre d'entretiens réalisés avec des témoins et des acteurs de l'époque, ainsi que sur quelques documents d'archives, tirés manifestement des papiers personnels que conserve encore aujourd'hui Jean Auroux[32]. Si celle-ci pose des questions intéressantes (à propos notamment de la place de la CFDT dans le processus de gestation législative), elle nous semble souffrir de quelques lacunes. La principale d'entre elles est l'absence de prise en compte de la diversité des acteurs impliqués dans l'élaboration des lois : sont ainsi évoqués presque uniquement le rôle du cabinet de Jean Auroux et celui des partenaires sociaux. La présidence de la République et Matignon sont purement et simplement ignorés, tandis que le rôle du Parlement est à peine effleuré. La contribution de Jacques Le Goff mérite donc, de ce point de vue, d'être complétée et confrontée directement aux archives les plus diverses possibles.

Comment donc aborder un tel objet historique ? Il nous faut, avant toute chose, rappeler quelques données élémentaires du contexte de ces années-là. La décennie 1980 vit la France continuer de s'enfoncer dans une crise économique et sociale qui se révéla aussi profonde que durable et dont la principale traduction fut l'enracinement durable d'un chômage de masse, lequel devint l'enjeu majeur des discours et des politiques publiques. La campagne présidentielle de 1981 avait d'ailleurs précisément eu le problème de l'emploi comme enjeu majeur[33]. Cette crise s'accompagna, par ailleurs, de changements structurels profonds dans l'économie française et dans l'organisation du travail, le vieux modèle fordiste ayant triomphé dans les décennies de l'après-guerre s'essoufflant sérieusement. Or, nous l'avons noté, le programme du candidat Mitterrand entendait se placer dans la continuité de la politique généreuse du Front populaire qui était une référence historique omniprésente à l'époque. Il aspirait à redynamiser les grandes structures économiques et sociales mises en place à la Libération et à leur donner leur plein accomplissement.

31. Jacques Le Goff, « Une aventure législative partagée », in Jacques Le Goff (dir.), *op. cit.*, p. 17-33.
32. C'est du moins ce que l'on peut en déduire à la lecture car cela n'est pas clairement explicité par l'auteur.
33. cf. Jean-Jacques Becker (avec la collaboration de Pascal Ory), *op. cit.*, p. 229-230.

La combinaison de ces deux éléments résulte en une contradiction majeure, révélée brutalement après l'échec de la relance budgétaire de 1981, qui conduisit dans les mois suivants à de douloureuses révisions politiques. Dès avant le tournant de la «rigueur» effectué en 1983, le gouvernement Mauroy infléchit en effet sensiblement sa politique économique. Maîtrise des comptes de la nation et attention accrue portée aux grands équilibres macroéconomiques devinrent ainsi, peu à peu, des objectifs de plus en plus impératifs. Dès juin 1982, le pouvoir socialiste accompagnait ainsi une dévaluation du franc d'un blocage des prix et des salaires pour quatre mois afin de briser l'inflation. L'examen des modalités de la rencontre entre ce contexte économique général et la genèse des lois Auroux qui touchaient à cette matière hautement sensible qu'est le droit du travail, constitue un élément important dans notre étude. L'idée très répandue d'un dogmatisme volontariste affirmé en début de septennat puis abandonné brutalement à cause de la confrontation avec le réel doit, par exemple, être examinée de plus près. Les lois Auroux se plaçaient-elles réellement dans une perspective de «rupture avec le modèle existant», comme le proclamait fièrement le rapport rendu par le ministre du Travail en septembre 1981[34], reprenant ainsi l'esprit de la déclaration faite par François Mitterrand à Jacques Chaban-Delmas? Nous avons vu qu'elles furent jugées très sévèrement par un certain nombre de socialistes déçus de ne pas y retrouver les propositions faites par le parti lorsqu'il était dans l'opposition. Si l'on abandonne l'explication par la «trahison», heuristiquement fort peu féconde, comment expliquer ce hiatus? Pourquoi les socialistes ont-ils donc mis en place une politique du travail radicalement différente de celle esquissée par les programmes électoraux du PS? Derrière ces questions se profile le problème de la filiation intellectuelle et politique des lois Auroux qu'il nous faudra tâcher de retracer.

Tout ceci nous amène également à nous interroger sur les relations entre les différents acteurs ayant joué un rôle dans l'élaboration de ces lois. Comment le pouvoir socialiste a-t-il donc concilié son exigence de transformation de la société avec sa volonté affichée de respecter l'indépendance des partenaires sociaux? Ici se noue un jeu complexe entre plusieurs conceptions du pouvoir politique, le Parti socialiste lui-même étant divisé sur ces questions. Il abritait, en effet, aussi bien des courants dont la sensibilité avait été fortement marquée par l'apport de mai 1968 et par l'idée d'autogestion (ainsi les anciens du PSU, ralliés en 1974), que des héritiers d'une tendance plus centralisatrice et jacobine, attachée

---

34. Jean AUROUX, *Les droits des travailleurs. Rapport au président de la République et au Premier ministre*, Paris, La Documentation française, 1981, p. 39.

au rôle de l'État comme centre d'impulsion et qui faisait de la loi l'instrument privilégié de la réforme (ainsi le CERES de Jean-Pierre Chevènement). Il nous faut donc évaluer l'importance que ces clivages internes au Parti socialiste prirent au cours de la genèse des lois Auroux. Quels réseaux de connivence idéologique, quelles sociabilités internes aux cabinets ministériels peut-on ici mettre en valeur? De quelle relation à la loi, comme mode de transformation sociale, les réformes Auroux témoignent-elles?

Autre enjeu important, celui des relations entretenues par les syndicats ouvriers avec un pouvoir leur étant *a priori* politiquement beaucoup plus proche que le précédent. Le syndicalisme français se distingue en effet, depuis l'origine, par une forte tradition d'autonomie par rapport aux partis politiques et au pouvoir, tradition que l'on peut faire d'ailleurs remonter aux débuts du XXe siècle et à la Charte d'Amiens. Mais que vaut la tradition face à ce tremblement de terre dans le paysage politique et social qu'est l'arrivée de la gauche au pouvoir en mai et juin 1981? Il est ainsi primordial de cerner ce qu'a pu être l'évolution des relations entre les centrales syndicales et le pouvoir, alors même que la décennie 1970 a été qualifiée d'«apogée» dans le domaine du «rapport du Parti socialiste avec le monde syndical[35]». Il s'agit plus généralement, pour nous, de comprendre comment les partenaires sociaux ont pu agir sur l'élaboration de ces lois et comment le pouvoir politique, dans la pluralité de ses instances, a pris en compte leurs revendications. Il ne faudrait pas, en effet, raisonner en faisant de ce pouvoir politique une entité close et cohérente par nature: il est, au contraire, nécessaire de le considérer dans sa diversité. Le pouvoir exécutif, lui-même, ne constitue pas un pôle homogène. Présidence de la République, Matignon, ministère du Travail ont chacun joué un rôle spécifique qu'il nous faut évaluer et tenter d'expliquer. De même, il nous faut étudier l'apport du Parlement dans la genèse de ces lois: fut-il simplement une «chambre d'enregistrement» comme cela lui a souvent été reproché depuis le début de la Ve République? Les députés réussirent-ils, au contraire, à imprimer leur marque aux lois Auroux? Entre Jean Auroux, son cabinet, Matignon, l'Élysée, le Parti socialiste et les parlementaires, qui a donc joué le premier rôle?

En résumé, nous tenterons donc, dans cet ouvrage, de mettre en évidence les processus de prise de décision relatifs à la réforme du droit du travail et d'étudier l'évolution de la manière d'envisager cette réforme qu'avaient alors les hommes et les femmes au pouvoir, ou proches du pouvoir.

---

35. Gilles MORIN, «Les socialistes et la société française. Réseaux et milieux», in *Vingtième Siècle. Revue d'histoire*, n° 96, octobre-décembre 2007, p. 61.

Un des défis liés à cette entreprise consiste en un rapport spécifique aux sources dans le cadre d'une histoire du temps présent qui présente des difficultés particulières pour qui veut l'écrire[36]. On peut distinguer plusieurs types de sources. Une première catégorie est composée des archives des cabinets ministériels, qui sont absolument essentielles dans une histoire de la décision politique. Nous nous sommes prioritairement tournés vers les fonds où l'on peut trouver les papiers des différents conseillers ayant participé à l'élaboration des réformes Auroux, autour du ministre du Travail, du Premier ministre et du président de la République. C'est, en effet, ce type d'archives qui permet de reconstituer précisément le cheminement des décisions gouvernementales et de cerner les jeux des acteurs au cœur du pouvoir ou à sa marge.

Nous bénéficions, en la matière, des pratiques de versement des papiers des collaborateurs ministériels qui se sont, depuis une trentaine d'années, quelque peu normalisées. Alors qu'auparavant les hommes politiques et leurs collaborateurs emportaient tout simplement leurs papiers avec eux à leur sortie de fonction, les considérant comme leur propriété, il devint commun à partir des années 1980 de procéder à une collecte « à chaud » des archives produites par les ministres et les membres de leur cabinet, notamment au moyen de la signature de protocoles de versement[37]. Les anciennes habitudes ne se perdent, hélas, pas si facilement. Jean Auroux et les membres de son cabinet n'ont versé aucun papier aux Archives nationales après leur départ du ministère du Travail. Il n'existe donc pas de fonds Auroux pouvant être consulté suivant les règles d'accès aux archives publiques. *A contrario*, les archives des autres pôles de l'exécutif sont absolument surabondantes, mais se révèlent parfois d'accès malaisé[38]. C'est, par exemple, le cas des archives François Mitterrand (fonds 5AG4 du Centre historique des Archives nationales[39]). Les deux situations sont à l'origine de difficultés pratiques pour l'historien : les archives François Mitterrand sont d'une telle ampleur (14 000 cartons !) qu'elles ne sont aujourd'hui pas encore complètement inventoriées. La recherche des dossiers pertinents pour notre travail en a été rendue malaisée, d'autant plus que la politique sociale n'a pas fait partie des thèmes traités prioritairement par les archivistes en charge du fonds François Mitterrand. Ceux que nous avons pu

---

36. Les actes de la journée d'étude de l'Institut d'histoire du temps présent (IHTP) qui s'est tenue en 1992, font le point sur ces difficultés : *Écrire l'histoire du temps présent*, Paris, CNRS éditions, 1993.
37. *Les archives des hommes politiques contemporains*, Paris, Gallimard et Association des archivistes français, 2007. Voir particulièrement la communication de Philippe SAUZAY, « La collecte exemplaire des archives présidentielles de Valéry Giscard d'Estaing aux Archives nationales », p. 77-89, et celle de Françoise AUJOGUE et François GIUSTINIANI, « Les cabinets ministériels : collecte à chaud et à froid », p. 89-112.
38. Toutes nos demandes de dérogation n'ont ainsi pas été satisfaites (cf. annexe).
39. Agnès BOS et Damien VAISSE, « Les archives présidentielles de François Mitterrand », in *Vingtième Siècle. Revue d'histoire*, n° 86, avril-juin 2005, p. 71-79.

repérer et pour lesquels nous avons obtenu une dérogation se sont par ailleurs révélés bien pauvres en informations sur les lois Auroux, ce qui, selon nous, est d'ailleurs significatif de l'attitude de l'Élysée à leur propos, comme nous le montrerons plus loin.

Du fait de ces aléas archivistiques, notre travail s'appuie, en réalité, surtout sur le fonds Mauroy conservé au Centre des archives contemporaines de Fontainebleau qui a fait l'objet d'une collecte à la fois précoce et très complète[40] et qui nous a été très largement ouvert. Ce fonds très riche contient notamment les papiers du conseiller du Premier ministre pour les affaires sociales, Bernard Brunhes ; il a été complété à la marge par quelques cartons conservés au Centre d'archives socialistes à Paris, ainsi que par les archives privées de René Cessieux, conseiller de Pierre Mauroy entre 1981 et 1984. Ce paysage archivistique quelque peu tourmenté explique que notre travail fasse la part belle à l'action de Matignon, même si nous avons, par ailleurs, cherché le plus possible à corriger ce biais. Ces sources, pour intéressantes qu'elles soient, ne reflètent d'autre part qu'un regard interne à la machine gouvernementale. C'est pourquoi un regard externe est nécessaire pour observer le processus d'élaboration des lois.

D'autres sources permettent ainsi de déplacer la perspective. Il s'agit tout d'abord des archives des deux centrales syndicales qui ont le plus pesé sur l'élaboration des lois Auroux, à savoir la CGT et surtout la CFDT ; ces sources ont cependant été utilisées ici plus ponctuellement qu'exhaustivement. Les publications de ces deux syndicats ont, en revanche, été dépouillées de manière plus complète. L'ensemble permet de reconstituer le point de vue des partenaires sociaux et de cerner leur influence sur le processus législatif.

Les sources qui témoignent de l'activité parlementaire ont également été consultées. Il s'agit, tout d'abord, des procès-verbaux de la commission des Affaires culturelles, familiales et sociales de l'Assemblée nationale[41], ainsi que des débats en séance publique, menés de mai à décembre 1982 et qui forment un ensemble particulièrement imposant. Nous avons, par ailleurs, consulté le *Bulletin des commissions du Sénat* ainsi que les débats publics qui s'y sont déroulés même si la Chambre haute n'a pas véritablement joué un rôle essentiel dans la genèse des lois Auroux. La presse quotidienne généraliste a enfin été sollicitée, en l'occurrence et surtout *Le Monde*, mais aussi plus ponctuellement des quotidiens nationaux comme *Le Figaro*, *Libération*, *L'Humanité* ou bien encore *Le Quotidien de Paris*.

---

40. Centre des archives contemporaines (CAC), versement 19850743.
41. CAC 20060603, articles 2 et 3.

En outre, un des grands intérêts de l'objet de notre recherche est de permettre de confronter les archives aux témoignages des acteurs de l'époque. En effet, ceux-ci sont, pour une bonne partie d'entre eux, encore vivants aujourd'hui et notre chance, en la matière, étant que l'arrivée de la gauche au pouvoir s'est accompagnée d'un fort renouvellement générationnel du personnel politique[42]. Nous avons donc réalisé un certain nombre d'entretiens avec des témoins de cette histoire : ministres, conseillers ministériels, parlementaires, membres des organisations syndicales ou patronales[43]. Ces témoignages sont tout particulièrement importants pour saisir ce qui relève de l'ordinaire, de l'informel ou bien encore de l'implicite, bref, tout ce qui ne laisse pas de traces dans les archives. Ils nous ont donc été très utiles, même s'ils doivent naturellement être maniés avec précaution du fait des limites de la mémoire humaine et de possibles reconstructions des faits *a posteriori*. Précisons au passage que nous n'avons pas la prétention d'avoir réalisé ici un travail de recueil de témoignages absolument exhaustif ; bien d'autres personnes auraient mérité, en effet, d'être consultées, en premier lieu Martine Aubry et Pierre Mauroy, dont nous n'avons hélas pu recueillir le témoignage. Enfin, ces entretiens ont été complétés par un certain nombre de témoignages et de récits écrits par des acteurs de cette histoire, publiés sur le moment ou avec plus de recul dans le temps.

Cet ouvrage s'organise en deux parties qui s'articulent autour de la remise au président de République et au Premier ministre d'un rapport sur les droits nouveaux des travailleurs, signé par le ministre du Travail, Jean Auroux. Ce rapport, achevé en septembre 1981, constitua la matrice des lois Auroux adoptées par le Parlement l'année suivante. Dans un premier temps, nous étudierons donc la genèse de ce rapport. Après avoir montré quels rôles jouèrent les différents pôles du pouvoir dans le lancement de la réforme du droit du travail, nous nous attacherons à cerner quelles étaient les filiations politiques, sociales et intellectuelles de cette réforme. Nous expliciterons ensuite, plus précisément, la lettre et l'esprit de ce rapport ainsi que la réception dont il fut l'objet une fois rendu public.

Dans un deuxième temps, nous étudierons le processus qui a conduit ce rapport à être transformé en quatre lois monumentales. Après avoir analysé les interactions des différents acteurs politiques et sociaux au moment de la préparation des projets de lois, nous montrerons

---

42. Un certain nombre d'acteurs importants sont malheureusement décédés aujourd'hui. Citons Michel Praderie, directeur de cabinet de Jean Auroux, Yvon Chotard, premier vice-président du CNPF, ou Henri Krasucki, secrétaire général de la CGT.
43. Voir liste en annexe.

comment le gouvernement socialiste dut faire face à un certain nombre de résistances venues de son propre camp ou d'une opposition progressivement rassérénée. Enfin, nous retracerons les grandes lignes des débats parlementaires qui se déroulèrent entre mai et décembre 1982.

Une de l'hebdomadaire de la CFDT *Syndicalisme* du 14 mai 1981. Quelques jours après l'élection de François Mitterrand à la présidence de la République, l'euphorie règne au siège du deuxième syndicat français, qui entend bien prendre sa part au changement politique et social alors en marche, auquel la confédération s'était préparée dès 1977 avec sa plate-forme revendicative. En pages intérieures, le dessin de Forcadell témoigne de l'espoir que le pouvoir politique soit maintenant du côté des syndicats, et non plus du patronat.
Coll. Archives confédérales CFDT.

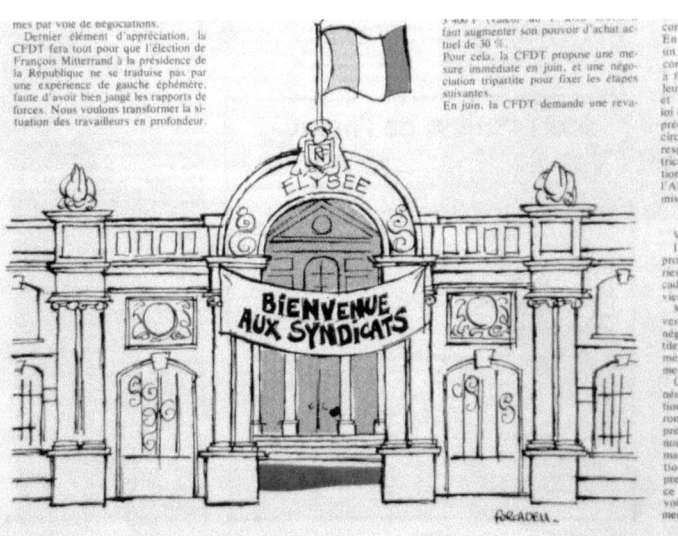

Conférence de presse donnée par la commission exécutive de la CFDT le 13 mai 1981. De gauche à droite : Robert Bono, Albert Mercier, le secrétaire général Edmond Maire, Hubert Lesire-Ogrel, Michel Rolant, Georges Begot et Jacques Chérèque. La centrale syndicale cherche immédiatement à imprimer sa marque sur le changement politique et social en cours, et fait connaître ses priorités : droits nouveaux des travailleurs, revalorisation du pouvoir d'achat et réduction du temps de travail. Dans le même temps, certains de ses dirigeants intègrent les ministères socialistes, comme ici Hubert Lesire-Ogrel, qui entre au cabinet de la ministre de la Solidarité nationale Nicole Questiaux. Photo Jean Pottier, coll. Archives confédérales CFDT.

Le conseiller du Premier ministre pour les affaires sociales, Bernard Brunhes, sur le perron de Matignon en mai 1981. Ancien chef du service social du Commissariat général du Plan, il suit alors le même chemin qui, douze ans auparavant, avait mené Jacques Delors auprès de Jacques Chaban-Delmas. Coll. FJJ-MPG.

Changer le travail pour changer la vie ?

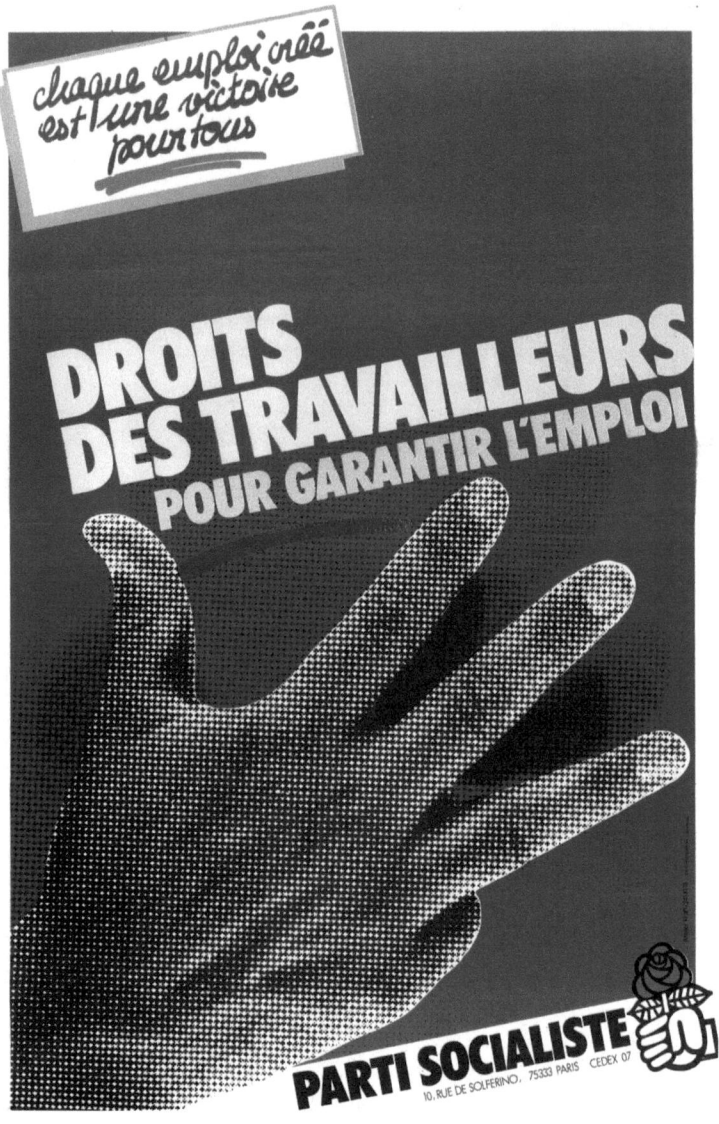

Affiche du PS pour sa campagne en faveur de l'emploi, octobre 1981. Originalité, l'amélioration des droits des travailleurs y est présentée comme étant également un moyen de lutte contre le chômage, dossier déjà brûlant pour le gouvernement Mauroy. Coll. FJJ-CAS.

Changer le travail pour changer la vie ?

SPÉCIAL CANTONALES

LES DOSSIERS DE

COMBAT SOCIALISTE

FEVRIER-MARS 1982 - 1 F

- Pour l'emploi
- Des droits nouveaux
- Renforcer notre industrie
- Lutter partout contre la crise

CONFIRMONS NOTRE MAJORITE POUR CONSOLIDER LE CHANGEMENT

Dossier socialiste de préparation aux élections cantonales, janvier-février 1982. Dans le cadre de la campagne, le PS met en avant les lois sur les droits nouveaux des travailleurs, alors en préparation. Mais, détail significatif, ces droits nouveaux ne sont cités qu'en deuxième position, derrière la préoccupation de l'emploi. La photo du Premier ministre Pierre Mauroy, en grande discussion avec des syndicalistes du Nord-Pas-de-Calais, cherche quant à elle à montrer la proximité du pouvoir socialiste avec les combats des travailleurs. Coll. FJJ-CAS.

Changer le travail pour changer la vie ?

Jean Auroux face au public du forum de *L'Expansion*, le 1er avril 1982. Confronté à la frange la plus conservatrice du patronat, emmenée par Serge Dassault, le ministre du Travail y défend ses projets dans une atmosphère violemment hostile. Pourtant, la direction du CNPF, tout en s'opposant aux réformes en cours, a été globalement plus modérée que cette partie de ses troupes, et n'a pas fait des lois Auroux un *casus belli* avec le gouvernement. Photothèque *L'Unité* – Coll. FJJ-CAS.

Extraits de l'hebdomadaire de la CGT *La Vie ouvrière* du 22 mars 1982. La référence à la Révolution française fait partie du style de la CGT, qui invite ici ses adhérents à prendre la Bastille patronale et présente ses revendications sous la forme d'une nouvelle *Déclaration des droits de l'homme et du citoyen*. La flamboyance de la rhétorique cégétiste n'a cependant pas empêché les projets gouvernementaux d'être beaucoup plus proches dans leur esprit de la CFDT. Coll. IHS-CGT.

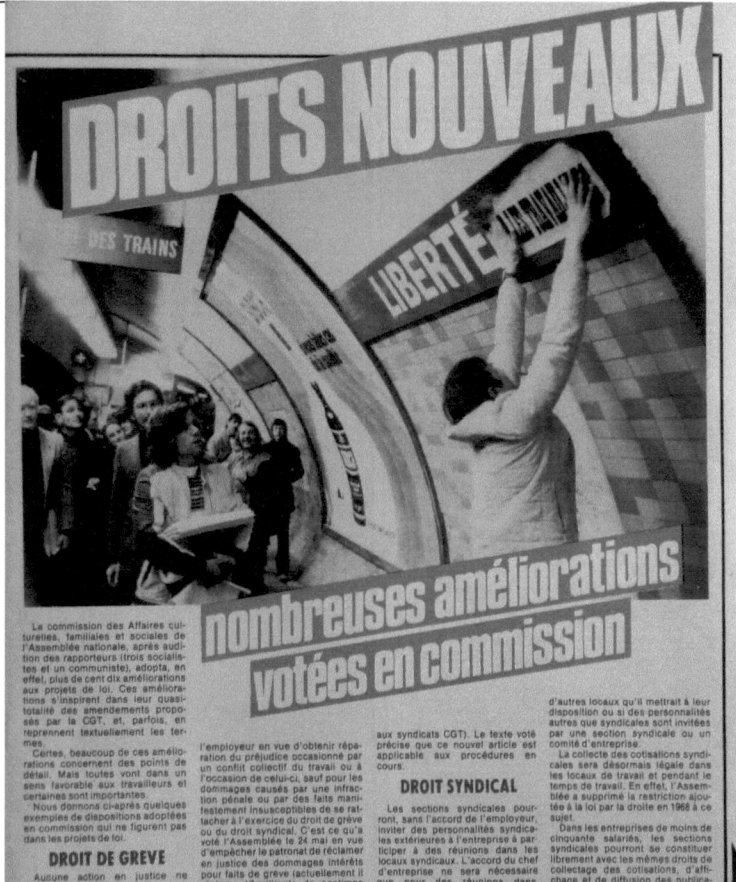

Extrait de *La Vie ouvrière* du 31 mai 1982. Plus éloignée des équipes gouvernementales que la CFDT, la CGT bénéficie en revanche d'appuis privilégiés auprès des parlementaires de la majorité, communistes mais aussi socialistes. Cela lui permet d'obtenir des avancées, qu'elle s'empresse ici de faire connaître à ses adhérents, mais pas de modifier en profondeur les textes du ministère du Travail. Coll. IHS-CGT.

Syndicalisme cfdt
HEBDO

4,00 F - N° 1 911 - 29 AVRIL 1982

Un 1er Mai de solidarité
Oubliée la Pologne ? Entre parenthèses les emprisonnés, les syndicalistes arrêtés en Turquie ou en Afrique du Sud ? Le 1er Mai, c'est la fête de la solidarité internationale, et sans exclusive : les libertés ne se divisent pas, et surtout pas au profit de rassemblements flous de circonstance. Voilà pourquoi la CFDT n'a pas remisé, ce 1er Mai, ses idées dans sa poche (p. 12).

Vers une meilleure insertion des jeunes
A la suite du rapport Schwartz, les pouvoirs publics viennent de proposer tout un dispositif pour faciliter l'insertion des jeunes. Plus un seul de ces 16-18 ans, souvent laissés à eux-mêmes sans qualification, ne doit rester sans formation. « Syndicalisme » explique les mesures et dispositions proposées (p. 6).

Le syndicalisme et ses responsabilités
Concertations, plan, comités de l'emploi, groupes ad hoc, négociations, culture, recherche, le syndicalisme est de plus en plus sollicité. En rapport, ses moyens paraissent bien minces pour faire face et permettre véritablement aux travailleurs d'être les acteurs du changement. Comment être au niveau, quels moyens prendre : trois responsables en débattent (p. 10 et 11).

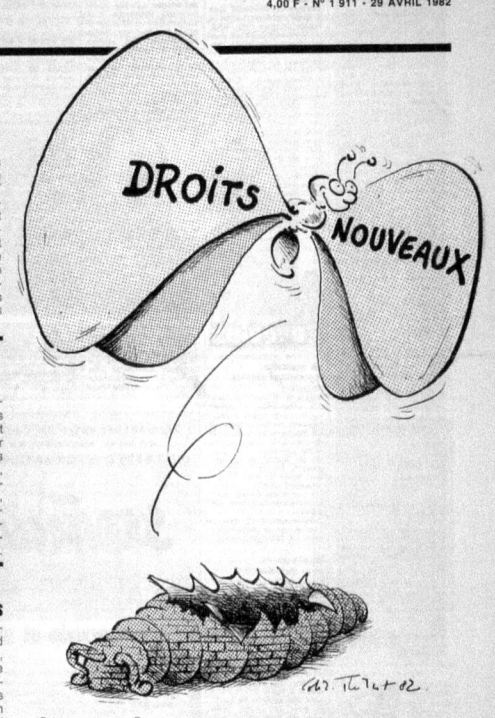

le changement au quotidien

Une de l'hebdomadaire *Syndicalisme* du 29 avril 1982. Quelques semaines avant le débat de l'examen des projets de loi à l'Assemblée nationale, la CFDT continue de mettre en avant auprès de ses militants ce qui reste une de ses principales revendications. Coll. Archives confédérales CFDT.

Changer le travail pour changer la vie ?

PREMIER MINISTRE

LE CHARGE DE MISSION

CAB.1.3.

PARIS, le 27 avril 1982

- N O T E -
à l'attention de Monsieur le Premier ministre

Droits des travailleurs

OBJET : Accord entre le gouvernement et le groupe socialiste sur les amendements restant en discussion.

Le groupe socialiste avait adopté le jeudi 22 avril des amendements sur lesquels le ministre du travail et vous-même aviez manifesté votre désaccord.

Le mardi 27 avril, une réunion de travail s'est déroulée avec le ministre du travail, les rapporteurs et les représentants de l'Elysée et de Matignon.

Le groupe socialiste s'est réuni le mardi 27 avril à 14 heures..

1° - Il a accepté, sur la proposition de Pierre JOXE, de se ranger à la position du gouvernement.

Dès lors, les propositions d'amendement figurant dans la liste jointe n° 1 ne seront pas présentées par le groupe.

Les amendements figurant dans la liste n° 2 seront présentés par le groupe. Ils sont le fruit de la coopération entre le groupe et le gouvernement.

2° - Le président du groupe socialiste a toutefois réservé le point suivant : possibilité pour le comité d'hygiène et de sécurité d'arrêter les machines. Ce point est la proposition n° 61 des 110 propositions pour la France.

Un amendement du ministère du travail a été accepté par les rapporteurs et retenu par la commission des affaires sociales.

Le groupe socialiste a néanmoins décidé que cette question sera soumise au bureau exécutif du parti socialiste le mercredi 28 avril, afin de trancher entre les deux propositions.

La fiche n° 3 argumente la position du gouvernement. Le ministre du travail demandera à être entendu par le bureau.

.../...

- 2 -

3° - L'ordre du jour de la session parlementaire étant extrêmement chargé, le ministre chargé des relations avec le Parlement et le ministre du travail seraient d'accord pour vous proposer que les 4 projets de loi sur les droits des travailleurs soient examinés en urgence. Ceci éviterait une deuxième lecture qui sera vraisemblablement longue.

René CESSIEUX

Le premier secrétaire du Parti socialiste, Lionel Jospin, échange quelques mots avec Jean Auroux lors de l'ouverture de l'examen des projets de loi à l'Assemblée nationale, le 13 mai 1982. À droite de la photo, derrière Jean Auroux, figure René Cessieux, qui avec Martine Aubry a assisté le ministre du Travail lors de débats marathon. Photothèque *L'Unité* – Coll. FJJ-CAS.

Note à Pierre Mauroy de René Cessieux, chargé de mission à Matignon, 27 avril 1982. Le conseiller du Premier ministre lui expose les circonstances dans lesquelles les députés socialistes ont finalement accepté de renoncer à la plupart de leurs amendements qui rencontraient le désaccord du gouvernement. Mais reste toujours en suspens la délicate question du droit d'arrêter les machines dangereuses, promesse de campagne du candidat François Mitterrand à la présidentielle.
Archives Pierre Mauroy, FJJ-CAS.

Changer le travail pour changer la vie ?

DROITS DES TRAVAILLEURS

Libérer les forces créatrices de l'entreprise

PAR JEAN AUROUX

ministre du Travail

Extrait de l'hebdomadaire socialiste *L'Unité* du 14 mai 1982. Jean Auroux y défend ses réformes et sa philosophie contractualiste, tout en faisant également des droits nouveaux un moyen de lutte contre la crise économique. Coll. FJJ-CAS.

france
DROITS DES TRAVAILLEURS

Après 1936, 1945, 1968... mai 1982

Les droits des travailleurs tels qu'ils existent aujourd'hui ont tous été conquis lorsque le mouvement ouvrier a pu les imposer, soit parce que la gauche exerçait le pouvoir politique, soit lors d'un grand mouvement social. C'est ainsi que sont nés les délégués du personnel en 1936, le comité d'entreprise en 1945, la section syndicale d'entreprise en 1968

La discussion des articles des projets de loi Auroux sur les nouveaux droits des travailleurs se poursuit à l'Assemblée nationale où l'opposition accumule les amendements pour tenter de retarder l'adoption de textes contre lesquels le patronat mène une campagne acharnée. Nous avons publié la semaine dernière, à l'ouverture du débat, le point de vue du ministre du Travail. Voici celui de Michel Coffineau, rapporteur de l'un des quatre projets de loi.

PAR MICHEL COFFINEAU

Nul ne s'étonnera de cette situation, car il a bien fallu constater tout au cours du XIXe siècle que la bourgeoisie, en développant la démocratie républicaine pour combattre la sclérose du régime royaliste et développer les rapports marchands, a rémunéré du au sein des entreprises le pouvoir absolu qu'elle avait combattu auparavant. Son acquis culturel et son pouvoir économique lui permettaient ainsi d'assurer sa prééminence ; pas question de partager avec la classe ouvrière.

Il a fallu des décennies de luttes, souvent sanglantes, pour que le syndicat ait le droit d'exister en 1884, à l'extérieur de l'entreprise. C'est seulement 84 ans après, en **1968**, qu'il est reconnu à l'intérieur. La société a changé depuis un siècle. L'accroissement des richesses et leur répartition, le cadre général de la formation ont modifié la manière dont s'exercent les rapports de pouvoir dans l'entreprise, mais pas le fond. Le déchaînement, ces derniers jours, des porte-parole de la droite et des chefs d'entreprise contre les projets de lois sur les droits des travailleurs l'illustre parfaitement.

La longue période de pouvoir de la droite sous la Ve République n'a, bien entendu, permis aucune progression des droits collectifs ; car s'il est vrai que le droit à la formation (l'un des droits individuels importants) fut marqué par une progression négociée avec les syndicats, les seuls autres domaines d'avancées « par le mouvement gaulliste » ont été ceux de la « participation » et de « l'intéressement ».

Or, en fait, le premier est au niveau de l'intention, et, si le second est entré partiellement en application, ils avaient, en réalité, la fonction idéologique précise de détourner l'attention des travailleurs de la filiation de leur combat historique : obtenir des droits nouveaux réels et collectifs dans l'entreprise.

La période la plus récente, marquée par le règne giscardien, permis un fantastique développement de la précarisation du contrat de travail individuel, objet de surexploitation du salarié, lui-même coupé, par cette précarisation, du combat collectif. La concentration du capital et l'adaptation à la stratégie impérialiste nécessitaient cela, en exigeant cette volonté de développer une société duale profondément inégalitaire.

En mai 1982, les droits nouveaux pour les travailleurs ont une importance considérable pour le développement de notre politique. Certes, les quatre projets de lois présentés par le gouvernement ne résument pas la totalité des améliorations apportées aux entreprises en difficulté. Par ailleurs, pour les entreprises publiques, le projet de loi en préparation affirmera une dimension supplémentaire pour l'accès des représentants salariés à la gestion dans la perspective de l'autogestion.

Les quatre textes en discussion depuis jeudi dernier à l'Assemblée nationale, amendés substantiellement par la Commission des affaires sociales, se caractérisent par une série de mesures dont le total va marquer d'une grande avancée les droits des travailleurs en ce mois de mai 1982.

De plus, l'amélioration d'autres droits fait l'objet de travaux de préparation en vue de textes ultérieurs : le droit de grève, le droit à la formation, des droits égalitaires pour les travailleurs, le droit à un salaire minimal décent à travers une réforme du Smic, sans oublier l'important problème du licenciement et du traitement des entreprises en difficultés. Par ailleurs, pour les entreprises publiques, le projet de loi en préparation affirmera une dimension supplémentaire pour l'accès des représentants salariés à la gestion dans la perspective de l'autogestion.

Avoir accès aux sources d'information

Le syndicat voit ses moyens renforcés. Le délégué syndical pourra circuler plus librement, sera mieux protégé ; le nombre de délégués est augmenté dans les grandes entreprises ; la section aura un crédit d'heures global pour la négociation. Des représentants syndicaux extérieurs pourront, sans contrainte, pénétrer dans celles-ci. La section est encore reconnue dans toutes les entreprises et pas seulement dans celles de plus de cinquante salariés.

Certes, il faudrait augmenter un peu les moyens de la section syndicale d'entreprise et garantir à chaque salarié, périodiquement, une heure de son temps de travail pour assister à une réunion syndicale. Mais le gouvernement a promis aux chefs d'entreprise de ne pas augmenter leurs charges pendant quelques mois et de les inciter à investir et à créer des emplois. Le groupe socialiste à l'Assemblée nationale a décidé de préparer une proposition de loi dans ce sens pour la mettre en application dès que la conjoncture le permettra. Cette innovation importante concerne aussi les entreprises de moins de 11 salariés.

« L'Unité » n° 469

Extrait de *L'Unité* du 21 mai 1982. Une semaine après Jean Auroux, le député du Val-d'Oise Michel Coffineau défend sa propre vision des réformes en cours. L'occasion pour lui d'exalter les conquêtes ouvrières passées et de relier l'action du Parti socialiste au pouvoir avec quelques-uns des moments constitutifs de l'identité de gauche au XXe siècle. Coll. FJJ-CAS.

Changer le travail pour changer la vie ?

Grévistes CFDT à l'usine Talbot de Poissy, juin 1982. Le conflit social se déroule dans l'usine du groupe PSA alors que les projets de lois sur les droits nouveaux des travailleurs deviennent symboliques de la lutte pour le respect des droits syndicaux. Les relations sociales y étaient en effet particulièrement tendues, CGT et CFDT étant constamment en butte aux intimidations venues de la direction et du tout-puissant syndicat corporatiste, la CSL. Photo Christian Avril, coll. Archives confédérales CFDT.

Extrait de *La Vie ouvrière* du 31 mai 1982. La CGT, dont on voit ici des militants dans une manifestation antérieure, participe également au mouvement de grève de juin 1982, et triomphe aux élections professionnelles qui suivent le dénouement de la crise. La CSL, au contraire, s'écroule. Coll. IHS-CGT.

Première partie
Le rapport Auroux

Les premières mesures prises par la gauche, immédiatement après l'élection de François Mitterrand, furent en somme très classiques. Elles se rattachaient à l'idée d'un progrès social acquis par la hausse du revenu des plus défavorisés et à celle d'un progrès économique obtenu par la relance de la consommation des ménages. C'est ainsi que furent décidés le relèvement de 10 % du SMIC à partir du 1er juin, celui du minimum vieillesse et de l'allocation pour adulte handicapé de 20 %, ainsi que celui des allocations familiales et des allocations logement de 25 % au 1er juillet[44]. Mais il ne suffit pas d'augmenter les salaires et les allocations sociales pour changer la vie : enfin arrivés au pouvoir, les socialistes comptaient bien impulser de grandes réformes de structure. Nationalisations industrielles et bancaires, planification démocratique et décentralisation administrative étaient ainsi, par exemple, quelques-unes des mesures phares des « 110 propositions pour la France » du candidat François Mitterrand. Plus discrètement peut-être, dans ce programme électoral au fond assez hétéroclite associant des éléments issus du socialisme orthodoxe à des idées puisées dans le bouillonnement intellectuel de l'après 1968, figuraient également des dispositions prévoyant d'octroyer des « droits nouveaux pour les travailleurs », droits nouveaux qui devaient former rien moins que le socle d'une nouvelle « démocratie

---

44. Jean-Jacques BECKER (avec la collaboration de Pascal ORY), *op. cit.*, p. 260.

économique ». Cette vaste ambition, avant de se traduire au cours de l'année 1982 en un monumental ensemble législatif, prit tout d'abord la forme, plus modeste, d'un rapport portant le nom du nouveau ministre du Travail, Jean Auroux. Ce fut la grande affaire de l'été et de l'automne 1981.

Chapitre I
Les conditions de la rédaction du rapport

Avant d'expliciter comment fut rédigé le rapport Auroux, il nous faut cerner l'organisation du pouvoir socialiste qui se mit en place dans les premières semaines après le 10 mai 1981. Qui étaient donc les hommes et les femmes qui accédaient aux plus hauts niveaux de l'État à cette occasion ? Quels acteurs individuels et collectifs se distinguèrent plus particulièrement ?

La deuxième gauche au pouvoir ?

Le nouveau patron de la rue de Grenelle fut très vite chargé par François Mitterrand d'écrire un rapport sur les droits nouveaux des travailleurs, rapport qui devait fixer les grandes lignes des futures réformes. Jean Auroux, pourtant, à ce moment-là presque absolument néophyte sur ces matières, n'en rendit pas moins sa copie avec une remarquable célérité : le rapport en question fut ainsi remis au Premier ministre dans les délais impartis, au début du mois de septembre, puis rendu public un mois plus tard. Cette étonnante rapidité témoigne de l'efficacité de l'impulsion présidentielle originelle et de la volonté politique forte qui animait François Mitterrand en la matière. Quelles en sont donc les causes profondes ? Une première piste serait ainsi à chercher dans la composition même des équipes en charge, de près ou de loin, de la rédaction de ce rapport. Une sensibilité commune se dégageait ainsi : tous étaient, peu ou prou, proches de la nébuleuse de la deuxième gauche, cet ensemble si difficile à définir, où se mêlaient héritage chrétien et référence autogestionnaire, refus de l'«étatisme» et proximité revendiquée avec la société civile[45].

Après la victoire de François Mitterrand le 10 mai 1981, les nouvelles équipes ministérielles furent ainsi rapidement constituées. Pour succéder à Jean Mattéoli au ministère du Travail, François Mitterrand fit appel au député-maire de Roanne, Jean Auroux, que personne pourtant ne voyait à ce poste et, pour dire vrai, qui était même un quasi inconnu dans les cercles parisiens du pouvoir socialiste. Pourtant, «à [sa] grande surprise[46]», il se vit confier le ministère de la rue de Grenelle. Pourquoi donc ce choix étonnant d'un député de base au parcours sans relief particulier ? Certes, Jean Auroux était assez proche de François Mitterrand, ayant joué un rôle actif dans la campagne du candidat du Parti socialiste ; cependant, il avait été en charge, durant celle-ci, non pas des questions liées au travail, mais à celles du logement, ce qui correspondait d'ailleurs au domaine qu'il couvrait en tant que délégué national du Parti socialiste. Parti peu de temps après le deuxième tour des élections présidentielles à Guadalajara, ville jumelée avec Roanne, il y reçut un coup de téléphone de Pierre Bérégovoy (futur secrétaire général de l'Élysée), l'invitant à «prendre le café» avec François Mitterrand le jour de sa prise de fonction, le 21 mai 1981. Son interlocuteur ajouta en riant : «Je crois qu'il ne va pas seulement te proposer le café!». Aujourd'hui, Jean Auroux relate ainsi son entrevue avec le nouveau président de la République :

> «Je suis revenu d'Espagne un peu en catastrophe et je suis allé à la *garden party* de l'Elysée le jour de la prise de fonction avec toute l'intelligentsia socialiste française, mais aussi Olof Palme, Bruno Kreisky, Helmut Schmidt, Madame Allende […]. À un moment [François Mitterrand] m'appelle, on rentre (on s'est un peu paumés dans l'Élysée : 23 ans d'opposition !) et il me dit : "Monsieur Auroux, j'ai pensé à vous pour le gouvernement". Moi j'avais 38 ans, je m'étais occupé du logement, donc Secrétaire d'État au Logement… Déjà entrer au gouvernement c'était pas du tout dans mon projet de vie, ni de carrière. Et il me dit : "J'ai pensé à vous pour le ministère du Travail" ! Je ne cache pas que j'ai eu

---

45. Pour des tentatives plus complètes de définition de la deuxième gauche, voir Vincent Duclert, «La "deuxième gauche"», in Jean-Jacques Becker et Gilles Candar, *Histoire des gauches en France* Vol. 2, *xxe siècle : à l'épreuve de l'histoire*, Paris, La Découverte, 2004, p. 175-189 ; Marc Sadoun, «Deuxième gauche», in Jean-François Sirinelli (dir.), *Dictionnaire historique de la vie politique française au xxe siècle*, Paris, Presses universitaires de France, 2004, p. 355-356.
46. Entretien avec Jean Auroux.

un choc parce que je me souvenais des 110 propositions, de la pression de la presse, des conflits sociaux qui étaient très vigoureux. Alors, je lui ai dit (je ne sais pas si j'ai trouvé un bon argument !) : "Écoutez Président, vous savez qu'on doit refaire le code du travail et je dois vous dire que je ne suis pas juriste ! Moi l'économie, un peu, la littérature, beaucoup, mais je ne suis pas juriste." [François Mitterrand] me dit : "Justement je ne veux pas un juriste. Vous êtes maire d'une ville ouvrière – il était venu voir à plusieurs reprises comment je gérais les conflits – vous avez des idées, vous trouverez bien des juristes pour vous mettre en forme[47]." »

Jean Auroux n'avait en effet que très imparfaitement les caractéristiques du candidat potentiel à un poste ministériel d'une telle importance, lui qui, jusque là, ne s'était guère particulièrement penché sur les problèmes liés à l'emploi et au travail. François Mitterrand avait donc choisi de faire le pari, risqué, de mettre un homme neuf aux commandes, un « ministre socialiste, prof, barbu et chevelu[48] », inconnu des partenaires sociaux, excepté de ceux de sa terre d'élection. Né à Thizy (Rhône) en 1942, il avait passé son enfance dans le village de Mardore dans une famille de paysans modestes, sans être pauvres (la propriété familiale comptait une vingtaine d'hectares), son père étant, par ailleurs, le maire de cette localité de 600 habitants. Après des études de lettres et de géographie à l'université de Lyon, il devint professeur de l'enseignement technique et, tout en s'efforçant d'employer des méthodes pédagogiques innovantes, le resta durant une quinzaine d'années avant d'occuper un poste d'inspecteur. Il publia, en outre, des ouvrages scolaires de géographie économique.

Parallèlement, il s'était engagé en politique et était devenu élu local. Passé tout d'abord par le CERES, il adhéra au PS au moment de l'unité, en raison, dit-il aujourd'hui, du « projet porteur » et de la « dynamique sociale » qui lui étaient associés. En 1976, candidat au Conseil général de la Loire dans le canton de Roanne-Sud, il fut élu, malgré son jeune âge et la présence d'Alain Terrenoire, fils d'un ancien ministre du général de Gaulle, adversaire UDR solidement implanté. Première promotion surprise pour celui qui était alors dans la peau du challenger inexpérimenté. « Personne ne voulait y aller, raconte-t-il aujourd'hui. Moi j'étais le petit jeune. En 1976, les gars me disent : "Tu n'as qu'à y aller". Ils me conduisent à l'abattoir, mais pas de chance, j'ai été élu ! ». Il devint à cette occasion le benjamin du Conseil général de la Loire.

---

47. Ce récit figure notamment, sous une forme très proche, dans Pierre Favier et Michel Martin-Roland, *op. cit.*, p. 195.
48. Entretien avec Jean Auroux.

Dès lors, il égrena rapidement les différentes étapes d'un précoce *cursus honorum* d'élu local : maire de Roanne en 1977 après avoir conduit une liste d'union de la gauche et battu le maire sortant CDS, Paul Pillet, il devint député à la faveur des élections de 1978, ayant entre temps quitté le CERES pour rejoindre le courant Mitterrand. Député socialiste parmi d'autres, il exerça toutefois, nous l'avons dit, quelques responsabilités au sein du PS, mais qui n'étaient pas de nature à en faire un responsable de premier plan du parti. Élu d'une région profondément touchée par la crise économique, il avait en revanche comme atout de s'être déjà frotté aux réalités des conflits du travail et aux points délicats des relations entre partenaires sociaux. C'est ainsi qu'il s'était impliqué dans le sauvetage de l'entreprise ARCT (Ateliers roannais de construction textile), un des plus gros employeurs de la région. C'est sans doute un des éléments qui ont pu jouer au moment du choix de François Mitterrand. Mais, au moment de dresser le portrait du nouveau ministre et de faire le bilan de ses vues politiques, *Le Monde* se référa exclusivement à son action d'élu local[49]. Jean Auroux convient lui-même, aujourd'hui, que son arrivée rue de Grenelle représentait un changement d'échelle majeur, le conduisant par exemple à dialoguer directement avec les dirigeants nationaux des syndicats de salariés ou de patrons, alors qu'il n'avait auparavant côtoyé que les interlocuteurs locaux ou régionaux de ces organisations. Paradoxalement, sa relative inexpérience et le fait qu'il était un homme neuf dans le dialogue social ont aussi pu jouer en sa faveur dans l'esprit de Mitterrand. Ne faisant pas partie du paysage habituel des négociations sociales, le jeune député-maire de Roanne avait, en effet, peut-être plus de chances qu'un autre de mettre en œuvre le changement alors recherché, en tout cas davantage qu'un ministre issu du Parti communiste qui avait un moment réclamé le poste de ministre du Travail[50].

Mais ce ministre néophyte, semblable d'ailleurs en cela à la plupart de ses collègues qui découvraient en même temps que lui les rouages de l'appareil d'État[51], se retrouva rapidement et solidement entouré (voir encadré), au sein de son cabinet, par une équipe de collaborateurs dynamiques et militants pour qui la rénovation des rapports sociaux dans l'entreprise était une préoccupation forte et ancienne. Cette équipe de la rue de Grenelle était appuyée et complétée par une autre équipe, la cellule sociale de Matignon en train de se constituer au même moment. C'est, en effet, dans la conjonction des efforts de ces deux pôles du

---

49. *Le Monde* du 7 juillet 1981.
50. Selon Pierre Favier et Michel Martin-Roland, *op. cit.*, p. 98.
51. Sur ce sujet, Florence Haegel, « Devenir ministre : l'apprentissage de la fonction ministérielle dans les deux premiers gouvernements de Pierre Mauroy », in Serge Berstein, Pierre Milza, Jean-Louis Bianco (dir.), *op. cit*, p. 57-76.

pouvoir que l'on peut trouver la source des lois Auroux. Les cabinets de Pierre Mauroy et de Jean Auroux travaillèrent en étroite concertation durant tout le processus d'élaboration des lois Auroux : il faut dire que le premier cercle du cabinet du ministre du Travail partageait avec l'équipe des conseillers sociaux de Matignon une philosophie d'action commune, ainsi que des vues largement convergentes quant aux réformes à mener, comme nous le verrons par la suite. Cela n'était pas le fruit du hasard : cette complicité s'était forgée au cours des années 1970 durant lesquelles ces hauts fonctionnaires avaient longuement travaillé ensemble sur les problématiques qui furent au cœur de la réforme du droit du travail menée en 1981-1982.

En effet, les principaux membres du cabinet de Jean Auroux et les conseillers sociaux de Pierre Mauroy venaient dans l'ensemble des mêmes cercles et avaient des parcours très proches : pour beaucoup, ils avaient suivi les mêmes filières de formation et partageaient la même culture politique fondamentale. Ils formaient ainsi un réseau uni par une très large convergence de vues fortement teintée par l'idéologie de la deuxième gauche. Il est, de cette façon, possible de mettre en valeur l'existence d'un noyau de collaborateurs de Pierre Mauroy et de Jean Auroux qui s'était progressivement constitué dès les années 1970.

La principale figure en était, sans conteste, Bernard Brunhes, conseiller pour les affaires sociales de Pierre Mauroy entre mai 1981 et mars 1983. Ce statisticien de formation passé dans les années 1960 par l'École polytechnique puis par l'Insee, avait, de 1976 à 1981, exercé les fonctions de chef du service des Affaires sociales au Commissariat général du Plan. Homme de gauche, militant syndical très actif du côté de la CFDT et de l'action sociale, proche notamment de Michel Rocard qu'il avait rencontré au cours de sa carrière à l'Insee et qu'il avait un moment assisté dans son ambition présidentielle contrariée, il n'avait cependant, de son propre aveu, pas voulu exercer au sein du Parti socialiste de responsabilité supérieure au collage des affiches. Il avait, en effet, préféré affirmer son profil d'expert multicarte au cours de son passage au Plan : « J'ai passé mes six années au Commissariat général du Plan à travailler sur tous les grands problèmes sociaux de la République, avec les partenaires sociaux, dans les commissions santé, affaires sociales, revenus, logement social, évolution de la fonction publique, formation professionnelle, etc. » S'il n'était pas un proche de Pierre Mauroy, ne le connaissant pas avant mai 1981, il était en revanche familier des rouages de l'État, le Commissariat général du Plan étant, à cette époque, une sorte de *think tank* inséré au cœur du processus gouvernemental, et avait été conduit à longuement côtoyer les partenaires sociaux. Autant d'atouts qui, selon lui, expliquent la « logique » de sa nomination : « Je connaissais les dossiers, je connaissais très bien le fonctionnement de l'administration, parce que j'y avais passé dix-huit ans de ma vie et puis, je connaissais tous les acteurs importants, tous les partenaires sociaux par leur nom [...] J'étais instantanément utile[52]. » Sans remettre en cause ces arguments, il faut observer que le nouveau Premier ministre, en l'appelant auprès de lui, faisait preuve d'un certain classicisme. Il reproduisait, en effet, la démarche d'un de ses prédécesseurs, Jacques Chaban-Delmas qui, en 1969, avait justement créé la fonction de conseiller du Premier ministre pour les affaires sociales et avait appelé, pour la remplir, le chef du service des affaires sociales du Plan de l'époque qui n'était autre que Jacques Delors (et dont Bernard Brunhes était, par ailleurs, également proche).

« Économiste revenu au social[53] » et véritable chef d'orchestre de l'action du gouvernement dans ce domaine durant les deux ans où il resta aux côtés de Pierre Mauroy, Bernard Brunhes eut une influence décisive dans la genèse des lois Auroux, que ce soit directement, par son rôle de coordination des travaux ministériels, ou bien indirectement, par l'intermédiaire de certains de ses proches. Avec son équipe restreinte d'adjoints du Plan, (une dizaine de chargés de missions tout au plus), il forma l'ossature de la branche sociale du cabinet de Pierre Mauroy. Bernard Brunhes, à qui Pierre Mauroy avait laissé toute latitude, ou presque, quant au choix de ses collaborateurs, fit venir auprès de lui les personnes avec qui il avait auparavant l'habitude de travailler. Ce fut le cas, par exemple, de René Cessieux, chargé de mission au Commissariat général du Plan où il s'occupait dans les années 1970 des questions d'emploi et de travail et qui, à Matignon, assura le suivi quotidien de la mise en place des droits nouveaux des travailleurs. Les adjoints de Bernard Brunhes avaient en commun avec lui d'avoir une solide culture économique venue de leur formation initiale et de leur passage au Plan ; surtout, ils partageaient l'essentiel de ses conceptions sociales. Sous son impulsion, le cabinet social de Pierre Mauroy prit donc très nettement une couleur deuxième gauche et « contribua à diffuser la sensibilité cédétiste dans l'entourage du Premier ministre[54] ». Cela, d'ailleurs, n'était pas absolument une exception dans le contexte de l'arrivée de la gauche au pouvoir, comme en témoigne lui-même le conseiller pour les affaires sociales de Pierre Mauroy :

---

52. Entretien avec Bernard Brunhes.
53. Selon l'expression qui ouvre le portrait qui lui est consacré dans la revue *Intersocial*, n° 85, novembre 1982.
54. Monique DAGNAUD et Dominique MEHL, *L'élite rose. Qui gouverne ? Les cabinets ministériels. Conseillers, experts et militants. Sociologie du pouvoir socialiste*, Paris, Ramsay, 1982, p. 162.

« Des gens comme moi, il y en a eu plein. Il y a toute une catégorie de gens qui sont arrivés dans les fourneaux de la gauche, qui n'avaient pas été des militants politiques, mais qui avaient été des militants sociaux. Toute une série de gens [que l'on retrouve] dans les cabinets de 1981 sortaient de cette mouvance. Des gens jeunes, des trentenaires, surtout dans la fonction publique, qui avaient envie de faire bouger les choses, dans une société beaucoup plus centralisée qu'aujourd'hui (avant la décentralisation, c'est par l'État qu'on pouvait faire bouger les choses). C'était des gens qui étaient à la fois des fonctionnaires, des militants et proches logiquement de la CFDT. La CFDT était un moteur que n'était pas la CGT. La CGT restait dans son rôle de défense des travailleurs. La CFDT était beaucoup plus créatrice, beaucoup plus innovatrice. Pour moi, Edmond Maire, qui était devenu un ami à l'époque, Michel Rocard, Jacques Delors, ce qu'on appelait la deuxième gauche à l'époque, c'était la même chose[55]. »

« Cédétiste de conviction[56] », Bernard Brunhes joua donc un rôle essentiel dans l'influence que put avoir la CFDT au sein du cabinet de Pierre Mauroy, même s'il tend aujourd'hui à le minimiser quelque peu. « J'ai eu très vite des relations excellentes avec la CGT, affirme-t-il, au point que la CFDT m'a reproché plusieurs fois d'avoir favorisé la CGT. » Même réticence de René Cessieux qui explique, quant à lui, que « [s'il] avait une proximité, c'était plutôt avec la CGT ». Le récit de son arrivée à Matignon est cependant très révélateur de l'influence que pouvait exercer la CFDT dans le cabinet social du Premier ministre. « Mauroy avait dit à l'époque à Bernard Brunhes, quand [ce dernier] lui a proposé que je vienne en lui disant que j'étais un spécialiste de l'emploi et du travail : "Ah, vous m'amenez encore quelqu'un de vos équipes CFDT !". Et Bernard lui a dit : "Non, lui, il a plutôt tendance à bien s'entendre avec la CGT[57]". » La proximité des collaborateurs de Pierre Mauroy avec la CFDT était telle que certains dirigeants syndicaux en conçurent une certaine irritation. Ce fut le cas du patron de FO, André Bergeron. « Un jour, raconte ainsi Bernard Brunhes, André Bergeron est allé voir Mauroy en lui disant : "C'est insupportable, les gens de l'équipe Brunhes sont trop proches de la CFDT, je ne comprends pas qu'il n'y ait pas quelqu'un de FO". Ce qui d'ailleurs était faux parce que Patrice Corbin[58] représentait la sensibilité FO dans notre équipe, mais [...] il avait la même philosophie en matière de réforme sociale que le reste du

---

55. Entretien avec Bernard Brunhes.
56. Selon les termes d'Hervé HAMON et Patrick ROTMAN, La deuxième gauche. Histoire intellectuelle et politique de la CFDT, Paris, Le Seuil, 2002 (première édition Ramsay, 1982), p. 344.
57. Entretien avec René Cessieux.
58. Chargé de mission pour les questions de santé et de sécurité sociale.

Les conditions de la rédaction du rapport

cabinet. Bergeron voulait absolument quelqu'un qui soit FO "lourd".» De fait, l'intervention du secrétaire général de FO eut comme conséquence l'entrée de Robert Métais, un responsable de ce syndicat à la SNCF, dans le cabinet du Premier ministre. Cela ne bouleversa cependant pas fondamentalement les équilibres internes de ce dernier même si ce même Robert Métais put faire entendre, à l'occasion, une musique sensiblement différente de ses collègues sur le rapport Auroux, sans que cela ait d'ailleurs une influence visible sur les développements ultérieurs du projet de réforme[59].

Cette forte présence cédétiste à Matignon s'inscrivait d'ailleurs en réalité dans un mouvement plus large, qui voyait d'anciens responsables syndicaux entrer en nombre dans les cabinets ministériels[60]. La CFDT joua les premiers rôles dans ce processus, au point qu'il a pu être qualifié de « syndicat le plus influent dans l'entourage des ministres de la gauche ». Pas moins de 21 % des membres des cabinets de 1981-1982 étaient ainsi adhérents de cette centrale syndicale, ce qui représentait plus de la moitié du total de ceux d'entre eux appartenant alors à un syndicat[61]. D'importants responsables de la centrale choisirent même de répondre favorablement à l'appel qui leur fut fait à l'arrivée de la gauche au pouvoir. Cela est particulièrement important pour le sujet qui nous concerne : à l'Élysée, le poste de conseiller chargé du travail et de l'emploi fut ainsi occupé par Jeannette Laot qui était une responsable cédétiste de tout premier plan. Elle avait, en effet, été secrétaire nationale de la CFDT de 1970 à 1981, date à laquelle elle choisit de quitter la direction du syndicat pour entrer dans l'équipe de collaborateurs de François Mitterrand. Au sein des deux pôles principaux du pouvoir exécutif (Élysée et Matignon), les postes clé étaient donc détenus par des proches de la CFDT. C'était aussi le cas rue de Grenelle.

De son côté, le nouveau ministre du Travail puisa, lui aussi, dans le vivier des anciens du Commissariat général du Plan. Cela ne devait là non plus rien au hasard. Bernard Brunhes, présent auprès du Premier ministre dès le jour de la prise de fonction de François Mitterrand et de la nomination de Pierre Mauroy, le 21 mai 1981, joua en effet un rôle actif dans la constitution de l'équipe des collaborateurs rapprochés de Jean Auroux. Novice ou presque dans les domaines du travail et de l'emploi, nous l'avons souligné, ce dernier ne disposait par conséquent pas lui-même des réseaux nécessaires pour dénicher les spécialistes dont il avait

---

59. CAC 19850743 G375, note manuscrite de Robert Métais, 6 octobre 1981.
60. Monique DAGNAUD et Dominique MEHL, *op. cit.*, p. 157-176.
61. *Ibid.*, p. 160.

besoin pour constituer son cabinet. Si l'on en croit le témoignage du conseiller pour les affaires sociales de Pierre Mauroy, ce fut lui, Bernard Brunhes, qui servit d'intermédiaire au nouveau ministre du Travail. Ce fut d'ailleurs le cas pour nombre de ses collègues du domaine social, pour la plupart guère plus expérimentés que le nouveau patron de la rue de Grenelle.

« Le samedi matin [23 mai 1981] j'ai appelé tous les ministres ou secrétaires d'État sociaux (il y en avait douze !), parce qu'il fallait leur trouver un logement, un directeur de cabinet, leur expliquer ce qu'était leur ministère… Ils débarquaient ! Les socialistes n'avaient jamais été au pouvoir. J'ai expliqué [à Jean Auroux] ce que c'était que le ministère du travail : ce qu'il y avait là-dedans comme direction, quel était son boulot, etc. Et je l'ai aidé à former son cabinet parce qu'il ne connaissait personne. »

Peut-être ce récit formulé *a posteriori* fait-il la part trop belle à son auteur ; mais il faut bien remarquer que le directeur de cabinet nommé par Jean Auroux, Michel Praderie, était un proche de Bernard Brunhes dont il avait été l'adjoint au Commissariat général du Plan. Les difficultés que rencontra Jean Auroux lorsqu'il tenta par la suite d'étoffer son équipe peuvent également être lues à la lumière de son faible niveau initial d'insertion dans les cercles de la haute administration. Lui-même confie ainsi, aujourd'hui, avoir peiné à attirer des fonctionnaires de haut niveau à ses côtés. Lui qui « essayait de faire venir des énarques » n'a finalement réussi à obtenir de réponse positive que de deux d'entre eux, Martine Aubry et Pierre-Louis Rémy. Il attribue rétrospectivement ces difficultés à la « pauvreté » de son ministère, incapable de rivaliser avec ses concurrents en matière de prestige et aussi de fournir les avantages matériels susceptibles de faire venir la fine fleur de la haute fonction publique française[62]. Cet argument n'est sans doute pas dénué de vérité, mais il doit être mis en perspective avec une autre pauvreté, celle que pouvait avoir un député-maire d'une ville moyenne, brutalement propulsé à la tête d'un ministère dont il ignorait tout en capital relationnel dans les hautes administrations. Mais ces difficultés premières eurent paradoxalement, sans doute, un effet positif dans le travail des mois suivants, le cabinet ainsi constitué étant finalement, selon les mots de Jean Auroux, un « cabinet de militants, venus [non pas] pour le profit [mais] pour le projet ». Cette caractéristique, d'ailleurs pas si originale au sein des équipes ministérielles des deux premiers gouvernements Mauroy, était visible dans les parcours antérieurs des plus proches

---

62. Entretien avec Jean Auroux.

Les conditions de la rédaction du rapport

collaborateurs de Jean Auroux, ceux qui imprimèrent tout particulièrement leur marque sur le processus législatif à l'œuvre en 1981-1982 : Michel Praderie, Martine Aubry et Pierre-Louis Rémy.

Le directeur de cabinet de Jean Auroux, Michel Praderie, était un expert blanchi par les années de responsabilité exercées dans diverses administrations économico-sociales et un militant politique de longue date. Né le 25 avril 1936 à Paris, ingénieur civil de l'École des mines, diplômé de l'École nationale de la statistique et de l'administration, il était devenu administrateur Insee et s'était spécialisé dans la démographie et l'économie du travail. Après un passage en 1968 au cabinet d'Edgar Faure, alors ministre de l'Éducation nationale, il dirigea ensuite, dans ce même ministère, le service des études économiques. Après une parenthèse internationale, il devint en 1975 rapporteur général du comité emploi-travail au Plan puis, en 1977 adjoint au chef du service des affaires sociales de ce même Commissariat général au Plan (c'est-à-dire concrètement l'adjoint, nous l'avons dit, de Bernard Brunhes). Avant d'entrer au cabinet de Jean Auroux, il fut conseiller technique auprès du délégué à l'emploi du ministère du Travail[63]. Parallèlement à ce solide parcours professionnel, il avait suivi un long itinéraire militant en participant tout d'abord aux débuts du PSA en 1959, en intégrant le PSU puis, finalement, en entrant au PS en 1974 à titre individuel. Il avait d'ailleurs concilié ses activités militantes et professionnelles en participant à de nombreuses commissions nationales du PS dont celle sur l'éducation nationale, mais aussi à la Commission à l'emploi et à la Commission économique[64], pour finalement devenir délégué national à l'Emploi du PS. Il était surtout très proche de la deuxième gauche, explique aujourd'hui René Cessieux : « Michel Praderie, c'était clairement la deuxième gauche, c'était vraiment la deuxième gauche estampillée Michel Rocard et Galbraith. »

Martine Aubry correspond également bien à ce profil, elle qui, à sa sortie de l'ENA en 1975, avait fait le choix atypique, au vu de son excellent classement, d'intégrer le ministère du Travail. Administrateur civil rue de Grenelle, elle y occupa successivement, entre 1975 et 1979, les postes de chef de la section de la politique générale du travail, puis de chargée de mission auprès du directeur des relations du travail, Pierre Cabanes. Détachée au Conseil d'État entre 1979 et 1981, elle fut ensuite appelée par Jean Auroux à ses côtés où elle fut d'abord conseiller technique puis directrice adjointe de cabinet lorsque le poste fut libéré par le départ de Pierre-Louis Rémy.

---

[63]. Ces informations sont tirées de la notice biographique rédigée par le chef de la rubrique sociale du journal *Le Monde*, Michel Noblecourt, à l'occasion du décès de Michel Praderie le 12 décembre 1999, (*Le Monde* du 19 décembre 1999).

[64]. Monique DAGNAUD et Dominique MEHL, *op. cit.*, p. 82.

Ainsi installée dans le premier cercle entourant le ministre du Travail, elle joua un rôle des plus importants dans l'élaboration des lois sur les droits nouveaux des travailleurs. «Chef de file[65]» sur le sujet au cabinet du ministère du Travail, elle a même pu, à l'occasion, être qualifiée de «mère» des lois Auroux[66]. Elle tint la plume du ministre lorsqu'il fallut rédiger un rapport sur les droits nouveaux des travailleurs puis s'imposa comme l'interlocutrice obligée des parlementaires lors de l'examen des lois à l'Assemblée[67]. Très proche de la CFDT (elle y avait même adhéré lors de son passage à l'ENA) et d'Edmond Maire qui était un familier de la maison Delors, elle avait déjà longuement réfléchi dans les organismes où elle avait fait carrière, aux questions mises en jeu par les lois Auroux. Même s'il faut naturellement se garder d'assimiler à toute force ses idées à celles de son père, elle appartenait indubitablement à cette sensibilité de gauche teintée d'héritage chrétien dont on sent poindre l'influence dans les lois Auroux, notamment derrière le thème de la réconciliation sociale, très largement mis en avant dans le rapport puis dans les textes définitifs. Elle avait d'ailleurs participé, tout comme Pierre-Louis Rémy, au club de réflexion fondé par Jacques Delors dans les années 1970 et nommé *Échange et projets*, lequel se préoccupa beaucoup, nous le verrons, du thème de la réforme de l'entreprise et des relations de travail.

De manière plus large, «la sensibilité CFDT irrigu[a] largement le cabinet» du ministre du Travail, comme le montrèrent, en leur temps, Monique Dagnaud et Dominique Mehl dans leur étude sociologique de «l'élite rose» arrivée au pouvoir en mai 1981[68]. Ledit cabinet compta même, en son sein, un ancien membre de la commission exécutive de la CFDT, en la personne de René Decaillon. Tout cela ne signifie bien sûr pas qu'il n'y ait pas eu, dans le cabinet Auroux, de collaborateurs au profil exclusivement technique. Il est tout cas certain que le ministre du Travail, malgré son passé d'adhérent de la CGT, fut, lors de son séjour rue de Grenelle, beaucoup plus proche de la CFDT avec laquelle il confesse avoir partagé la même «philosophie contractuelle». Bernard Brunhes, de son côté, va même jusqu'à dire que «le ministre du Travail était vraiment très CFDT [et] supportait mal la CGT» même si l'intéressé réfute avoir eu des difficultés particulières avec cette dernière. La CGT put toutefois, ponctuellement, exprimer à Bernard Brunhes son mécontentement envers le ministre du Travail et envers le cabinet de ce dernier, comme nous le verrons par la suite.

---

65. Pierre-Louis Rémy, «Un rôle de modérateur», in Jacques Le Goff (dir.), *op. cit.*, p. 75.
66. *Intersocial* n° 86, décembre 1982.
67. Entretien avec Pierre-Louis Rémy.
68. Monique Dagnaud et Dominique Mehl, *op. cit.* Le ministère du Travail est traité p. 311.

Les pôles du nouveau pouvoir

Ainsi, il apparaît assez nettement qu'une sensibilité commune émerge de cet ensemble de personnes. Les hommes et les femmes qui, au printemps et à l'été 1981, prirent en charge le dossier des droits nouveaux des travailleurs avaient auparavant longuement fréquenté les cercles de la deuxième gauche au sein du Parti socialiste comme à l'extérieur de celui-ci ; ils avaient été nourris des réflexions portées sur le sujet par la CFDT et partageaient au fond largement les mêmes vues. « On avait tous cette idée qu'on appellerait, de nos jours, clairement, le réformisme, explique aujourd'hui René Cessieux, c'est-à-dire qu'on n'imaginait pas un instant qu'on pouvait mettre le capitalisme par terre. On était les uns et les autres, non pas fortement favorables à l'économie de marché, mais tout à fait convaincus qu'il n'y avait pas d'autre système et qu'il fallait l'accepter comme tel. » C'est donc une deuxième gauche fondamentalement modérée qui, au niveau ministériel, prit en charge le dossier des droits nouveaux des travailleurs. Cela n'est d'ailleurs, au fond, guère surprenant, tant cette famille politique avait été en pointe de la réflexion sur le sujet dans les années précédant l'arrivée de la gauche au pouvoir. Cependant, il ne faudrait pas non plus en conclure que les acteurs présentés plus haut eurent tous une influence comparable. Il nous faut maintenant cerner plus précisément quels furent les centres d'influence décisifs dans la genèse du rapport Auroux.

Il ne fait guère de doute que le lieu de l'impulsion originelle est à situer à l'Élysée qui, à cette occasion, fit preuve d'un volontarisme réel quoique tempéré. C'est le président nouvellement élu qui commanda directement un rapport sur les droits nouveaux des travailleurs. D'après Jean Auroux, ce fut une réelle surprise : « En Conseil des ministres, avant que je sois prévenu, [François Mitterrand] me dit : "Monsieur le ministre du Travail, je vous demande de faire un rapport sur les nouveaux droits des travailleurs." Il me dit pour le début de l'automne, mi-septembre. Personne n'avait bougé dans le Conseil, on était tout neuf ! Et j'étais le seul dans cette situation[69]. »

Quelques précisions doivent ici être apportées à propos de ce récit. Si François Mitterrand officialisa bien en Conseil des ministres sa volonté de commander un rapport devant servir de socle à la réforme du travail, il semblerait que cette idée lui avait été soufflée quelques jours auparavant par un petit groupe de gens très attachés à la transformation

---

69. Entretien avec Jean Auroux.

de l'entreprise et du droit du travail, au premier rang desquels figuraient Jacques Delors et Bernard Brunhes[70]. Nous verrons, par la suite, en étudiant les sources d'inspiration de ce qui devint le rapport Auroux, que cela est fort plausible. Par ailleurs, s'il ne fait aucun doute que l'essentiel du travail de rédaction fut effectué par le ministère du Travail, la commande présidentielle n'était en réalité pas si claire. Le domaine de compétence concerné par celle-ci était clairement celui du ministère du Travail, mais le communiqué publié à l'issue du Conseil des ministres en question (qui était, nous l'avons dit, le tout premier de la gauche au pouvoir), laissait en réalité planer un certain flou. En deux phrases laconiques, il faisait état de ce que « le président de la République a demandé au Premier ministre de constituer un groupe de travail chargé de présenter un rapport avant le 15 septembre sur les droits nouveaux des travailleurs – employés, ouvriers, techniciens et cadres – dans l'entreprise après concertation avec l'ensemble des organisations syndicales et professionnelles. Les problèmes posés, les différents projets visant à la réforme de l'entreprise seront étudiés par ce groupe placé sous l'autorité directe du Premier ministre[71] ». Le ministre du Travail n'était cité qu'ensuite, à propos des « instructions » qu'il était chargé de donner aux directeurs départementaux du travail et de l'emploi « afin que le libre exercice du droit syndical ne subisse aucune entrave ».

Ainsi, à l'issue de ce Conseil des ministres, l'Élysée avait déjà largement transmis la supervision de ce dossier à Matignon, se contentant de donner le coup d'envoi d'une réflexion dont les limites n'étaient, par ailleurs, pas précisées. La présidence eut, par la suite, un rôle plutôt effacé. Il ne semble pas, en l'état actuel de nos recherches, qu'un « groupe de travail » ait été formellement réuni dans l'entourage du Premier ministre : la prise en charge concrète de l'écriture du rapport fut, de fait, et au fond fort logiquement, assurée par une petite équipe réunie rue de Grenelle autour de Jean Auroux, même si Matignon fut fréquemment informé de l'avancement des travaux. Ainsi chaperonné par l'Élysée et Matignon, le ministre du Travail conservait pourtant une assez grande marge de manœuvre, tant la feuille de route qu'on lui avait fournie prenait soin d'éviter toute allusion trop précise à des mesures concrètes. Cela lui laissait le champ libre pour définir quels seraient ces « droits nouveaux » des travailleurs à mettre en œuvre et quelle « réforme de l'entreprise » il convenait de mener.

---

70. Entretien avec Bernard Brunhes.
71. *Le Monde* du 29 mai 1981.

Les conditions de la rédaction du rapport

C'était d'autant plus vrai que l'Élysée ne suivit l'ensemble du dossier que d'assez loin, déléguant au Premier ministre et à ses équipes la responsabilité du suivi de l'avancement des travaux à ce sujet. Tous les acteurs de l'époque témoignent aujourd'hui que l'Élysée s'est peu impliqué dans le dossier des droits nouveaux des travailleurs. Jean-Louis Bianco, chargé de mission auprès de François Mitterrand puis successeur de Pierre Bérégovoy au poste de secrétaire général de l'Élysée, lorsque ce dernier devint ministre des Affaires sociales en juin 1982, explique ainsi que la présidence de la République « a beaucoup plus discuté sur le secteur public que sur les lois Auroux. Elles étaient moins pilotées par l'Élysée alors que sur les autres questions sociales il y avait, selon lui, un rôle très central à ce moment-là du président et de ses collaborateurs[72] ». Bernard Brunhes va plus loin et explique : « Quand on était dans le pur social, l'Élysée n'est jamais intervenu. Les lois Auroux, c'était complètement laissé entre les mains de Matignon[73]. » René Cessieux, son adjoint à Matignon, abonde également dans le même sens[74]. Ces témoignages sont d'ailleurs corroborés, de manière indirecte, par l'absence quasi complète, dans les archives que nous avons pu consulter, de traces d'interventions de la présidence à propos des droits nouveaux des travailleurs. Les archives de Jeannette Laot, conservées dans le fonds François Mitterrand des Archives nationales (fonds 5AG4), ne comportent aucun dossier spécifique aux droits nouveaux, contrairement, par exemple, à la question de la démocratisation du secteur public qui a, semble-t-il, été suivie de beaucoup plus près par l'Élysée. À l'inverse, les archives de Matignon, par leur volume, témoignent d'une intense activité de suivi de ce dossier. Cela constitue, certes, davantage un indice qu'une preuve de l'implication différentielle de l'Élysée et de Matignon : d'une part, il est bon de rappeler que le fonds 5AG4 n'a pas encore été complètement inventorié et qu'il pourrait donc y avoir des dossiers sur le sujet non encore indexés. D'autre part, notre demande de dérogation concernant la communication des archives de Jeannette Laot a été partiellement refusée. À notre plus grand regret, nous n'avons pu consulter les cartons contenant ses notes rédigées pour le président. On peut cependant relever que les archives des services du Premier ministre ne laissent pas apparaître beaucoup d'interventions significatives de l'Élysée à propos des droits nouveaux des travailleurs. Jeannette Laot elle-même, si elle fut naturellement présente dans les réunions interministérielles sur le sujet, n'y joua pas, semble-t-il, de rôle décisif.

72. Cité dans Serge Berstein, Pierre Milza, Jean-Louis Bianco (dir.), *op. cit*, p. 613. La seconde partie de son affirmation est discutable et contredite par d'autres témoins de l'époque comme nous le verrons pas la suite.
73. Entretien avec Bernard Brunhes.
74. Entretien avec René Cessieux.

En réalité, les seuls sujets sociaux sur lesquels l'Élysée s'impliquait notablement étaient ceux jugés, pour une raison ou pour une autre, particulièrement sensibles politiquement. Concrètement, cela concernait surtout les dossiers se rapportant de près ou de loin aux engagements pris par le candidat François Mitterrand durant la campagne électorale de 1981. Ces engagements étaient matérialisés par les «110 propositions pour la France», lesquelles avaient été érigées, par le président de la République, en «charte de l'action gouvernementale», selon la formule employée dans le message adressé au Parlement le 8 juillet 1981[75]. L'Élysée se chargeait de cette manière de rappeler, de loin en loin, qu'elles devaient constituer une feuille de route pour les équipes ministérielles. Ainsi, selon Bernard Brunhes, «la seule chose que faisait l'Élysée de temps en temps [c'était de nous dire] : "Attention, c'est dans les 110 propositions." Mais dans les secteurs que j'avais à traiter, il n'y avait que peu de choses, finalement. C'est pour ça qu'ils me fichaient la paix! Pour lui, le seul domaine où il y avait quelqu'un qui venait de l'Élysée tout le temps, c'était le domaine de la famille et du droit des femmes», lequel était alors aux mains de Ségolène Royal[76].

De fait, toute mesure remettant en cause les 110 propositions acquérait immédiatement un caractère sensible et l'on comprend mieux que Jean Auroux, une fois convaincu du caractère inapplicable des dispositions qui étaient contenues dans celles-ci, soit allé demander au président de la République l'autorisation de les abandonner. Le ministre du Travail vint en effet directement en référer au président de la République: Jean Auroux se justifie aujourd'hui par le fait que «c'[était] lui qui avait passé la commande» et que c'était donc à lui de trancher en dernier ressort. Jacques Attali raconte que le 6 août 1981, Jean Auroux fut reçu par François Mitterrand et «demand[a] au président de l'autoriser à oublier la promesse présidentielle d'accorder un droit de veto aux comités d'entreprise en matière de licenciements». Le conseiller spécial du président ajoute que François Mitterrand «accept[a] avec réticence» cette demande et qu'il s'écria après le départ de son ministre du Travail: «Ces ministres reculent au moindre obstacle. Ils ne font rien pour convaincre de la valeur de nos thèses. Dites-leur d'aller sur le terrain expliquer leur politique[77]!» Ce récit est plausible même si l'on peut s'interroger sur la réalité des réticences de François Mitterrand, finalement bien rapidement levées. Une fois cet arbitrage rendu, la présidence de la République s'effaça et ne joua plus de rôle véritablement décisif

---

75. Cité dans Serge BERSTEIN, «Le programme présidentiel: les 110 propositions», in Serge BERSTEIN, Pierre MILZA, Jean-Louis BIANCO (dir.), *op. cit*, p. 90.
76. Entretien avec Bernard Brunhes.
77. Jacques ATTALI, *op. cit.*, p. 105.

quant aux orientations prises se contentant (si l'on peut dire) d'apporter un appui constant au ministre du Travail : Jean Auroux fait ainsi part aujourd'hui du fait que François Mitterrand «l'a toujours soutenu» au cours de son entreprise de réforme du droit du travail.

Ainsi, le rôle de l'Élysée apparaît ici pour le moins paradoxal. Sans jouer les premiers rôles sur ce sujet ni pratiquer un interventionnisme tout azimut – ce qu'elle a pu faire sur d'autres sujets – la présidence de la République stimula et surveilla la réflexion du ministre du Travail et lui fournit un appui, certes ponctuel, mais néanmoins déterminant. La promptitude avec laquelle ce rapport avait été commandé montre bien la volonté politique forte qui animait alors François Mitterrand. Malgré la prudente formulation qui accompagnait cette décision, c'était une sorte d'engagement solennel à agir en la matière et à agir vite. Il y a là une dimension symbolique importante : si, en définitive, il fallut attendre la toute fin de l'année 1982 pour voir définitivement adopté l'ensemble des lois Auroux, la décision originelle remonte bien aux premiers jours du nouveau septennat. Cela montre que le développement des droits nouveaux constituait pour ce pouvoir récemment installé un enjeu majeur. Peut-être aussi cela témoigne-t-il de la volonté de mettre ce thème en avant en vue de la campagne des législatives qui se profilait. De façon significative, *Le Monde* du 29 mai 1981, au moment de rendre compte du premier Conseil des ministres du nouveau gouvernement, pointa le fait que «les premières mesures économiques et sociales seront un atout pour le PS dans la bataille des législatives». Toutefois, cela témoignait, également, de la relative incertitude dans laquelle se trouvait le nouveau pouvoir socialiste à propos de cette question. En effet, si le délai octroyé par le président de la République pour la rédaction du rapport était fort bref (à peine trois mois, alors que les équipes ministérielles n'étaient mêmes pas encore constituées et encore moins stabilisées ni rodées dans leur travail), cela donnait toutefois un peu de temps au nouveau pouvoir pour mener une réflexion sur un sujet qui n'avait pas vraiment été au centre de la campagne électorale précédente. En définitive, l'Élysée se montrait, en la matière, prudemment volontariste.

Plus que la présidence de la République, ce furent donc les services du Premier ministre qui supervisèrent le dossier «droits nouveaux des travailleurs». Le cabinet social de Matignon, dirigé par Bernard Brunhes, travailla en étroite coordination avec la garde rapprochée qui entourait le nouveau ministre du Travail. Celle-ci, composée de Michel Praderie, Martine Aubry et Pierre-Louis Rémy constituait «véritablement une équipe» et était très soudée, d'après Pierre-Louis Rémy[78]. Cette équipe

---

78. Pierre-Louis Rémy, *art. cit.*, p. 75.

mena un travail acharné dans une ambiance fortement imprégnée par la familiarité acquise progressivement au cours des années précédentes. Les réunions de coordination des travaux du cabinet se déroulaient ainsi, chaque lundi matin, dans une atmosphère bon enfant. « Michel Praderie apportait du foie gras, un autre apportait du vin blanc et un autre apportait le pain. On démarrait comme ça ! » raconte aujourd'hui Jean Auroux[79]. Ce dernier, qui venait d'un univers différent, mitterrandien et cégétiste, fit cependant largement confiance à ses plus proches collaborateurs et adhéra assez rapidement à leur philosophie contractualiste et pragmatique. « Nous avons été extrêmement heureux de trouver en Jean Auroux, qu'on ne connaissait pas avant, quelqu'un qui était tout à fait ouvert à ce type d'approche modérée, ouverte, réaliste, c'est-à-dire plus sensible aux effets opérationnels qu'à l'affichage », raconte ainsi Pierre-Louis Rémy[80]. Dans le même temps, le ministre du Travail ne chercha pas non plus à imprimer sa marque sur tous les aspects techniques de la réforme. Ayant été à l'origine fort peu au fait de ces matières et disposant d'un profil fondamentalement plus politique que technicien, il dut apprendre sur le tas et fit très largement confiance à son cabinet et plus généralement à son administration. « Auroux n'était pas du tout un spécialiste sur ces sujets-là et c'était d'ailleurs très bien ainsi, se rappelle René Cessieux. Il avait une totale confiance en son équipe. Il intervenait peu dans le domaine technique à la différence de celui qui fut, plus tard, ministre de l'Emploi, Jean Le Garrec. Jean Le Garrec est beaucoup plus intervenu sur les dossiers, pas toujours à bon escient, d'ailleurs[81]. » Le cabinet du ministre du Travail constitua ainsi véritablement la cheville ouvrière de la réforme des droits des travailleurs menée en mai 1981 et décembre 1982.

Ce cabinet travailla en liaison très forte avec l'équipe sociale qui entourait Pierre Mauroy à Matignon. Durant toute la période d'élaboration des lois Auroux, pour l'équipe du ministre du Travail, la semaine s'achevait en effet de la même façon qu'elle avait commencée.

> « Pendant toute cette période-là, on se voyait le samedi matin chez Michel [Praderie] raconte aujourd'hui René Cessieux. Il sortait du pâté, du vin blanc à 11 heures du matin et on travaillait sur nos dossiers. Il y avait donc Martine [Aubry], Michel [Praderie], Bernard [Brunhes] et moi. Parfois Pierre-Louis Rémy, ça dépendait des sujets qu'on abordait. On se voyait deux ou trois heures pour travailler, pratiquement tous les samedis matins. On avait une forte intimité de travail[82]. »

---

79. Entretien avec Jean Auroux.
80. Pierre-Louis Rémy, *art. cit.*, p. 76.
81. Entretien avec René Cessieux.
82. *Idem.*

Bernard Brunhes et René Cessieux se joignirent ainsi à la garde rapprochée du ministre du Travail. Au total, quatre ou cinq conseillers ministériels (selon que l'on inclut ou non Pierre-Louis Rémy qui n'y participa qu'à la marge) pilotèrent l'essentiel du processus d'élaboration du rapport puis des lois Auroux. Les archives que nous avons pu consulter témoignent de l'intensité des échanges entre ceux-ci, au point que, dans les moments d'urgence, ils purent même être conduits, ponctuellement, à travailler totalement en commun. Cela nous semble particulièrement évident pour ce qui concerne Martine Aubry et René Cessieux, c'est-à-dire les deux conseillers qui avaient directement en charge le dossier des droits nouveaux des travailleurs et qui devaient s'occuper concrètement de tous ses détails techniques. « On a passé un an où moi j'étais trois fois par semaine au cabinet de Jean [Auroux] » se souvient ainsi René Cessieux. Michel Praderie et Bernard Brunhes eurent, du fait de leurs fonctions, un rôle de supervision et de coordination et s'impliquèrent donc moins, pour autant que nous puissions nous en rendre compte, dans le travail quotidien d'élaboration de ce qui allait devenir, au fil des semaines et des mois, un énorme ensemble législatif. Cette proximité dans le travail quotidien ne fut cependant pas la plus forte au moment de l'élaboration du rapport Auroux, largement laissée à la charge de la rue de Grenelle, mais elle le fut au printemps 1982, durant la préparation des débats parlementaires. Les conseillers ministériels durent, en effet, à ce moment, unir leurs efforts pour faire face à la fronde des députés socialistes, peu satisfaits de la modération des projets de loi et qui, en conséquence, voulaient les durcir sur un certain nombre de points.

Gardons-nous cependant d'aller trop loin et de faire de l'équipe sociale du Premier ministre la corédactrice du rapport puis des lois Auroux. L'accord fondamental régnant entre Matignon et la rue de Grenelle à propos des grands principes autorisait les services du Premier ministre à ne pas trop s'immiscer continuellement dans les affaires du ministère du Travail, selon René Cessieux. « [À Matignon], on faisait très largement confiance à Martine [Aubry] et à l'équipe d'Auroux », témoigne ainsi René Cessieux. Si des désaccords ponctuels purent toutefois surgir, « pendant toute la période des lois Auroux, il n'y a pas vraiment eu de gros clash [ni] de grosses difficultés ». On ne trouve en tout cas pas trace dans les archives de Matignon de conflit majeur entre les services du Premier ministre et ceux de Jean Auroux. René Cessieux dut, certes parfois, presser le Premier ministre de montrer plus clairement son soutien à la politique menée rue de Grenelle. « Le gouvernement doit se montrer solidaire du ministre du Travail », lui écrivit-il ainsi au moment où les parlementaires socialistes commençaient à ruer dans les brancards[83]. Cependant, durant toute la période, Matignon et le ministère du Travail tirèrent en général dans le même sens. Même s'il lui arriva de s'irriter du comportement de son ministre (ainsi au moment de la publication du rapport sur les doits nouveaux des travailleurs), Pierre Mauroy se montra, au fond, très attaché à cette réforme et à son esprit. « Les principes qui fondent les propositions de votre rapport entraînent de ma part une totale adhésion » lui fit-il ainsi savoir au début d'octobre 1981[84]. Ce qui était valable à l'automne 1981 le fut d'ailleurs également au printemps 1982. Au moment des plus grosses turbulences, il apporta, en effet, à Jean Auroux un soutien décisif pour faire face aussi bien à l'opposition du patronat qui se faisait alors plus virulente, qu'aux protestations de la majorité, désireuse d'infléchir les textes qu'on lui proposait. Dans l'histoire de la genèse des lois Auroux, le centre majeur d'impulsion fut ainsi constitué par le binôme Matignon/ministère du Travail.

---

[83]. CAC 19850743 G375, lettre de René Cessieux à Richard Gradel, 1er avril 1982.
[84]. CAC 19850743 G375, lettre de Pierre Mauroy à Jean Auroux, 8 octobre 1981.

Chapitre II
Aux sources du rapport Auroux : une décennie de réflexions tous azimuts

La petite équipe du ministère du Travail avait donc été chargée, dès les premières semaines de la gauche au pouvoir, de rédiger un rapport sur les droits des travailleurs. Pour cela, elle ne disposait que de fort peu de temps, la date de sa remise ayant été fixée à la mi-septembre. Ce délai fut tenu et il est remarquable de constater que le rapport présenté fut suffisamment achevé pour que son ossature se retrouve dans les projets de loi examinés l'année suivante par le Parlement. Comment une telle rapidité a-t-elle donc été rendue possible ? La réponse à cette question est assez simple : les mesures proposées avaient, en fait, été longuement mûries au cours des années précédant l'arrivée de la gauche au pouvoir dans un certain nombre de cercles technocratiques et administratifs ainsi que dans des lieux de réflexion politique et militant de gauche. La plupart des mesures figurant dans le rapport Auroux avaient, de cette manière, été abordées, débattues, et mises en forme auparavant. Il nous faut maintenant préciser quelles sources furent privilégiées : en particulier se pose ici la question de la prédominance de l'influence de la CFDT. La thèse selon laquelle cette dernière aurait en grande partie inspiré l'esprit et la lettre du rapport Auroux est en effet assez largement répandue. On la retrouve, par exemple, chez l'historien du droit Jacques Le Goff pour qui la proximité entre le rapport Auroux et les propositions de la CFDT aurait été si grande que cela aurait surpris la centrale syndicale elle-même[85].

---

85. Jacques LE GOFF, *art. cit.*, p. 23.

Cette thèse est parfois complétée par l'idée que cette influence de la CFDT n'aurait été, au fond, que la conséquence de l'insuffisance de la réflexion menée avant 1981 par le Parti socialiste et il n'est d'ailleurs pas innocent qu'elle ait été défendue par des responsables de la CFDT eux-mêmes. Ainsi, Michel Rolant, « expert économique de la confédération », put affirmer peu de temps après cette époque : « On peut se demander si, pendant [les premiers mois après mai 1981], le gouvernement n'a pas essentiellement "pompé" les dossiers de la CFDT. Ceux de l'administration avaient été sabotés, ceux du PS étaient minces. Ils ont donc pris nos propositions pour aller discuter avec les autres[86]. »

Cela se vérifie-t-il ? Nous verrons dans ce chapitre que, même si le rôle central de la CFDT peut difficilement être nié tant son influence fut grande, les sources d'inspiration du rapport Auroux furent toutefois plus variées qu'il n'y paraît et, au fond, que beaucoup des réformes envisagées étaient dans l'air du temps depuis de nombreuses années, malgré (ou à cause de) l'immobilisme gouvernemental en la matière. Cet air du temps avait naturellement touché le Parti socialiste et toute une partie de la gauche chrétienne, mais aussi – à des degrés divers – les élites technocratiques et administratives françaises ainsi que les principales centrales syndicales du pays. En 1981, il rencontrait enfin une volonté politique.

L'ombre portée des revendications du Parti socialiste

Après l'arrivée de la gauche au pouvoir, les 110 propositions du candidat François Mitterrand avaient été érigées, nous l'avons dit, en « charte de l'action gouvernementale ». En bonne logique, cela signifiait donc qu'elles devaient constituer une feuille de route pour le ministère du Travail tout au long de l'élaboration du rapport sur les droits nouveaux des travailleurs. En réalité, il n'en fut rien car les quelques mesures phares qui y figuraient furent très vite jugées irréalistes par la rue de Grenelle. Il faut dire que le programme du candidat François Mitterrand comportait, en réalité, assez peu de choses touchant à la modification des relations de travail. Seules quelques-unes des 110 propositions abordaient ce sujet à travers des revendications qui cristallisaient en elles une décennie de réflexion socialiste sur les droits des travailleurs.

Les partis de gauche, et tout spécialement le PS, n'étaient pourtant pas restés muets sur les problèmes de la réforme de l'entreprise au cours des années 1970. La grande affaire de la décennie fut la question de

---

86. Cité dans Hervé Hamon et Patrick Rotman, *op. cit.*, p. 340.

l'autogestion, omniprésente ou presque dans les débats qui se déroulèrent alors à l'intérieur de la gauche française et particulièrement dans ceux qui animèrent le PS. Cette idée était d'ailleurs d'autant plus en vogue qu'elle était vague et multiforme et que des contenus très différents pouvaient lui être donnés. PSU bien sûr, mais aussi PS et même PCF purent se revendiquer à un moment de leur histoire de la philosophie autogestionnaire, sans y mettre naturellement le même contenu. Sans entrer dans le détail de cette tumultueuse et foisonnante histoire[87], retenons-en quelques éléments à même d'éclairer le fond des revendications que nous présenterons par la suite. Il faut, tout d'abord, rappeler que le noyau à partir duquel se développa et se diffusa l'idée autogestionnaire après 1968 était originellement constitué par la CFDT et le PSU, deux pépinières de futurs acteurs de la genèse des lois Auroux. L'autogestion fut, par la suite, une référence idéologique majeure du PS des années 1970, notamment après le ralliement du PSU et de Michel Rocard en 1974[88], même si le CERES avait, de son côté, développé sa propre conception en la matière[89]. Après les Assises du socialisme, tenues à Paris à l'automne 1974, qui entérinèrent l'entrée de Michel Rocard et de ses proches dans le Parti socialiste issu d'Épinay[90], les *Quinze thèses sur l'autogestion*[91] fixèrent les cadres de l'utilisation de ce mot d'ordre dans le socialisme de ces années-là. Il était ainsi affirmé dans la douzième « thèse » que la « lutte pour le contrôle dans l'entreprise » sous la forme de luttes sociales devait tendre à « créer les conditions favorables à une contestation de plus en plus radicale de l'organisation, du fonctionnement et de la finalité de l'entreprise dans le système capitaliste ». Mais elle avait en même temps ses limites et devait « s'intégrer à la lutte politique d'ensemble vers la prise du pouvoir politique ». Elle n'avait pour les socialistes qu'un rôle pédagogique permettant « l'élévation collective de la conscience de classe », mais le véritable moyen de parvenir à un « contrôle institutionnalisé de l'ensemble de la production » restait la rupture réelle avec le capitalisme. Cette reprise affaiblie de la thématique de l'autogestion est d'ailleurs, et de manière plus large, caractéristique de la façon mitigée dont le PS d'Épinay accueillit les idées issues du mouvement de mai 1968 : si ce dernier permit l'introduction de

---

87. Par ailleurs longuement traitée dans Frank GEORGI (dir.), *Autogestion, la dernière utopie ?*, Paris, Publications de la Sorbonne, 2003.
88. Frank GEORGI, « Les "rocardiens" : pour une culture politique autogestionnaire », in Frank GEORGI, *op. cit.*, p. 201-219.
89. Émeric BRÉHIER, « Le CERES et l'autogestion au travers de ses revues : fondement identitaire et posture interne », in Frank GEORGI, *op. cit.*, p. 187-200.
90. Sur cet épisode, voir François KRAUS, « Les Assises du socialisme ou l'échec d'une tentative de rénovation d'un parti », in *Notes de la Fondation Jean-Jaurès*, n° 31, 2002.
91. *Quinze thèses sur l'autogestion*, adoptées par la convention nationale du Parti socialiste des 21 et 22 juin 1975, supplément au n° 45 (15 novembre 1975) du *Poing et la rose*.

nouveaux thèmes (dont l'autogestion) à l'intérieur du parti, il n'initia pas pour autant de «révolution culturelle» en son sein, tant la logique partidaire et le primat du politique sur le social restèrent affirmés[92].

Le succès de la notion d'autogestion durant les années 1970 ne se limita pas au Parti socialiste. Le Parti communiste lui-même, qui y était pourtant au départ violemment hostile, récupéra finalement le terme à la fin de la décennie après l'abandon de la référence à la dictature du prolétariat auquel il s'était résolu en 1977. Cette large circulation de la notion d'autogestion impliquait, en corollaire, une ambiguïté fondamentale car, comme l'a montré Hélène Hatzfeld, son utilisation en politique renvoyait, selon les cas, à des conceptions fort différentes les unes des autres. Elle pouvait ainsi être comprise comme pouvoir général de «contrôle» des «travailleurs», des «masses» ou du «mouvement populaire», comme «gestion par soi-même» synonyme de «gestion démocratique», c'est-à-dire décentralisée, ou bien encore comme un projet global de société et une «forme nouvelle de socialisme». Cette très grande plasticité qui était une des raisons de son succès était lourde d'ambiguïtés et d'incompréhensions. Une divergence de fond quant aux conditions de réalisation de l'autogestion opposait, par exemple, au sein du PS, les membres du CERES aux rocardiens. Les premiers ne la pensaient possible «qu'après un changement politique majeur : la victoire des forces de gauche et la nationalisation de certains moyens de production. [Pour les seconds] l'autogestion n'[était] pas située dans un temps futur, mais dans les luttes présentes, celles de l'après 68[93]». Nous le verrons, cette insistance différentielle sur les nationalisations ne fut, par la suite, pas sans conséquences sur la place accordée aux réflexions touchant à la transformation des relations de travail au sein du secteur privé.

Les programmes électoraux élaborés par le Parti socialiste au cours des années 1970 reflétèrent, plus ou moins directement, ce mot d'ordre autogestionnaire, celui-ci finissant par se cristalliser dans un petit nombre de revendications symboliques. Le programme de 1972 qui voulait «changer la vie», accordait ainsi une large place à la question des rapports de pouvoir au sein de l'entreprise[94]. Il s'agissait de manière générale de «libérer les travailleurs du pouvoir de l'argent» dans le cadre d'une «stratégie de rupture avec le capitalisme». Le levier permettant de réaliser cette ambition consistait en la «refonte et [...] l'extension du secteur public, lequel devait jouer un rôle d'entraînement pour le reste

---

92. Selon Hélène Hatzfeld, «Une révolution culturelle du Parti socialiste dans les années 1970 ?», in *Vingtième Siècle. Revue d'histoire*, n° 96, octobre–décembre 2007, p. 77-90.
93. Hélène Hatzfeld, «L'autogestion dans la recomposition d'un champ politique de gauche», in Frank Georgi, *op. cit.*, p. 173-185. L'ensemble de ce paragraphe lui doit beaucoup.
94. Parti socialiste, *Changer la vie. Programme de gouvernement du Parti socialiste*, Paris, Flammarion, 1972.

de l'économie ». Il était cependant admis qu'il fallait également modifier les relations internes à l'entreprise :

> « Le développement du pouvoir des travailleurs dans l'entreprise constituera le pas le plus décisif dans le processus de socialisation. […] Une nouvelle législation du travail et de l'emploi, l'institution de conseils et de délégués des travailleurs dans les établissements et les entreprises, le renforcement du pouvoir syndical constituent le dispositif grâce auquel les travailleurs pourront acquérir progressivement la maîtrise de leur travail. »

Ainsi, l'objectif consistait en l'alliance de l'« appropriation collective » et de l'« autogestion », cette dernière étant, cependant, dans la première partie du programme (consacrée à la « démocratie économique »), prudemment présentée comme un objectif relativement lointain. « Ce serait nous payer de mots que de prétendre réaliser l'autogestion dans les cinq années qui suivront la venue du gouvernement d'union de la gauche » était-il ainsi précisé. Une des rubriques de cette première partie traitait cependant spécifiquement de la « démocratie dans l'entreprise » et du « contrôle des travailleurs dans l'entreprise », lequel était présenté comme étant le « véritable ressort de l'autogestion ». Cela se traduisait concrètement dans deux revendications promises par la suite, sous des formes, il est vrai, un peu différentes, à une longue postérité :

> « a) Le contrôle des travailleurs sur les conditions de l'organisation et de la rémunération du travail sera assuré par l'extension des pouvoirs du comité d'entreprise et des comités d'établissement et favorisé par l'élection de délégués au niveau de l'atelier.
>
> b) […] Le comité d'entreprise ou d'établissement pourra s'opposer aux décisions envisagées par la direction concernant l'embauche, le licenciement et les conditions de travail, en s'adressant aux juridictions du travail […]. La saisine de ces juridictions aura un effet suspensif sur les dites décisions. »

Ces mesures avaient vocation à être complétées par le renforcement des droits syndicaux au moyen, notamment, de l'accroissement de leurs moyens matériels et par l'élaboration d'un « nouveau droit du travail ». Celui-ci devait instituer, entre autres mesures, « l'abolition du droit discrétionnaire de licenciement » appartenant jusque-là à l'employeur et un « pouvoir de contrôle étendu » des institutions représentatives du personnel en matière d'hygiène ou de sécurité. La notion de « contrôle » des travailleurs sur la marche de l'entreprise constituait ainsi le pivot de toutes ces mesures de « démocratisation » de l'économie, les « expériences d'autogestion » en tant que telles étant cependant réservées au secteur public.

Ce programme socialiste de 1972 fut toutefois quelque peu éclipsé par la signature, la même année, du programme commun de gouvernement entre le PS et le PCF[95]. Il abordait également ces questions, mais sans entrer outre mesure dans les détails. Les principes généraux en matière de réforme de l'entreprise étaient énoncés dans la première partie intitulée « Vivre mieux, changer la vie ». Ils tenaient en peu de mots :

> « Le gouvernement entreprendra une réforme profonde de la législation du travail. Il élaborera un nouveau code du travail tendant à élargir et à garantir les droits et les libertés des travailleurs. […]
> Un ensemble de dispositions sera pris en accord avec les organisations syndicales pour garantir et développer l'exercice du droit syndical dans les entreprises et, notamment la tenue de réunions pendant le temps et sur le lieu de travail, la protection des travailleurs et des militants contre l'arbitraire, la réintégration obligatoire de ceux qui seraient illégalement licenciés.
> Les droits et compétences des comités d'entreprise seront élargis. »

Ces principes, très proches au fond de ceux présents dans le programme du PS de la même année, étaient développés un peu plus longuement dans la seconde partie du programme commun (« démocratiser l'économie, développer le secteur public, planifier le progrès »). Il y était notamment affirmé que « démocratie économique et démocratie politique [étaient] indissociables », la « démocratie économique » supposant une « intervention de plus en plus étendue et active des travailleurs dans la gestion des entreprises ». Parmi les éléments proches de ceux contenus dans le programme socialiste de 1972, on retrouvait l'affirmation que le licenciement devait cesser « d'être un droit discrétionnaire de l'employeur », l'obligation de consulter les comités d'entreprise et les délégués du personnel « avant toute mesure concernant l'embauche, le licenciement, l'affectation aux postes de travail, les mutations, la classification des travailleurs, la détermination des cadences et, plus généralement, l'ensemble des conditions de travail », ainsi que la possibilité pour le comité d'entreprise d'« intervenir directement contre toute décision [des directions d'entreprise] concernant l'embauche, le licenciement, les conditions de travail », l'application de ces mesures étant alors « suspendue ». Étaient en revanche ajoutées la mise en place d'un « droit d'information » du comité d'entreprise, obtenu grâce à la « suppression du secret des comptes et documents de gestion », ainsi que la reconnaissance des « droits d'organisation et d'expression des partis politiques sur le lieu du travail ».

---

[95]. *Programme commun de gouvernement. Parti socialiste, Parti communiste, Mouvement des radicaux de gauche*, Paris, Flammarion, 1973.

La tonalité générale du programme commun était donc, en matière de réforme du droit du travail, résolument offensive. L'ensemble était, pour autant, loin d'être dénué d'ambiguïtés, d'ailleurs plus ou moins reconnues par les parties en présence. On s'était ainsi bien gardé de trop préciser les modalités concrètes de l'«intervention» des travailleurs et des formes que devait prendre la démocratie dans l'entreprise. À ceci une raison fort simple : il y avait loin entre la conception de la démocratie économique défendue par le PCF, dans laquelle l'intervention des travailleurs devait en fait passer par le filtre du syndicat (en l'occurrence la CGT) et celle du PS qui, sans être unifiée, était alors, nous l'avons vu, plus largement ouverte aux idées issues de 1968 et, en particulier, au thème de l'autogestion. Ces différences étaient d'ailleurs reconnues à propos des firmes du secteur public, sur lesquelles se focalisait l'attention. Le programme commun mentionnait ainsi, à leur propos, que «lorsque les travailleurs de l'entreprise en exprimeront la volonté et lorsque la structure de l'entreprise en indiquera la possibilité, l'intervention des travailleurs dans la gestion et la direction de l'entreprise prendra des formes nouvelles – que le Parti socialiste inscrit dans la perspective de l'autogestion et le Parti communiste français dans le développement permanent de la gestion démocratique – déterminées par accord entre le pouvoir démocratique, la direction de l'entreprise concernée et les syndicats.»

Ces divergences n'étaient pas aussi clairement reconnues pour les firmes du secteur privé. Cela tenait au fait que, pour les partis signataires, l'enjeu principal était, avant tout, «le développement des formes démocratiques de gestion», c'est-à-dire que l'accent était mis sur le secteur public, les nationalisations constituant l'outil permettant «la transformation effective de la société [et ouvrant] la voie au socialisme». Ainsi, c'était avant tout «l'extension et la démocratisation du secteur public et nationalisé [qui devait permettre] aux travailleurs de saisir [...] leurs responsabilités», puisque fondamentalement c'était là le moyen de «briser la domination du grand capital». De ce fait, la transformation de l'entreprise privée apparaissait comme quelque peu secondaire et, pour ainsi dire automatique, comme le corollaire inévitable de la démocratisation du secteur public qui servirait d'exemple sur lequel le reste de l'économie française s'alignerait. Cet ordre des priorités (que l'on peut d'ailleurs rattacher à ce que nous avons écrit plus haut à propos de la conception différente de l'autogestion entre membres du CERES et rocardiens) persista d'ailleurs par la suite, nous le verrons.

Après l'échec en septembre 1977 de la refonte du programme commun, à cause du problème des nationalisations, et la rupture de l'union de la gauche qui s'ensuivit, le PS publia au début de l'année 1978 ses « propositions socialistes pour l'actualisation » du programme commun[96] afin, comme François Mitterrand l'affirmait dans la préface, de « manifester sa fidélité aux engagements pris ». Ce document reprenait l'intégralité du programme commun de 1972, en le complétant par divers précisions et ajouts. Le principe d'une « réforme profonde de la législation du travail » et de l'élaboration d'un « nouveau code du travail » y était maintenu et un certain nombre de points l'explicitant plus précisément figuraient en complément de ceux déjà présents depuis 1972. Ainsi, dans la seconde partie du programme consacrée à la démocratisation de l'économie, la réforme du droit de licenciement était plus longuement développée : il était toujours affirmé que celui-ci devait cesser d'être « un droit discrétionnaire de l'employeur », mais les modalités de ce changement étaient cette fois-ci mentionnées. Il s'agissait tout d'abord d'obliger les employeurs à fournir des preuves en cas de licenciement pour faute grave ou pour inaptitude et d'interdire « tout licenciement individuel ou collectif pour motif économique qui ne serait pas accompagné d'une mesure de reclassement préalable dans des conditions équivalentes ». La garantie de « la liberté effective d'opinion, d'expression et d'organisation » faisait son apparition, à laquelle on ajoutait l'affirmation que « les travailleurs concernés [seraient] régulièrement consultés sur les questions touchant à leurs conditions de travail et à la marche de l'entreprise », deux mesures dans lesquelles on peut sans doute discerner une ébauche du droit d'expression présent dans le rapport Auroux. Parmi les autres innovations présentes dans ce document, citons notamment l'institution de « comités centraux de groupe », le renforcement accru des prérogatives du comité d'entreprise en matière d'expertise économique et surtout l'affirmation que « les délégués à l'hygiène et à la sécurité disposeront du droit de faire obstacle à la mise en place ou de faire interrompre le fonctionnement de tout système ou outil de production dangereux pour les travailleurs », revendication dont l'importance fut, nous le verrons, très importante par la suite.

Bon nombre de ces « propositions » furent ensuite reprises dans le nouveau programme rédigé après le congrès de Metz, qui avait vu la victoire des mitterrandistes, alliés aux membres du CERES, sur les partisans de Rocard et de Mauroy. Ce programme, baptisé *Projet socialiste pour la France des années 80*[97], et dont l'élaboration fut principalement confiée aux proches de Jean-Pierre Chevènement, portait la trace des âpres combats entre les courants qui avaient eu lieu durant les années

---

96. PARTI SOCIALISTE, *Le programme commun de gouvernement de la gauche. Propositions socialistes pour l'actualisation*, Paris, Flammarion, 1978.
97. PARTI SOCIALISTE, *Projet socialiste pour la France des années 80*, Paris, Club socialiste du livre, 1980.

précédentes et reflétait «le virage à gauche[98]» pris alors par le PS. La tonalité générale en était donc sans surprise très marquée par la référence marxiste qui structurait profondément les analyses de la crise économique à laquelle étaient alors confrontées les économies occidentales. Elle reflétait avant tout les idées de la «première gauche», alors que celles de la deuxième gauche rocardienne étaient implicitement condamnées dans la préface, comme étant le reflet du «transfert de certains thèmes de droite à gauche». L'ambition affichée était fort vaste : il s'agissait rien moins que de «changer le contenu même du travail [...] par le contrôle des travailleurs, la revalorisation du travail industriel [...], la réduction de l'éventail des revenus [...], la baisse de la durée du travail [et] par [le] droit de "vivre, travailler, décider au pays"». Les mesures avancées pour la réalisation de cet objectif reprenaient nombre d'éléments déjà exposés plus hauts, en les radicalisant toutefois quelque peu. Ainsi, l'affirmation d'un «droit à l'emploi» était associée au rétablissement du «rôle protecteur du droit du travail», devant «assurer l'unité de la collectivité de travail», au moyen notamment de l'interdiction des entreprises de travail temporaire. Le moyen était clairement affiché : il fallait «intervenir par la loi pour combattre tout ce qui, dans les relations juridiques de travail, affaiblit la sécurité de l'emploi individuel comme l'organisation collective des travailleurs dans l'entreprise». La volonté de mettre fin à «l'exercice discrétionnaire du pouvoir du chef d'entreprise en matière d'emploi» était également présente, dans la continuité du programme de 1972.

Cependant, le gros des mesures proposées en la matière était exposé dans une sous partie consacrée spécifiquement aux «droits nouveaux des travailleurs». Là encore, l'accent était surtout mis sur le cas des entreprises du secteur public et nationalisé, car l'objectif était le «changement profond de la société» et non pas son simple aménagement. C'est dans cette volonté de «rupture avec le capitalisme» que s'enracinait, en réalité, toute la doctrine socialiste en matière de changement des relations de travail exposée dans ce *Projet socialiste*. En effet, elle impliquait une différence fondamentale d'approche dans le traitement du secteur public et du secteur privé. Un certain nombre de revendications à vocation générale étaient certes dégagées : il s'agissait par exemple, quel que soit le statut de l'entreprise, «d'affirmer et d'élargir les capacités d'intervention des sections syndicales» (entre autres grâce à «l'information et à l'expression collective»), «d'étendre le rôle des institutions sociales de l'entreprise» (y compris «en allant dans certains domaines jusqu'à un pouvoir de veto»), ou bien encore «d'assurer la reconnaissance de la section politique d'entreprise». Cependant, au-delà de ces points

---

98. Selon le mot de Pierre Joxe. Cité dans Alain BERGOUNIOUX et Gérard GRUNBERG, *Les socialistes français et le pouvoir. L'ambition et le remords*, Paris, Hachette littératures, 2007, p. 322.

généraux, une différence fondamentale apparaissait entre secteur public et secteur privé, découlant de l'affirmation selon laquelle «la question du pouvoir ne peut être dissociée de celle de la propriété». Même si les rédacteurs du *Projet* se défendaient par la suite de dédaigner les travailleurs des entreprises privées et d'en faire des «laissés-pour-compte de la démocratie économique» et qu'ils affirmaient à l'appui de cette idée que «le régime de propriété ne détermin[ait] pas seul les relations de commandement, au fond, «le premier terrain des avancées autogestionnaires» restait bien le secteur public. Celui-ci, instrument privilégié du changement de société, faisait logiquement l'objet de toutes les attentions et, de ce fait, la transformation des relations de travail dans les entreprises privées était bien, malgré les dénégations évoquées plus haut, un objectif certes important, mais secondaire car non décisif dans la transformation sociale.

Pour autant, le *Projet socialiste* avançait un certain nombre de propositions de réformes s'appliquant spécifiquement aux entreprises privées, l'ensemble étant conçu comme restant relativement en retrait de ce qui était prévu pour le secteur public (lequel devait servir de modèle à atteindre à plus long terme). L'accent était mis sur le rôle accru que devait jouer le comité d'entreprise, au moyen de la mise en œuvre du «principe de libre accès [...] à toutes les sources d'information existant dans l'entreprise» et grâce à un «pouvoir de veto» nécessaire pour que la consultation des travailleurs ne soit pas qu'un «rite». Il était prévu que ce veto s'applique aux «décisions d'embauche et de licenciement, celles concernant l'organisation du travail [et] le plan de formation de l'entreprise», soit un champ légèrement plus étendu que celui prévu dans les différents programmes précédents (où ne figurait pas le plan de formation) et concerne même les nominations à certains postes particuliers. Grâce à lui devait pouvoir s'exercer un «véritable contrôle [du comité d'entreprise] sur toutes les charges de l'entreprise» et non pas seulement sur les œuvres sociales de celle-ci. Dernière proposition marquante, «le pouvoir donné au comité d'hygiène et de sécurité et à ses délégués d'arrêter un atelier ou un chantier en cas de danger d'accident du travail» devait être reconnu. L'ensemble de ces propositions allait en définitive plus loin que les textes programmatiques précédents, non pas tellement dans les grandes idées qui restaient sensiblement les mêmes (pouvoir de contrôle accru des institutions représentatives du personnel, reconnaissance des partis politiques dans l'entreprise, affirmation des syndicats) que dans la rhétorique marxiste et anticapitaliste insistant sur la limitation de la toute-puissance du capital (et donc par ricochet du chef d'entreprise), même si sur certains points précis des ajouts avaient été opérés.

Ce *Projet socialiste* est particulièrement important, car, au-delà de sa rhétorique, il constituait la dernière étape avant les 110 propositions pour la France du candidat François Mitterrand qui, après le congrès de Metz, s'aligna en grande partie sur les thématiques du CERES. Si ces 110 propositions peuvent être dans leur globalité interprétées comme une vaste entreprise de synthèse entre les courants du PS[99], celles qui traitaient des droits nouveaux des travailleurs se situaient nettement dans la droite ligne du *Projet socialiste* de 1980, lequel était fortement marqué, nous l'avons vu, par l'influence du CERES. Il s'agissait des propositions 22, 60, 61 et, plus secondairement, 63, les propositions 60 à 63 constituant spécifiquement la rubrique « démocratie économique » et traitant donc spécialement des « droits nouveaux pour les travailleurs »[100]. Les voici :

> « 22) Le contrat de travail à durée indéterminée redeviendra la base des relations du travail ; les capacités d'intervention du syndicat dans l'entreprise seront étendues et affermies : moyens et protection des délégués élus, temps consacré à l'information et à l'expression collective. [...]
> 60) Le comité d'entreprise disposera de toutes les informations nécessaires sur la marche de l'entreprise. Pour l'embauche, le licenciement, l'organisation du travail, le plan de formation, les nouvelles techniques de production, il pourra exercer un droit de veto avec recours devant une nouvelle juridiction du travail.
> 61) Le comité d'hygiène et de sécurité aura le pouvoir d'arrêter un atelier ou un chantier pour raisons de sécurité [...].
> 63) La participation effective des cadres (ITC[101]) sera assurée et leur rôle reconnu au sein des organismes représentatifs de l'ensemble des salariés : comités d'entreprises, comités de groupes et de holdings dans les entreprises de droit privé, conseils d'administration tripartites, conseils d'unité ou d'atelier dans le secteur public. »

Les principales propositions élaborées par le Parti socialiste dans les années 1970 figuraient donc sans grande surprise en bonne place dans le programme électoral construit pour les élections présidentielles de 1981. Elles s'étaient finalement cristallisées dans un petit nombre de revendications à fort retentissement, dont les plus significatives étaient, sans nulle doute, le droit de veto du comité d'entreprise en matière de licenciement et le droit d'arrêter les machines, qui remettaient directement en cause le pouvoir du chef d'entreprise. Elles étaient les propositions les plus radicales et furent celles qui, par la suite, suscitèrent

---
99. D'après Serge BERSTEIN, *art. cit.*, p. 77-90.
100. La proposition 62 concernait, quant à elle, la gestion des entreprises publiques.
101. Ingénieurs, techniciens et cadres.

les plus ardents débats, tant la charge symbolique qui leur était attachée était importante. Elles trouvaient au fond leurs origines dans un arrière-plan idéologique marqué par le temps long de l'héritage marxiste du socialisme français, réactivé dans le PS post congrès d'Épinay par le CERES, lequel avait fini par imposer assez largement ses idées au congrès de Metz de 1979. Le *Projet socialiste* de 1980 et les 110 propositions du candidat François Mitterrand (du moins en ce qui concerne les « droits nouveaux des travailleurs ») reflétaient donc, avant tout, les idées de l'aile gauche du PS : les revendications principales sur ce chapitre en portaient clairement la marque.

Bien évidemment, cet état de fait ne signifie pas que tous les socialistes se situaient alors sur la même ligne, bien au contraire. Par ailleurs, les textes programmatiques du PS ne furent en réalité pas les seules sources d'inspiration utilisées pour la rédaction du rapport Auroux, même si, nous le verrons, des continuités importantes peuvent être mises en valeur. Ainsi, il puisait également dans le bouillonnement intellectuel des années 1970, au cours desquelles la volonté de réformer les relations de travail avait été portée par de très nombreux groupes venus d'horizons très divers, avec naturellement des différences d'approche assez sensibles. Le rapport Auroux put, de cette manière, puiser dans toute une décennie de propositions et profiter plus particulièrement du travail effectué dans un certain nombre de foyers de réflexion très actifs sur le sujet.

Les sources technocratiques

En 1981, le thème de la réforme de l'entreprise était loin d'être neuf. Depuis l'ouvrage fondateur de François Bloch-Lainé, publié près de vingt ans auparavant[102], il avait en effet constitué un enjeu majeur pour les élites économiques et technocratiques françaises[103]. Les très nombreuses réflexions menées à son propos avaient cependant rencontré des difficultés importantes pour être transposées dans la sphère politique et n'avaient eu que peu de suites concrètes. La seule réforme d'importance en la matière fut ainsi la reconnaissance de la section syndicale dans l'entreprise en décembre 1968, idée présente chez François Bloch-Lainé : il avait fallu les événements de mai pour briser les résistances à son endroit. Cet élan réformateur, incarné par la suite par Jacques Chaban-Delmas et par son conseiller pour les affaires

---

102. François BLOCH-LAINÉ, *Pour une réforme de l'entreprise*, Paris, Le Seuil, 1963.
103. Claire ANDRIEU, *Pour l'amour de la République : le Club Jean Moulin, 1958-1970*, Paris, Fayard, 2002.

sociales Jacques Delors, fut cependant stoppé par le conservatisme foncier de Georges Pompidou en matière sociale[104]. Une fois parvenu à la présidence de la République, Valéry Giscard d'Estaing échoua pour sa part à reprendre le flambeau de ce « modernisme[105] ».

Peu de temps après son élection à la présidence de la République, Valéry Giscard d'Estaing avait pourtant confié au maire de Blois, Pierre Sudreau, une mission de réflexion sur « la réforme de l'entreprise ». Celui-ci forma un comité d'étude réunissant quelques-uns des plus brillants esprits du temps, lequel rendit public son rapport au début de l'année 1975[106]. Ce rapport constitua, d'une certaine manière, la réponse giscardienne au programme commun et devint vite une référence obligée (positive ou négative) pour toutes les propositions avancées par la suite sur le sujet, que ce soit dans les administrations, les clubs, les syndicats ou bien encore les partis politiques. Participant de l'élan réformateur du début du septennat de Valéry Giscard d'Estaing, au cours duquel furent mises en branle de nombreuses mesures de modernisation sociale[107], il n'eut cependant guère de suites pratiques, ses propositions les plus novatrices furent enterrées et lui-même sombra bien vite dans l'oubli.

Il mérite cependant que l'on s'y attarde, tant il préfigurait par bien des aspects un autre rapport : celui écrit six années plus tard par le ministre socialiste du Travail. Toutes les mesures proposées par le rapport Sudreau ne sont cependant pas essentielles pour notre sujet. Son objet d'étude même, à savoir la « réforme de l'entreprise », impliquait une perspective un peu décalée par rapport à celle consistant à réfléchir sur les « droits nouveaux des travailleurs ». Ici l'entreprise, là les travailleurs : la différence de vocabulaire était une différence d'approche intellectuelle, mais aussi clairement une différence d'approche politique. La commission Sudreau abordait de cette manière tout un ensemble de sujets étrangers à la problématique qui fut par la suite celle de Jean Auroux, comme, par exemple, le droit des sociétés, la place des actionnaires dans la gestion des entreprises, ou bien encore la promotion de la création d'entreprise. Par ailleurs, elle développait un certain nombre de conceptions trouvant leur origine à la droite de l'échiquier politique

---

104. Alain BELTRAN et Gilles LE BÉGUEC, en collaboration avec Jean-Pierre WILLIOT, *Action et pensée sociales chez Georges Pompidou*, Paris, Presses universitaires de France, 2004.
105. Bernard. H. MOSS, *art. cit.*
106. *La réforme de l'entreprise. Rapport du comité présidé par Pierre Sudreau*, Paris, UGE, coll. « 10/18 », 1975.
107. Sur la politique sociale de Valéry Giscard d'Estaing, voir Serge BERSTEIN et Jean-François SIRINELLI (dir.), avec la participation de Valéry GISCARD D'ESTAING, *Les années Giscard. Les réformes de société 1974-1981*, Paris, Armand Colin, 2007. Sur le rapport Sudreau lui-même, voir Patrick BARRAU, « Le rapport Sudreau ou l'impossible consensus », in *Cahiers de l'Institut régional du travail*, n° 9, avril 2001, p. 175-182.

français. C'était par exemple le cas de l'idée de participation des salariés aux résultats de l'entreprise, idée à laquelle un certain nombre de gaullistes étaient très attachés et que le général de Gaulle, lui-même, avait tenté de concrétiser lorsqu'il était au pouvoir. Gardons-nous donc d'assimiler trop hâtivement le rapport Auroux à un replâtrage plus ou moins camouflé du rapport Sudreau. Celui-ci « n'était pas quelque chose de fondateur [pour l'équipe Auroux], mais c'était dans le paysage, précise aujourd'hui Pierre-Louis Rémy. Ce n'était pas une référence, mais ça habitait les esprits ».

Ces précautions prises, il nous faut toutefois souligner que le rapport Sudreau se saisissait d'un certain nombre de sujets qui furent par la suite au cœur des préoccupations du gouvernement socialiste de 1981-1982. Paradoxalement, un certain nombre des propositions qui y étaient inscrites reçurent un accueil plutôt favorable en dehors des cercles du pouvoir giscardien, alors même que la majorité présidentielle était alors plutôt réticente. Les principes développés par la commission étaient fort généreux : il s'agissait par exemple de « transformer la vie quotidienne dans l'Entreprise » (titre du chapitre I), de « consacrer la place des hommes » dans celle-ci (chapitre II), ou bien encore d'« insérer les finalités de l'Entreprise dans celles de la Société » (chapitre X). Au-delà des principes, certaines des mesures concrètes avancées par la commission Sudreau étaient réellement originales et, si certaines furent très vite escamotées, d'autres finirent par ressurgir dans les réformes mises en route par les socialistes quelques années plus tard.

C'est ainsi le cas de la reconnaissance du « droit de chacun à s'exprimer sur son propre travail » qui devait offrir à l'entreprise « les chances d'une organisation non seulement plus humaine mais plus efficace », sans pour autant remettre en cause « l'exercice efficace de l'autorité hiérarchique » ni concurrencer les institutions représentatives du personnel déjà existantes. La commission restait toutefois très prudente dans ses recommandations : pour elle, il était « indispensable de laisser les partenaires dans l'entreprise décider du moment et du processus du droit de chacun à la parole », le législateur ne devant « intervenir qu'après quelques années d'expérience, en se prononçant éventuellement sur l'obligation pour chaque entreprise de consacrer un certain nombre d'heures à l'expression directe des travailleurs ». Le volontarisme en la matière était donc plus que tempéré, mais l'idée d'un droit d'expression des travailleurs faisait, tout du moins, son apparition et ce fait mérite à lui seul d'être souligné.

Autre élément notable, la volonté affichée de promouvoir « une reconnaissance plus complète de l'interlocuteur syndical » qui désormais devait être vu comme un « partenaire ». La commission se refusait pourtant à envisager la mise en place d'une « réglementation légale » encadrant et favorisant l'action syndicale, « compte tenu de la diversité des situations concrètes » et se contentait d'en appeler à la signature d'accords entre les partenaires sociaux pour régler cette question. Cela était d'ailleurs couplé à la volonté de « laisser un champ plus vaste à la négociation collective », l'« action contractuelle » étant célébrée comme « la voie par laquelle se manifeste la liberté de créer le droit ». L'État devait donc simplement fixer un cadre et laisser les partenaires sociaux le remplir. Ces principes généraux n'étaient cependant guère précisés plus avant, ni mis en forme au moyen de propositions concrètes.

La commission Sudreau se concentrait également sur la réforme du comité d'entreprise, dont elle suggérait de renforcer les attributions, sans pour autant aller au-delà d'une certaine limite. Elle rejetait ainsi clairement toute « codécision », avec obligation d'avis conforme du comité d'entreprise dans certains domaines, embauche, licenciement ou bien encore politique du personnel. Une fois ces bornes fixées, elle envisageait cependant d'accroître les compétences du comité d'entreprise, que ce soit en matière de conditions de travail (au moyen de la « présentation d'un bilan annuel et d'un programme d'action en matière sociale », en matière de formation, ou bien encore d'information économique (au moyen de la création d'une délégation économique). Figuraient également un certain nombre de propositions techniques visant à améliorer la représentativité du comité d'entreprise, ainsi que l'idée de la nécessité de la « création d'un nouvel organe de représentation des salariés au niveau du groupe ». Mais la commission Sudreau n'allait, en définitive, pas très loin en matière de réforme des institutions représentatives du personnel : la raison en était que sa proposition la plus marquante ne leur était pas rattachée directement. Elle avançait en effet l'idée d'une « cosurveillance », conçue comme une « voie nouvelle de participation » qui consistait concrètement à « autoriser la représentation des salariés dans les conseils d'administration ou de surveillance des sociétés qui le souhaitent ». Fort prudemment présentée comme une expérimentation fondée sur le volontariat, cette cosurveillance n'eut, en définitive, que peu d'impact concret et guère plus de postérité intellectuelle ou militante.

Cela ne fut toutefois pas le cas d'une autre idée présente dans le rapport Sudreau, qui visait à « créer des procédures d'alerte » dans les entreprises en difficulté. Il était notamment question de « reconnaître un droit d'intervention » aux « diverses parties constitutives de l'entreprise » (actionnaires, administrateurs, créanciers et, surtout, comité d'entreprise). Ce droit d'intervention consistait en une procédure interne (les acteurs évoqués ci-dessus pouvant exiger une réponse de la direction à leurs demandes d'explication des difficultés de l'entreprise, réponse engageant la responsabilité de ses auteurs) et une procédure externe (avec recours devant le tribunal de commerce et expertise extérieure le cas échéant). Il y avait là une idée qui ressurgit en 1981, après avoir été entre-temps retravaillée et affinée par divers cercles de réflexion.

Un d'entre eux fut ainsi le Commissariat général du Plan, instance au sein de laquelle certaines propositions présentes dans le rapport Sudreau furent réétudiées, amendées et, le cas échéant, complétées. Cela est particulièrement important pour notre propos, car les réflexions menées au cours des années 1970 au sein du Plan furent une des sources essentielles mobilisées à l'été 1981 pour rédiger le rapport sur les droits nouveaux des travailleurs. Cela n'est bien sûr pas un hasard : comme nous l'avons signalé plus haut, nombre de membres du cabinet du ministre du Travail ou du Premier ministre avaient fait partie du Plan durant les années précédant l'arrivée de la gauche au pouvoir, ou bien avaient participé à des commissions ou groupes de réflexion y étant rattachés. Rien d'étonnant à ce que leurs travaux de l'époque aient donc été réemployés pour servir de matériau de base au rapport Auroux.

Comme nous l'avons dit plus haut, les travaux de la commission Sudreau n'eurent finalement guère de suites, mais cela n'empêcha pas la poursuite discrète, dans d'autres milieux, du travail intellectuel sur le sujet. Le thème était donc dans l'air du temps. Le Commissariat général du Plan s'en saisit dans le cadre de ses travaux préparatoires aux septième et huitième plans, dans la deuxième moitié des années 1970. Chacun de ces plans était préparé par divers comités ou commissions spécialisés chacun dans un secteur particulier. L'emploi et le travail étaient, de cette manière, traités dans une ou plusieurs de ces commissions et, au cours de leurs travaux, la question de la réforme de l'entreprise et des relations de travail fut assez largement abordée, même si leur préoccupation principale était plutôt l'emploi et la lutte contre le chômage. Elles étaient composées de hauts fonctionnaires venus du Commissariat général du Plan ou d'autres administrations centrales, d'universitaires, d'experts et de représentants des partenaires sociaux. Bernard Brunhes garde le souvenir d'un « lieu de réflexion, de concertation très puissant[108] ». Le comité Emploi et travail de préparation du septième plan, réuni entre octobre 1975 et mars 1976 qui était présidé par Pierre Delmon, président du conseil d'administration des Houillères du Bassin du Nord et du Pas-de-Calais, fit ainsi partie de ces discrètes instances où la réforme de l'entreprise fut envisagée[109]. Les conflits constitutifs aux relations

---

108. Entretien avec Bernard Brunhes.

sociales françaises n'en étaient pour autant pas absents : c'est ainsi que les représentants de la CGT et de la CFDT « suspendirent leur participation aux travaux du comité » à partir de février 1976, sans que la raison en soit d'ailleurs précisée dans le rapport. Quoi qu'il en soit, il est particulièrement intéressant de constater que le rapporteur de ce comité fut Michel Praderie, c'est-à-dire le futur directeur de cabinet de Jean Auroux et qu'il fut assisté, entre autres personnes, par René Cessieux (futur membre du cabinet de Pierre Mauroy), ce dernier ayant d'ailleurs été chargé de « l'animation des travaux du comité ». De plus, parmi les rapporteurs des séances du comité et des sous-comités, figuraient, entre autres, Martine Aubry et Pierre-Louis Rémy, envoyés alors par le ministère du travail auquel ils étaient rattachés. Nous retrouvons donc ici le noyau de personnes qui mirent en forme les projets de la gauche, lorsque celle-ci arriva au pouvoir.

Rien d'étonnant alors que l'on retrouve nettement, à quelques années de distance, la même philosophie générale dans le rapport établi par ce comité Emploi et travail du Commissariat général du Plan, et dans le rapport Auroux. L'idée de base du rapport du comité Emploi et travail du septième plan consistait à lier plein emploi et « meilleur emploi », au moyen notamment de l'idée les mauvaises conditions de travail ont un coût économique important et font fuir les demandeurs d'emploi (ce dont témoignent, par exemple, l'absentéisme ouvrier et le *turnover*). Au fond, « le comité estim[ait] qu'il n'y [avait] pas contradiction entre recherche de la compétitivité, progrès dans les conditions de travail et mise en valeur accrue de notre potentiel de main-d'œuvre », un argument qui fut d'ailleurs par la suite réemployé dans le rapport Auroux où il était affirmé, en introduction, que « le développement des nouveaux rapports sociaux […] doit être et sera le fondement même du développement économique et de l'emploi[110] ».

Ce fut également le cas avec un autre thème de réflexion important du comité, qui était pénétré par le souci de prévenir le risque d'une « dichotomie profonde entre catégories de travailleurs » : « D'un côté, les qualifiés accèdent à des droits et avantages élargis du point de vue de la sécurité de l'emploi et des rémunérations […] ; de l'autre, les non qualifiés ou les vulnérables cumulent les inégalités liées à l'instabilité et à l'inintérêt du travail, à des rémunérations basses, souvent dans des travaux pénibles sans perspectives d'avancement, et fondées sur des relations de travail personnalisées et soumises à un large arbitraire.

---

109. Les conclusions de ce comité ont été publiées dans COMMISSARIAT GÉNÉRAL DU PLAN, *Rapport du comité Emploi et travail ; préparation du 7ᵉ plan*, Paris, La Documentation française, 1976.
110. Voir Jean AUROUX, *op. cit.*, p. 4.

Un second type de segmentation apparaît en outre entre travailleurs permanents et travailleurs temporaires avec le développement de formes de travail telles que l'intérim[111] ». On reconnaît ici sans difficulté, dans cette préoccupation de lutter contre la « dichotomie entre catégories de travailleurs », ce qui fut plus tard développé dans le rapport Auroux sous l'expression de « reconstitution de la collectivité du travail[112] » et qui était dans les années 1970 également présent dans les programmes électoraux socialistes : il y avait donc là une inquiétude sociale largement partagée.

Le comité Emploi et travail de 1975-1976 avait, par ailleurs, également étudié de manière approfondie « la transformation des relations professionnelles donnant aux salariés des moyens d'action et de contrôle sur leurs conditions de travail », transformation qui était qualifiée de « condition nécessaire » à toute « politique du travail ». Elle devait être réalisée par l'augmentation des « moyens matériels et juridiques » à disposition des institutions représentatives du personnel, par exemple en donnant le droit aux comités d'hygiène et de sécurité (CHS) et aux comités d'entreprise (CE) de se « faire assister par des équipes compétentes en matière d'ergonomie et d'hygiène-sécurité », en un mot, d'avoir recours à des experts extérieurs, ou bien encore en augmentant les crédits d'heures à disposition de ces institutions. Il était également question de « donner aux comités d'entreprise […] des moyens d'expertise et d'assistance technique plus grands » et « aux organisations syndicales […] un accès plus large aux moyens d'étude ». Surtout, il s'agissait pour le comité Emploi et travail de faire en sorte de « mieux reconnaître le fait syndical », afin de permettre que les « conditions de travail fassent l'objet d'accords entre les partenaires sociaux ». Au fond c'est la réforme de l'économie générale des relations sociales en France qui était visée, alors que, comme le soulignait le comité, au moyen d'un très prudent et technocratique euphémisme, le « système de relations professionnelles » français n'était « pas toujours satisfaisant », les conflits « débouch[ant] souvent moins sur des négociations que sur le constat d'un rapport de forces ». Il fallait donc « créer les conditions permettant une réelle négociation » et ce, à « tous les niveaux », sans toutefois que des propositions concrètes soient avancées. Enfin, le comité soulignait les « difficultés d'expression individuelle et collective sur les conditions de travail » et recommandait de « créer les conditions permettant à tous les salariés, sous une forme adaptée à chaque entreprise, d'exprimer directement leurs aspirations » ce qui, à la vérité, était autant le prolongement du rapport Sudreau que la préfiguration du « droit d'expression » présent dans le rapport Auroux.

---

111. Commissariat général du plan, *op. cit.*, p. 152.
112. Jean Auroux, *op. cit.*, p. 13.

Cet important travail réalisé en vue du septième plan fut poursuivi pendant la préparation du huitième (prévu pour couvrir la période 1981-1985), par une autre instance similaire, mais baptisée cette fois-ci « commission emploi et relations du travail », qui se réunit entre octobre 1979 et juillet 1980, date à laquelle elle publia son rapport[113]. Des futurs membres des cabinets ministériels socialistes cités auparavant, seul René Cessieux figurait cette fois dans la liste des participants. Néanmoins, on retrouve un esprit semblable à celui de 1975-1976, à quelques nuances près. La commission approfondit ainsi la réflexion sur la nécessité de « développer la négociation à tous les niveaux » afin de dépasser la situation de blocage des relations sociales dont elle faisait le constat. Elle introduisit ainsi une nouveauté importante par rapport aux travaux antérieurs : elle constatait en effet que « le seul lieu réel d'impact des problèmes est celui de l'entreprise et qu'à ce niveau les partenaires font preuve d'un pragmatisme enrichissant » et en concluait que « l'entreprise constitue […] un cadre favorable à l'examen des problèmes et à l'élaboration des solutions les plus à même d'influer sur la vie des salariés ». Cela représentait une rupture notable avec les us et coutumes français en matière de négociation sociale, traditionnellement plus développés au niveau interprofessionnel et à celui de la branche. Au-delà, la commission de 1979-1980 avançait une autre proposition novatrice quoique précautionneusement formulée, à savoir que « l'obligation de négocier applicable à l'ensemble des partenaires sociaux […] pourrait être de nature à garantir à la fois l'exercice du droit à la négociation et l'efficacité des solutions et à éviter les tensions ». Toutefois, cette idée, qui fut ensuite reprise dans le rapport Auroux ne faisait pas alors l'objet d'un consensus. Il était ainsi précisé que « certains membres de la commission ne partag[eaient] pas cette opinion », sans que l'on sache d'ailleurs lesquels. Il est probable que cette proposition qui porte la marque visible de l'influence de la CFDT, rencontrait en réalité la résistance d'autres partenaires sociaux. D'autres idées étaient également avancées, mais toujours de manière très prudente et sans se départir d'un certain flou : il était ainsi de recommandé d'« améliorer le dispositif d'alerte » en cas de difficultés économiques d'une entreprise en permettant le recours « à une personnalité indépendante » et de « recourir plus systématiquement à la médiation en cas de conflit sur l'emploi ». La commission affirmait également que « la reconnaissance d'un droit d'expression des salariés dans les entreprises correspond[ait] à un véritable besoin » et soulignait la « relative convergence » sur ce sujet entre syndicats, patronat et

---

113. Commissariat général du Plan, *Rapport de la commission emploi et relations du travail. Préparation du 8ᵉ plan 1981-1985*, Paris, La Documentation française, 1980.

pouvoirs publics, tout en pointant que «l'expression directe ne [devait] ni se substituer au rôle dévolu aux instances représentatives et à celui de l'encadrement ni être utilisée ou ressentie comme un moyen de tourner l'action syndicale ou des représentants du personnel». Le Plan continuait ainsi, à sa manière, de faire vivre les idées de la commission Sudreau.

La question de la réforme du droit du travail et de l'entreprise fut aussi au cœur de la réflexion d'un certain nombre de «groupes de travail» mis en place en 1978-1979 par le ministre du Travail de Valéry Giscard d'Estaing, Robert Boulin. Ce gaulliste de gauche avait tenté de relancer la réflexion sur ce thème, une fois l'agitation et les polémiques nées de la publication du rapport Sudreau retombées. L'importance de ces groupes de travail est double, sur le plan intellectuel et sur le plan des réseaux d'acteurs. Ils furent, d'une part, des instances au sein desquelles la maturation des idées présentes plus tard dans le rapport Auroux se poursuivit. D'autre part, nous retrouvons encore dans la composition de ces groupes les mêmes personnes qui, par la suite, peuplèrent les cabinets ministériels de l'après mai 1981. D'après le témoignage de certaines de ces personnes, les groupes de travail Boulin furent l'institution clé qui rendit tout simplement possible l'étonnante rapidité avec laquelle le rapport Auroux fut rédigé. Bernard Brunhes expose ainsi leur importance :

> «Boulin m'a demandé de participer à un comité stratégique pour réfléchir à ce que pourrait être une réforme en profondeur du droit du travail et des conditions de travail en général, des relations sociales dans l'entreprise. Ce groupe s'est réuni, j'en étais effectivement, ainsi que Jean-Jacques Dupeyroux, qui est [aujourd'hui] directeur de *Droit social*. Il y avait également Martine Aubry, qui sortait de l'ENA et qui avait été repérée par Boulin, Michel Praderie, qui était mon adjoint au Plan, et deux ou trois autres personnes. On a fait un gros travail, avec un certain nombre de propositions sur l'évolution du droit du travail et des relations sociales dans l'entreprise. Ce travail a été refusé par Barre (c'est-à-dire Soubie[114]), et par Giscard, qui ont dit «non, non, on ne veut pas de ça». Là-dessus Boulin est mort suicidé et donc tout s'est arrêté.
>
> Et les lois Auroux, qu'est-ce qu'on a repris ? Le rapport Boulin ! Pas tel quel, évidemment [mais] en fait, le rapport Auroux d'abord, puis ensuite les lois qui en ont été tirées, c'est vraiment à l'origine Robert Boulin. Via Martine Aubry bien sûr, Michel Praderie et moi. Finalement il y a plus de continuité qu'on ne croit dans la République[115]. »

---

114. Raymond Soubie, prédécesseur de Bernard Brunhes au poste de conseiller pour les affaires sociales du Premier ministre (Raymond Barre à cette époque), et aujourd'hui conseiller social de Nicolas Sarkozy.
115. Entretien avec Bernard Brunhes.

Pour René Cessieux, adjoint de Bernard Brunhes au Plan puis à Matignon, qui participa, lui aussi, à ces groupes Boulin, ces derniers ont constitué la « base technique du rapport Auroux » en ce qu'ils ont abrité tout le « travail de réflexion et de préparation » préalable à sa rédaction. Pour lui, il y avait « une vraie réflexion, chez Giscard [et] chez Boulin qui était de dire : "On ne va pas continuer de faire du quantitatif, du Pompidou pur et dur, il faut bien qu'on ouvre le jeu. On est en train de préparer une crise industrielle majeure et on est là tous freins serrés comme il y 20 ans". Ces gens là se disaient : "Il faut qu'on renouvelle la réflexion gouvernementale autour du travail". Deuxième préoccupation majeure : ils voyaient arriver la crise industrielle. Or la caractéristique absolue de cette période, c'est qu'il n'y avait pas un chef d'entreprise, un DRH, un directeur des affaires sociales qui savait comment gérer les problèmes de restructuration industrielle, comment négocier un plan de réorganisation[116] ». De fait, ces groupes de travail, réunissant selon les cas experts, fonctionnaires, universitaires, partenaires sociaux et personnalités venues de la société civile, se penchèrent tout autant sur les problèmes liés à l'emploi et au chômage que sur ceux liés aux relations de travail[117]. On vérifie d'ailleurs bien la présence des principales figures du réseau évoqué plus haut : ainsi Michel Praderie, (dans une des commissions examinant les questions liées à l'emploi), Martine Aubry (dans la commission « maternité et travail ») ou bien encore Bernard Brunhes (dans la commission sur les « processus de marginalisation professionnelle des jeunes »).

Ces témoignages ouvrent donc des pistes très intéressantes, mais il est toutefois nécessaire de les remettre en perspective et d'observer à leur égard un minimum de prudence. En effet, la consultation des rapports publiés par les groupes de travail Boulin montre que les thèmes traités ne recoupent qu'imparfaitement ceux abordés dans le rapport Auroux, même s'ils sont significatifs d'un esprit du temps et que les préoccupations dont ils témoignent se retrouvèrent après 1981. La question de la réduction du temps de travail occupa par exemple un de ces groupes de travail, et l'on sait l'importance que ce sujet prit par la suite dans la politique du gouvernement Mauroy. Mais, en définitive, seuls deux de ces rapports (sur treize au total) recoupent les sujets traités par Jean Auroux en 1981 : il s'agit de celui sur la prévention des accidents du travail et celui sur le travail à temps partiel. Si l'on laisse de côté ce dernier (la réglementation en matière de temps partiel ne rentrant pas dans le champ des lois Auroux, et donc de la présente étude), ne reste

---

116. Entretien avec René Cessieux.
117. *Pour une politique du travail. Rapports présentés à Robert Boulin. I. L'emploi*, Paris, la Documentation française, 1979, 377 p. et *II. Le travail*, Paris, la Documentation française, 1979.

donc plus que le rapport sur les accidents du travail[118]. Or, celui-ci était tout particulièrement prudent : il considérait en effet que la législation de l'époque était « déjà très perfectionné[e] » et refusait le renforcement des sanctions pénales (au motif que « ce n'est pas en mettant des chefs d'entreprise en prison qu'on incitera les autres à faire un effort »), ainsi que la possibilité de donner aux représentants du personnel en matière de sécurité le droit d'arrêter les machines (car « ce droit risquerait de constituer une gêne considérable dans la marche normale de l'entreprise »). Il était même clairement indiqué que les propositions avancées se limitaient à « prendre appui sur les dispositions existantes ». On se situe donc ici assez loin de l'esprit volontariste (quoique modéré) du rapport Auroux.

Faudrait-il alors considérer que nos témoins surestiment rétrospectivement le rôle de ces groupes de travail Boulin ? Nous nous heurtons ici à une difficulté pratique pour répondre à cette question : il semblerait en effet que tous les travaux effectués dans le cadre des groupes Boulin n'ont pas donné lieu à la rédaction d'un rapport et qu'ils n'ont donc pas tous été publiés. Nous n'avons malheureusement pas pu reconstituer une liste exhaustive des commissions qui furent ainsi discrètement escamotées, mais nous avons cependant pu retrouver indirectement trace des travaux de l'une d'entre elles, consacrée à la réforme du droit régissant le règlement intérieur de l'entreprise. Son président, Jean Rivero, professeur à l'université de Paris II, présenta en effet dans un article publié dans la revue *Droit social* un « premier constat » portant sur ces problèmes[119]. C'est grâce à celui-ci que nous avons pu avoir confirmation de l'existence de ce groupe de travail et connaissance de certains éléments de ses conclusions. Quoi qu'il en soit, elles furent manifestement enterrées par le successeur de Robert Boulin, Jean Mattéoli. C'est du moins ce que l'on devine à la lecture d'un autre numéro de cette même revue *Droit social* dans lequel il est pudiquement mentionné que la commission Rivero « n'a pas été invitée à remettre son rapport[120] ». Évoquant les travaux de cette commission dans une tribune publiée dans *Le Monde* en août 1981, le juriste Jean-Jacques Dupeyroux écrivit par ailleurs plus franchement que « M. Mattéoli se hâta d'y mettre un terme[121] ». L'atmosphère de la fin du septennat giscardien n'était décidément plus à l'audace en matière sociale.

Un certain nombre de rapports, témoignant des travaux moins sulfureux des autres commissions Boulin, furent néanmoins remis à

---

118. « Prévention des accidents du travail », rapport présenté par Jean Rosenwald, conseiller-maître à la Cour des Comptes, in *Pour une politique du travail* (tome II), p. 285-319.
119. Jean Rivero, « Note sur le règlement intérieur », in *Droit social*, n° 1, janvier 1979, p. 1-6.
120. Jean Pélissier, « Le règlement intérieur et les notes de service », in *Droit social*, n° 1, janvier 1982, p. 76.
121. *Le Monde* du 15 août 1981.

Jean Mattéoli et publiés à la Documentation française, mais leur objet était purement technique et dénué de l'ambition réformatrice insufflée par Robert Boulin. Les questions abordées par la commission Rivero ressurgirent cependant une fois la gauche au pouvoir, au point d'occuper une place privilégiée dans le rapport Auroux et de faire ensuite l'objet de la loi du 4 août 1982 relative aux « libertés des travailleurs dans l'entreprise ». Même si nous n'avons eu accès qu'à un état partiel des travaux de cette commission, il nous paraît néanmoins possible de souligner la proximité de ceux-ci avec les analyses et les recommandations présentes dans le rapport Auroux. On y retrouve ainsi les mêmes exemples utilisés pour illustrer l'arbitraire de certaines dispositions présentes dans des règlements intérieurs d'entreprises (pratique de l'alcootest systématique, fouilles corporelles, ouverture du courrier reçu à l'entreprise), et certaines des premières recommandations de la commission (interdiction de la violation des libertés publiques par le règlement intérieur, contrôle accru de l'inspection du travail, obligation d'un entretien préalable avant sanction) furent aussi celles défendues par Jean Auroux dans son rapport[122].

En définitive, l'idée que les groupes de travail Boulin serviront de « base technique » au rapport Auroux reste donc pour l'instant une simple hypothèse, mais une hypothèse *a priori* tout à fait plausible.

La matrice de la gauche chrétienne

Ainsi que nous l'avons montré précédemment, les acteurs qui, au sommet de l'État, présidèrent à la conception des lois Auroux, étaient pour beaucoup marqués par une longue fréquentation des milieux de la deuxième gauche, dans lesquels ils avaient pu militer. Rien d'étonnant donc à ce qu'on retrouve dans ces lois des idées et des réflexions qui y avaient été longuement mûries. Nous avons choisi ici de mettre en valeur une sensibilité particulière de cette deuxième gauche, la sensibilité chrétienne de gauche, qui nous paraît avoir joué un rôle important. Il nous faut préciser que, si cette sensibilité rayonna à partir d'un certain nombre d'institutions qui lui étaient spécifiques, elle fut également présente dans les partis de gauche et dans les syndicats. Nous verrons ainsi par la suite l'importance de la CFDT comme foyer de naissance et de diffusion des idées nouvelles sur le travail, CFDT dont il n'est pas besoin de rappeler le passé confessionnel, pas si lointain à l'époque. De manière générale, idées et projets de réforme ont circulé sous des formes

---

122. Jean AUROUX, *op. cit.*, p. 8-10.

peu différentes dans un certain nombre d'institutions de la deuxième gauche où se croisaient bien souvent les mêmes acteurs. Les passerelles étaient ainsi évidentes entre la CFDT et le club *Échange et projets*. Le fondateur de ce dernier, Jacques Delors, avait de cette manière été un des piliers de la CFTC puis de la CFDT. On ne s'étonnera donc pas de la très grande proximité des discours tenus dans l'une et dans l'autre des institutions.

Le 13 mai 1982, au premier jour du débat parlementaire sur les projets de lois Auroux, Philippe Séguin monta à la tribune de l'Assemblée nationale pour mener l'attaque de l'opposition contre les projets de lois Auroux. Il choisit la raillerie : « Les textes Auroux, c'est du Delors, mais du Delors revu et corrigé, c'est-à-dire marqué par une forte inspiration « cédétiste » et surtout assorti de trop nombreuses concessions à la CGT, avec un brin de démagogie de ci, de là, car on ne se refait pas[123] ». Cette petite phrase, calibrée pour la télévision (elle fut ainsi reprise le soir même au journal d'Antenne 2), touchait juste au moins sur un point, au-delà des évidentes intentions polémiques de son auteur et de sa volonté d'agiter l'épouvantail cégétiste : en arrière plan de ces textes se profile en effet incontestablement la figure tutélaire de Jacques Delors. Si Jean Auroux est le père des lois sur les droits nouveaux des travailleurs et, avant cela, du rapport écrit sur le même sujet, Jacques Delors en est l'inspirateur et même, dirions-nous, l'esprit.

Il faut, pour évaluer l'importance de cette source d'inspiration, se pencher plus avant sur l'association *Échange et projets*, fondée en 1973 sous la houlette de ce même Jacques Delors. Elle avait comme ambition affichée de « nouer le dialogue, présenter des analyses, faire des propositions, susciter, illustrer et réaliser des expériences », en faisant se rencontrer « chefs d'entreprises, responsables syndicaux, fonctionnaires, cadres d'entreprises, universitaires et intellectuels » afin de dégager des « convergences » et des « solutions de progrès[124] ». En un mot, il était un club de réflexion qui s'inscrivait dans la lignée ouverte par Jacques Delors dès les années 1960 avec *Citoyens 60*, et qui publiait dans son austère revue trimestrielle la teneur de ses débats internes. *Échange et projets* joua un rôle crucial dans l'histoire des lois Auroux et ce pour une double raison.

La réforme de l'entreprise et des relations de travail était tout d'abord un thème qui préoccupait beaucoup ses membres, chose peu étonnante étant donné le rôle que joua Jacques Delors sur ce sujet lorsqu'il était

---

123. *Journal officiel de la République française*, compte rendu des débats de l'Assemblée nationale, 2ᵉ séance du 13 mai 1982, p. 2115.
124. « Pourquoi Échange et projets ? », in *Échange et projets*, n° 1, 1974, p. 3-4.

le conseiller pour les affaires sociales de Jacques Chaban-Delmas, le Premier ministre de la « Nouvelle société[125] ». Or, dans le même temps, nous l'avons vu, la réflexion menée sur ce sujet au sein du Parti socialiste marquait relativement le pas. L'accent mis sur les nationalisations chargées de démocratiser l'économie, que ce soit directement (dans les entreprises devenues publiques) ou indirectement (le secteur public servant de modèle et de stimulant pour les autres entreprises), avait en effet eu comme corollaire de faire passer la réforme de l'entreprise privée au second plan. À l'opposé, il était très peu question des nationalisations au sein d'*Échange et projets*, et beaucoup de la réforme de l'entreprise privée, abordée dans pas moins de quatre numéros de sa revue entre 1974 et 1980[126]. Ensuite, ce club fut fréquenté par un certain nombre de personnes que l'on retrouva plus tard dans les cercles du pouvoir socialistes. C'est, bien sûr, le cas de Jacques Delors qui, nous l'avons vu, fut un des promoteurs de l'idée d'un rapport sur les droits des travailleurs au sein du gouvernement, mais aussi de Martine Aubry, sa fille, de Michel Praderie, qui avait occasionnellement publié dans la revue diffusée par le club[127], ainsi que de Pierre-Louis Rémy. Autant de relais pour des idées qui seront réemployées en 1981 et 1982.

De fait, on est frappé de la convergence des thématiques et des idées de réformes portés par le club *Échange et projets* avec les lois Auroux de 1982. Il était d'ailleurs sobrement reconnu, dans un numéro de la revue contemporaine du vote de ces dernières, que « les nouvelles lois […] [étaient] très largement inspirées des travaux antérieurs de l'association[128] ». Cette affirmation nous apparaît tout à fait justifiée, même si, nous l'avons vu, *Échange et projets* n'était pas la seule instance où ces idées étaient débattues. Il suffit de parcourir les numéros de la revue consacrés à la réforme de l'entreprise pour se rendre compte de la très grande proximité des propositions et des termes du débat. Au moment où le rapport Sudreau inaugurait le débat public sur le sujet, Jacques Delors, dans un des premiers numéros de sa revue, résuma la teneur de ses vues sur celui-ci, en mettant en avant deux « écueils » que devait éviter selon lui « toute réforme réaliste de l'entreprise » :

---

125. Alain Beltran et Gilles Le Béguec, en collaboration avec Jean-Pierre Williot, *op. cit.*
126. Les numéros 4 (1975), 8 (1976), 10 (1976) et 21 (janvier-mars 1980).
127. Michel Praderie, « Le partage du travail est-il une solution ? », in *Échange et projets*, n° 17, janvier-mars 1979, numéro sans pagination. Cela n'en faisait cependant pas un chrétien de gauche. Selon Pierre-Louis Rémy, Michel Praderie était un « radical du Sud-Ouest » et quelqu'un de « très laïc ». Entretien avec Pierre-Louis Rémy.
128. *Échange et projets*, n° 30, juin 1982, p. 43.

« Le premier écueil serait qu'à la limite, les entreprises ne puissent plus fonctionner valablement, parce que pliant sous le poids des délibérations préalables ou des contrôles inutiles, en un mot parce qu'étant empêtrées dans le régime d'assemblée et dans un climat de défiance permanente. Une entreprise, quelle que soit l'orientation politique de la société, a besoin d'une organisation qui, indépendamment de ses finalités sociales et économiques, soit en mesure de bien préparer les options, d'opérer les choix, puis de les faire mettre en œuvre par l'ensemble des échelons et des unités concernés.

Le deuxième écueil serait de compromettre, voire d'aggraver, le climat des relations sociales en France et notamment les relations industrielles, les rapports entre patronats et syndicats, soit en offrant aux représentants des travailleurs des possibilités ou des opportunités qu'ils ne réclament pas, soit, plus grave encore, en s'attaquant insidieusement aux organisations syndicales par la voie d'une réforme des modes de désignation des représentants des travailleurs. Or, cette tentation est grande chez certains de nos dirigeants et chez beaucoup de chefs d'entreprise. Ils invoquent tantôt le bon sens, tantôt les exigences démocratiques mais, en réalité, alors qu'ils se plaignent eux-mêmes du caractère quelque peu politisé des relations professionnelles, ils agissent comme s'ils voulaient politiser davantage encore les relations sociales ou bien « régler leurs comptes » avec tel ou tel syndicat[129]. »

Il définissait de la sorte un programme de travail que le club qu'il animait allait par la suite s'efforcer de mettre en œuvre, avec toujours ce même souci d'équilibre et la volonté de rejeter les solutions extrêmes. Cette modération était ainsi visible dans ce même numéro, lorsque, abordant la question de l'utilisation d'un « droit de recours » à large utilisation, « ouvert à toute minorité significative, soucieuse de prévenir un danger ou de redresser un tort » et portant sur les « questions qui concernent le plus les salariés », le club souligna qu'il fallait concilier deux nécessités : « n'étouffer aucune réclamation légitime », mais, dans le même temps, « éviter les ébranlements fâcheux […] provoqués par des intentions destructrices ou des manies procédurières[130] ».

Ainsi, tiraillé entre volonté de réforme et souci de réalisme, *Échange et projets* n'en produisit pas moins un nombre très important de propositions qui, pour certaines d'entre elles, furent reprises dans le rapport Auroux. Il fut par exemple avancée l'idée d'un « système d'alerte qui obligerait le chef d'entreprise à réagir » en cas de difficultés économiques, en se fondant « à la fois sur l'aménagement d'un droit d'interpellation et la création d'un comité de prévention », « la philosophie

---

129. *Échange et projets*, n° 4, 1975, p. 5-6.
130. *Échange et projets*, n° 4, 1975, p. 20-21.

du système étant d'obliger le chef d'entreprise à réunir les informations nécessaires au traitement d'une difficulté et à présenter un plan de redressement adéquat qui l'engage juridiquement ». Il s'agissait au fond de la reprise de l'idée déjà présente dans le rapport Sudreau, mais développée et aménagée, pour aboutir à une forme qui préfigurait de très près le « droit d'alerte » défendu par le ministère du Travail quelques années plus tard. Jean Auroux proposa de cette manière dans son rapport de permettre au comité d'entreprise de « réaliser un bilan de la situation de l'entreprise », au besoin en « questionn[ant] le chef d'entreprise », et de « saisir le conseil d'administration ou de surveillance d'une motion » le cas échéant[131].

La proximité d'inspiration entre les projets Auroux et les projets Delors se confirme à la lecture du numéro que la revue consacra en 1976 au double thème de la « crise du travail » et de la « réforme de l'entreprise[132] ». Dans son article introductif, intitulé « l'entreprise en mutation ou la France à la traîne », Delors synthétisait le projet du club. Il critiquait tout d'abord les mesures (ou l'absence de mesures) prises par le gouvernement de l'époque, et surtout esquissait « quatre voies principales pour la réforme ». Première voie, « la démocratie dans l'atelier ou au bureau » : il s'agissait de « donner la parole aux travailleurs sur leurs propres conditions de travail et modifier en profondeur la nature de ce travail », en le rendant plus autonome. Deuxième voie à explorer, « le rôle des instances de représentation du personnel » : il fallait selon lui « assurer partout la représentation des travailleurs, développer les moyens de contrôle et de contre-propositions du comité [d'entreprise], renforcer ses pouvoirs ». Jacques Delors n'hésitait d'ailleurs pas à affirmer qu'« à certains moments un saut législatif peut seul provoquer la rupture des immobilismes et la marche vers un progrès », rejetant une pratique qui serait exclusivement de l'ordre de « l'expérimentation ». Troisième voie mise en avant, celle de « l'élargissement de la politique contractuelle », celle-ci étant « le moyen de donner aux sections syndicales leur juste place dans la vie de l'entreprise à côté des instances de représentation du personnel ». Enfin, la dernière voie était « la participation aux organes de direction », thème alors très largement développé par les partis de la majorité de droite et très présent, nous l'avons dit, dans le rapport Sudreau qui, cependant, était non pas défendu mais critiqué par Jacques Delors, lequel refusait d'en faire « le seul objet de réflexion » qui vaille et observait, par ailleurs, que « ni le patronat, ni les principaux syndicats [français] n'étaient partisans de la cogestion ou de la cosurveillance ».

---

131. *Cf.* Jean Auroux, *op. cit.*, p. 28-29.
132. *Échange et projets*, n° 10, 1976.

Expression des travailleurs, renforcement des institutions représentatives du personnel, relance de la politique contractuelle : autant de points fortement mis en avant quelques années plus tard par le ministre Jean Auroux, nous le verrons. Il y a donc, entre les propositions défendues par Jacques Delors dans les années 1970 et le rapport Auroux, non seulement une sensibilité commune, mais une véritable filiation. Filiation dans les principes généraux qui viennent d'être énoncés, mais aussi souvent dans le détail des mesures préconisées. Ainsi, dans un numéro de la revue publiée en 1980, le club se pencha sur la réforme des conventions collectives régies par une loi de 1950, dans un article très sévère contre le gouvernement Barre, déclaré responsable du «blocage» social en matière de négociations[133]. Au-delà de cette critique, ce numéro contenait six «fiches» présentant les propositions du club pour réformer la loi. Ici aussi, les mesures préconisées se révèlent très proches des recommandations présentes plus tard dans le rapport Auroux : on retrouve, par exemple, dans les deux documents, la même volonté de modifier le champ d'application des conventions collectives[134], celle d'organiser la révision tous les cinq ans des grilles de classification[135], ou bien encore celle de garantir la représentativité des conventions en cas d'extension à toute une profession par arrêté du ministère du Travail, avec des modalités légèrement différentes, il est vrai[136]. Plus important, on retrouvait dans les propositions avancées en 1980 par le club de Jacques Delors l'idée d'une négociation obligatoire entre la direction des entreprises de plus de 500 salariés et les sections syndicales, négociation devant se tenir au minimum une fois par an, mais non assortie toutefois de l'obligation de conclure[137].

Ainsi, il nous semble bien que les principes exposés dans *Échange et projets* au tournant des années 1970 et 1980 servirent d'ossature au rapport Auroux de 1981, qui trouve peut-être ici une de ses sources essentielles. Nuançons toutefois cette idée en rappelant que le club de Jacques Delors, même s'il leur imprimait sa marque toute particulière, reprenait bien souvent des idées apparues ailleurs. Pour Pierre-Louis Rémy, il était ainsi plus une «caisse de résonnance» qu'un véritable lieu d'élaboration de solutions nouvelles[138]. Faute d'avoir pu obtenir un entretien avec Martine Aubry, principale plume ayant rédigé le rapport Auroux, il est difficile pour le moment de préciser véritablement les choses à ce propos, même si on peut encore une fois rappeler

---

133. *Échange et projets*, n° 21, janvier-mars 1980.
134. *Ibid.*, p. 67 et Jean AUROUX, *op. cit.*, p. 31.
135. *Échange et projets*, n° 21, janvier-mars 1980, p. 68 et Jean AUROUX, *op. cit.*, p. 32.
136. *Échange et projets*, n° 21, janvier-mars 1980, p. 72, et Jean AUROUX, *op. cit.*, p. 33.
137. *Échange et projets*, n° 21, janvier-mars 1980, p. 57.
138. Entretien avec Pierre-Louis Rémy.

la proximité du club de Jacques Delors avec la CFDT qui était, à cette époque, une institution très active par sa capacité à formuler des idées nouvelles. Cela nous amène à étudier la place qu'occupèrent les organisations syndicales dans l'élaboration des propositions contenues dans le rapport.

Les revendications syndicales

François Mitterrand, en commandant un rapport sur les droits nouveaux des travailleurs lors du Conseil des ministres du 27 mai 1981, avait, à cette occasion, affirmé sa volonté qu'il y ait à ce sujet une « concertation avec l'ensemble des organisations syndicales et professionnelles », selon les termes du communiqué officiel publié à l'issue du Conseil des ministres[139]. Deux d'entre elles, au moins, la CFDT et la CGT, répondirent favorablement aux sollicitations gouvernementales et transmirent leurs revendications. Les autres centrales syndicales représentatives au niveau national (FO, CFTC et CGC), se tinrent, quant à elles, plus en retrait.

La CFDT, issue de la déconfessionnalisation de la CFTC opérée en 1964, occupe dans cette histoire une place toute particulière, ne serait-ce que par la grande et ancienne proximité qui la liait, nous l'avons vu, à nombre de membres des cabinets ministériels en charge du dossier des droits nouveaux. Sans détailler en profondeur la genèse des revendications avancées par cette centrale syndicale au cours des années 1970[140], ce qui demanderait une étude complète en soi, il nous apparaît indispensable de mettre en valeur quelles étaient les grandes idées qu'elle portait à l'orée du premier septennat de François Mitterrand.

Pour dire vrai, la centrale elle-même fit l'effort de synthétiser toutes ses propositions en matière de réforme du droit du travail dans une volumineuse note de 51 pages remise en juillet 1981 au ministère du Travail, note intitulée « Des droits nouveaux pour les travailleurs et leurs organisations syndicales[141] ». Ce document fut par la suite une source d'inspiration privilégiée pour la rédaction du rapport Auroux. Les principes généraux y figuraient dans l'introduction. Il s'agissait de parvenir à articuler de manière plus efficace l'individuel (le salarié) et le collectif

---

[139]. *Le Monde* du 29 mai 1981.
[140]. Jean-Paul Jacquier a, par ailleurs, déjà rapidement esquissé l'évolution des revendications de la CFDT en matière de droits nouveaux. Cf. Jean-Paul Jacquier, « Un moment d'intense jubilation », in Jacques Le Goff (dir), *op. cit.*, p. 65-66.
[141]. Une copie de ce document figure dans les archives de René Cessieux déposées aux Archives nationales : CAC 19850743 G375, dossier lois Auroux. Il a été adressé à Matignon par Albert Mercier, responsable de la centrale en charge de ces questions, qui précise qu'il a été également remis à Martine Aubry.

(le syndicat). Il y était affirmé que « l'action collective », menée sous la houlette du syndicat, était « nécessaire à la protection et à l'extension des libertés individuelles des travailleurs et travailleuses ». Ainsi figurait d'emblée l'affirmation de l'importance de la responsabilité de ce dernier, qui se voyait par ailleurs assigner comme mission, non seulement de veiller à « l'application des droits des travailleurs », mais aussi, originalité typique de la sensibilité cédétiste, de « formuler des propositions sur le contenu du changement et les moyens de le mettre en œuvre », le terme « changement » renvoyant ici clairement, dans le contexte de l'été 1981, à la récente alternance politique. Fidèle à sa tradition, la CFDT ne voulait donc pas seulement défendre les intérêts des salariés, mais aussi jouer un rôle moteur dans la transformation de la société.

Cette insistance sur le rôle du syndicat était dans le même temps associée à la forte volonté de promouvoir les initiatives individuelles et de ne pas imposer les réformes sans impliquer les salariés. Cela était résumé dans une phrase qui est sans doute la clé de compréhension de toutes les revendications de la centrale : « Pour la CFDT, il est essentiel que les travailleurs puissent être eux-mêmes les acteurs des changements. » De ce principe essentiel découlait l'ensemble des propositions qui étaient développées ensuite dans la note remise au ministère du Travail. Cinq rubriques d'inégale importance y figuraient : en tête venait « l'obligation de négocier dans l'entreprise » puis, successivement, étaient développés les projets visant à « assurer à tous les travailleurs, par la négociation, les avantages d'une convention collective », à « décentraliser les lieux de négociation dans la fonction publique », à renforcer « droit syndical et institutions représentatives », et enfin à lutter contre le développement des « emplois précaires ».

Deux revendications émergeaient particulièrement de cet ensemble : l'obligation de négocier déjà citée, et le droit d'expression des travailleurs.

La CFDT était, de manière générale, attachée à la revalorisation d'ensemble de la négociation collective. « C'est dans l'ensemble des secteurs que la négociation collective doit être réexaminée et revalorisée, qu'il s'agisse des branches, des entreprises ou des services », affirmait-elle ainsi. Cela la conduisait à formuler des propositions pour modifier la loi de 1950 sur les conventions collectives afin de « combler les vides » en la matière. Cependant, les propositions les plus marquantes de la CFDT étaient liées à la négociation dans l'entreprise, jugée trop peu développée par rapport à la négociation de branche ou à la négociation interprofessionnelle. La centrale syndicale proposait en effet de « créer au profit du syndicat un droit à la négociation », c'est-à-dire une obligation de négocier pour l'entreprise qui, cependant, n'était pas assortie de « l'obligation de conclure un accord ». Cette obligation de négocier était présentée comme la conséquence logique de la reconnaissance du syndicat dans l'entreprise, effective depuis 1968 et était censée s'appliquer aux entreprises privées de toutes tailles ainsi qu'aux entreprises du secteur public. Elle devait porter sur les salaires réels, =l'organisation du temps de travail, le droit d'expression des travailleurs sur leurs conditions de travail et la formation. Notons au passage que cette mesure proposée ici par la CFDT était presque identique à celle défendue, à la même époque, par *Échange et projets*. La seule différence importante était que le club de Jacques Delors prévoyait de réserver ce droit aux entreprises de plus de 500 salariés, alors que la CFDT ne fixait pas de seuil.

La revendication d'un droit d'expression des travailleurs sur leurs conditions de travail, revendication incluse, comme nous venons de le voir, dans l'obligation de négocier, était la deuxième grande idée présente dans ce document. La CFDT s'en était fait la championne depuis 1973[142] en demandant que ce droit puisse s'exercer pendant les horaires de travail et soit donc rémunéré en tant que tel. Le CNPF, sollicité par la centrale de la rue Cadet en vue de l'ouverture de négociations *ad hoc*, avait ensuite affirmé y être favorable sur le principe. Cela n'avait cependant débouché sur rien de concret. Le Conseil des ministres avait bien officiellement souhaité, quelques jours avant la mort de Robert Boulin en octobre 1979, que des négociations s'engagent à sujet entre les partenaires sociaux, sans grandes conséquences. Les discussions avaient notamment achoppé sur le problème de son contrôle par l'encadrement et la maîtrise, indispensable selon le patronat, inacceptable selon la CFDT[143].

En 1981, le chantier restait donc ouvert. La CFDT demanda au gouvernement socialiste que ce droit d'expression soit individuel et direct et soit entouré de garanties négociées entre l'employeur et le syndicat afin d'en éviter le dévoiement. Ainsi, le syndicat jouait un rôle pour le moins paradoxal : associé à la définition des règles de ce droit d'expression, il n'en était pour autant pas un acteur. Cela tranchait d'ailleurs relativement avec le reste des propositions de la CFDT qui insistaient, au contraire, sur le rôle essentiel du syndicat. Derrière cette revendication se profilait en arrière-plan l'idée qu'il fallait favoriser l'émergence d'une parole des salariés débarrassée de toute contrainte (y compris syndicale) et qui ne soit bridée ni étouffée d'aucune manière que ce soit.

---

142. Archives confédérales CFDT, 8H62, bureau national du 16 et 17 mai 1980.
143. *Syndicalisme* du 29 novembre 1979 et archives confédérales CFDT 8H62, déclaration de Jeannette Laot du 22 janvier 1980 ; ainsi que 15 P 58, « Rencontre CFDT-CNPF sur le droit d'expression le 21 janvier 1980 ».

Les droits du syndicat n'étaient pour autant pas oubliés : une part importante des mesures proposées dans la note de juillet 1981 visaient en effet à augmenter les attributions de ce dernier, ainsi que celles des institutions représentatives du personnel. L'attention était plus avant tout portée sur la situation des petites et moyennes entreprises : il était envisagé, par exemple, de créer des délégués du personnel communs à plusieurs petites entreprises de même secteur et géographiquement proches, ou bien d'autoriser le cumul par une même personne des fonctions de délégué du personnel et de délégué syndical. Tout cela était couplé avec le souci de ne pas alourdir les charges de ces petites entreprises, notamment grâce à une prise en charge par l'État des frais supplémentaires. Cette bienveillance envers les comptes d'exploitation des PME n'empêchait pour autant pas la CFDT de réclamer une « amélioration de la protection des délégués et des travailleurs contre la répression patronale ». Était aussi demandé le « droit pour le délégué du comité d'hygiène et de sécurité d'exiger et d'obtenir du responsable de l'atelier l'arrêt des machines dangereuses ». Il faut souligner au passage la différence, loin d'être anodine en termes juridiques, entre le droit de *faire arrêter* les machines, tel que le réclamait ici la CFDT, et le droit *d'arrêter* les machines défendu par le PS à la même époque. Les implications en sont fort différentes : dans le premier cas, la responsabilité porte sur le responsable de l'atelier, dans le second sur le comité d'hygiène et de sécurité lui-même, ce qui change tout en cas d'erreur ou de mauvaise appréciation. Cet enjeu fut d'ailleurs, par la suite, à l'origine de bien des problèmes, nous le verrons. Le droit de *faire arrêter* les machines, demandé ici par la CFDT correspondait en fait peu ou prou à ce qui existait déjà dans la législation des quelques pays occidentaux les plus avancés en matière sociale, au premier rang desquels le Danemark et la Suède[144]. Étaient enfin présentées toute une série de mesures visant à limiter et à contrôler le recours aux différentes formes d'emplois précaires. La tonalité générale des propositions de la CFDT oscillait donc entre valorisation du rôle du syndicat et défense de l'initiative individuelle des travailleurs, hésitation fondamentale que nous retrouverons d'ailleurs, pour partie, dans le rapport Auroux.

Dans le même temps, la CGT exposait également ses revendications, lesquelles étaient sensiblement différentes de celles de la CFDT, à la fois dans le fond et dans l'esprit, même si de réelles convergences existaient[145]. Elles étaient également, par bien des aspects, très proches

---

144. *Intersocial* n° 82, août-septembre 1982, p. 6-12.
145. « Propositions de la CGT pour la restauration et l'extension des droits des travailleurs », in *Le Droit ouvrier*, n° 397, août 1981, p. 277-289, ainsi que « Propositions de la CGT pour la restauration et l'extension des droits des travailleurs (suite) », in *Le Droit ouvrier*, n° 399, octobre 1981, p. 361-366.

des propositions avancées par le PS dans ses programmes électoraux de l'avant 1981 que nous avons détaillées plus haut. De manière générale, la CGT voulait assurer le plein exercice des droits déjà existant à cette date, mais qui, selon elle, étaient bien trop souvent bafoués ; elle voulait en promouvoir de nouveaux afin de « répondre aux besoins de la société » moderne. Sans faire une présentation exhaustive de toutes les mesures préconisées par la centrale révolutionnaire, mettons-en tout de même en valeur les points saillants.

La première catégorie de revendications cégétistes concernait « les droits des travailleurs et les libertés publiques dans l'entreprise ». L'objectif était d'« établir une limitation justifiée au caractère absolu du pouvoir patronal dans l'entreprise ». Cela passait notamment par la « suppression des règlements intérieurs » et l'abolition du « pouvoir discrétionnaire de l'employeur en matière disciplinaire ». Il était également demandé un crédit supplémentaire d'heures devant être mises à disposition des travailleurs pour qu'ils puissent exercer leur « droit d'information » (c'est-à-dire en réalité participer aux réunions d'information syndicales). Le statut des travailleurs « accédant à des responsabilités dans la vie sociale et politique hors de l'entreprise » devait être amélioré, demande peu surprenante lorsque l'on sait la très grande proximité de la CGT de l'époque avec le Parti communiste. Un « droit d'organisation politique » était d'ailleurs réclamé dans le même temps. Enfin, la dernière revendication notable présente dans cette rubrique était la « création d'une nouvelle forme d'expression et d'intervention des travailleurs sur leur travail lui-même, ses formes, son organisation, ses finalités ». La CGT constatait l'importance de cette « aspiration », qui prenait « le nom de conseil d'atelier, de service, de bureau, etc. », mais restait sur la réserve, se contentant d'affirmer que « des droits, notamment de réunion et d'expression [...] devaient [...] être recherchés sans créer de véritables structures mais permettant à des expériences de se développer ». Cette prudence laissait transparaître en filigrane la crainte que cette nouvelle forme d'expression ne vienne concurrencer les formes traditionnelles de représentation des salariés, d'où la mention du fait qu'elle ne devait « pas s'opposer ni se confondre avec les pouvoirs et prérogatives des syndicats et des institutions représentatives du personnel ». En définitive, ces nouveaux droits d'expression devaient permettre de « régler de façon démocratique les questions se rapportant à l'organisation et aux conditions de travail », mais à la condition que ces « expériences » se réalisent « en liaison avec les organisations syndicales, les élus et mandatés de l'entreprise ». La CGT apparaissait donc relativement en retrait de la CFDT sur cette question.

La deuxième catégorie de revendications de la CGT concernait la « liberté syndicale ». Il s'agissait principalement de renforcer les moyens mis à la disposition des syndicats, notamment en crédits d'heures mis à la disposition de ces organisations et de leurs délégués, et de lever ce qui était perçu par la CGT comme des entraves antisyndicales. Étaient ainsi demandés l'extension « des droits attachés à la section syndicale aux entreprises de moins de 50 salariés », « la libre circulation dans et hors de l'entreprise des militants syndicaux », ainsi que le droit pour des « représentants syndicaux extérieurs à l'entreprise [d']y pénétrer pour participer aux réunions, assemblées, et négociations avec la direction ». Au-delà, la CGT se montrait avant tout soucieuse des droits accordés aux permanents syndicaux et, de manière générale, donnait la priorité au renforcement de l'appareil syndical plutôt qu'au développement des initiatives venues de la base. Cela se retrouvait d'ailleurs également dans toutes les revendications portant sur les institutions représentatives du personnel (délégués du personnel, comité d'entreprise), dont il s'agissait d'accroître les moyens matériels, et dont les membres devaient être mieux protégés contre la « répression patronale ». Cependant, la CGT proposait également d'accroître notablement les pouvoirs du comité d'entreprise, celui-ci devant disposer d'un droit d'information très étendu. Par ailleurs, il était précisé que « les projets d'investissements, de restructuration de l'entreprise, l'augmentation des prix seront subordonnés à l'accord préalable du comité d'entreprise », selon une logique allant dans le sens du contrôle ouvrier. Ce pouvoir de contrôle accordé au comité d'entreprise était encore renforcé par le projet d'une « possibilité de recours suspensifs » en matière de licenciement, recours s'exerçant devant des « instances existantes ou à créer ». Un type semblable de recours suspensif était également prévu dans le cas de l'introduction de nouveautés dans la production ayant un impact sur les conditions de travail. Enfin, il était réclamé pour le comité d'hygiène et de sécurité « le droit de faire interrompre le travail dans tous les cas où celui-ci présentera un caractère dangereux ». Comme chez la CFDT, il s'agissait de *faire interrompre* et non pas d'interrompre directement.

Le dernier chapitre revendicatif de la CGT portait sur la question de la négociation collective. Elle y réclamait la fin de la pratique des accords minoritaires, voulant réserver la possibilité de signer aux organisations représentatives « représentant la majorité des travailleurs concernés » par un accord. La CGT de l'époque dépassant à elle seule, dans bon nombre de branches et d'entreprises, le seuil de 50 % des voix aux élections professionnelles, cette revendication était le moyen de renforcer sa position, en empêchant purement et simplement la signature d'accords ne recueillant pas son approbation. Enfin, la CGT demandait que le « droit à la négociation » soit « garanti par la loi », toute organisation syndicale pouvant exiger qu'elle s'engage et ce, à quelque niveau que ce soit (de l'établissement à l'interprofessionnel), tout refus devant être assimilé à une entrave au libre exercice du droit syndical. Elle rejetait cependant toute obligation de conclure.

Que retenir de ces deux ensembles de revendications ? Tout d'abord, il faut noter la différence de ton entre les deux centrales syndicales, malgré des convergences plus ou moins ponctuelles (ainsi le relatif consensus sur l'accroissement des prérogatives du comité d'entreprise). La CGT insistait beaucoup moins que la CFDT sur la recherche de solutions négociées et sur la rénovation des pratiques sociales. Le cadre de réflexion restait pour elle extrêmement classique, le syndicat étant conçu comme l'instrument privilégié de toutes les luttes et le canal obligé des revendications des travailleurs. C'est de cette manière qu'il faut comprendre l'attention portée au renforcement des moyens mis à la disposition des appareils, destinés à renforcer le pouvoir des syndicats en général et plus particulièrement celui de la CGT elle-même, naturellement. De même, alors que la CFDT insistait avant tout sur le développement de la négociation obligatoire dans l'entreprise, en introduisant par exemple l'idée d'un rythme de rencontre annuel, la CGT ne s'appesantissait pas outre mesure sur le sujet, mentionnant simplement que le syndicat avait le doit de négocier à tout moment et refusait finalement de « privilégier » un niveau de négociation par rapport à un autre. La principale différence entre les deux centrales syndicales était finalement la confiance différente placée en l'initiative individuelle : alors que la CFDT voulait que les travailleurs soient « les acteurs du changement », y compris en instaurant un droit d'expression « direct » et individuel, la CGT se montrait beaucoup plus méfiante à cet égard. En définitive, les propositions de la CGT étaient étonnamment proches, que ce soit sur le fond ou sur la forme, de celles défendues par le Parti socialiste dans ses documents programmatiques du tournant des années 1970 et 1980. On retrouvait dans les deux organisations la même insistance générale sur la fonction de contrôle des travailleurs, nécessaire pour limiter le « pouvoir discrétionnaire » du chef d'entreprise, alors que l'on ne retrouvait pas cette idée du côté de la CFDT. Au-delà de cette tonalité générale, la proximité PS/CGT se retrouvait également dans un certain nombre de propositions précises. C'était de cette manière le cas du droit de veto suspensif accordé au comité d'entreprise en matière de licenciement. Est-ce à dire qu'avant mai 1981 le PS aurait calqué son discours relatif à la réforme du droit du travail sur celui de la CGT ? Une recherche spécifique plus complète serait nécessaire pour véritablement le prouver, mais on peut du moins en faire dès maintenant l'hypothèse.

Ainsi, la rapidité de rédaction du rapport sur les droits nouveaux des travailleurs fut permise par l'ampleur des réflexions menées tout au long des années 1970 dans un certain nombre d'institutions diverses, politiques, technocratiques ou syndicales. En définitive, il ressort de ce tableau rapidement brossé que, s'il est possible de mettre en valeur une sphère intellectuelle d'origine du rapport Auroux, il s'agit sans nulle doute de la deuxième gauche. Non pas que l'on puisse identifier une instance unique comme source des propositions avancées par le ministère du Travail à la fin de l'été 1981, mais l'ensemble formé par la réunion des cercles proches de Jacques Delors et de la CFDT frappe par sa cohérence, et la proximité que l'on peut constater entre les idées défendues dans celui-ci et le rapport du ministre du Travail de 1981 permet d'affirmer que son influence fut alors décisive. Peut-on pour autant affirmer, comme Michel Rolant, que le ministère du Travail reprit tel quel le projet de la CFDT ? On peut sans doute être plus nuancé : au fond, les revendications de la centrale faisaient partie d'un « air du temps » plus large, très en vogue notamment au sein des élites politico-économiques des années 1970. Le thème de la réforme de l'entreprise et des relations de travail était donc bien loin d'être son exclusivité. Il nous faut de ce fait souligner que le rapport Auroux fut au fond le point d'aboutissement et de concrétisation de débats entamés depuis longtemps : de ce point de vue, la continuité l'emporte assez largement sur la rupture. Cela ne signifie pas pour autant que ce rapport ait été tout à fait exempt d'audace.

Chapitre III
Les droits des travailleurs, par Jean Auroux, ministre.

Après avoir précisé les conditions de la rédaction du rapport commandé par François Mitterrand ainsi que ses sources d'inspiration, il nous faut maintenant nous pencher plus avant sur la manière dont il fut écrit, sur son contenu même et sur la façon dont il fut reçu une fois rendu public. Il est frappant de constater à quel point cet austère document d'une centaine de pages (dont une soixantaine d'annexes préfigurant de futurs articles de lois) put faire l'objet de franches réactions de rejet, alors que, nous le verrons, il était au fond fort prudent. Yvon Gattaz, président du CNPF à partir de décembre 1981, jugea ainsi rétrospectivement que ce rapport avait pour but de « livrer les entreprises aux syndicats » et fustigea les « outrances » qu'il contenait[146]. À l'inverse, l'historien marxiste Bernard H. Moss railla « ses modestes recommandations [drapées] dans une phraséologie moderniste[147] ». Comment ce rapport vit-il donc le jour et que contenait-il pour être si diversement et contradictoirement apprécié ?

---

146. Yvon Gattaz et Philippe Simonnot, *op. cit.*, p. 11 et 31.
147. Bernard H. Moss, *art. cit.*, p. 83.

La fabrique d'un rapport

Comment écrire un rapport qui ne soit pas seulement un constat, mais aussi et surtout un programme de réformes ? Le simple fait que son rédacteur soit un ministre, et non pas un parlementaire ou une autre personnalité, lui donnait une importance toute spéciale. Il allait donc inévitablement être interprété comme l'annonce des changements législatifs à venir, ce qui lui conférait un caractère éminemment sensible. Lors de sa rédaction, le ministre du Travail fut placé au centre de divers jeux d'influence entre les partenaires sociaux, l'ombre des 110 propositions se profilant en arrière-plan.

« L'été fut studieux et actif pour tous les partenaires et le ministère[148] » : derrière cette phrase de Jean Auroux se profile une période tout à fait cruciale de l'histoire des lois sur les droits nouveaux des travailleurs. Ce fut en effet durant l'été que les grandes lignes de ces dernières furent mises en place et que les perspectives de réforme furent tracées. Il nous faut maintenant, autant que faire se peut en l'absence de collecte des archives du cabinet de Jean Auroux, tenter de reconstituer brièvement la manière dont le rapport Auroux fut mis en forme. Une fois la commande présidentielle effectuée, restait en effet à concrétiser l'impulsion. Ce fut le ministère du Travail qui se chargea de cette tâche, Matignon et l'Élysée se tenant en retrait à ce moment-là, mais sans abandonner le sujet pour autant. Les contacts semblent ainsi avoir été assez réguliers entre les différentes institutions. Il y eut au moins une réunion interministérielle en bonne et due forme pour aborder, entre autres thèmes, la question des droits nouveaux. Tenue le 9 juillet 1981, elle réunit Martine Aubry, Bernard Brunhes, René Cessieux, Jacques Fournier (alors secrétaire général adjoint de l'Élysée), ainsi que Jean Auroux[149]. Les notes prises durant par René Cessieux font apparaître clairement que la majorité des questions abordées par le rapport étaient, à ce stade, déjà mises sur le métier. Concrètement, la plume fut incontestablement tenue par le ministère du Travail et plus précisément par Martine Aubry, ce qui correspondait à sa charge de conseiller technique pour les conditions et les relations de travail. Comme le dit aujourd'hui Jean Auroux, « c'est elle qui a été chargée de faire ce que Mitterrand m'avait dit : "Vous avez les idées et vous faites rédiger[150]" ». On peut sans doute aller plus loin et affirmer que c'est elle qui a en très grande partie conçu et mis en forme le rapport sur les droits nouveaux, comme l'atteste une note de sa main de juillet 1981 que

---
148. Jean Auroux, « Construire un ensemble cohérent, lisible », in Jacques Le Goff (dir.), *op. cit.*, p. 37.
149. Archives privées de René Cessieux, carnet de notes « Juillet 1981 ».
150. Entretien avec Jean Auroux.

nous étudierons plus loin. Elle était donc naturellement l'interlocutrice privilégiée de Matignon à ce sujet, comme le montrent un certain nombre de comptes-rendus de discussions menées à l'été 1981 entre elle et René Cessieux[151].

Durant ce même été 1981, les partenaires sociaux montrèrent une ardeur fort variable dans leur travail de proposition et/ou de *lobbying* auprès du ministère du Travail. Le patronat se tint de manière générale plutôt en retrait, n'ayant pas encore réellement récupéré du choc reçu au soir du 10 mai et en restant profondément désemparé. Jean Auroux raconte ainsi que, lorsqu'il fit venir chacun des partenaires sociaux immédiatement après sa prise de fonction, afin d'entendre leurs revendications, le vice-président du CNPF, Yvon Chotard, « est arrivé les mains dans les poches, en disant "on a rien apporté parce qu'on n'attend rien de bon[152]" ». Le président de la confédération patronale, François Ceyrac, se contenta, quant à lui, d'avertir au début de juillet que si le gouvernement avait l'intention de proposer « un système qui aura[it] pour effet de gêner ou de paralyser les entreprises », le CNPF s'y « opposer[ait], car cela sera[it] un obstacle majeur à l'efficacité des entreprises[153] ». En réalité, le CNPF, passablement ébranlé par l'élection de François Mitterrand (alors même qu'il avait appelé à voter pour Valéry Giscard d'Estaing), était hors-jeu pour quelques mois, et ne parvint à redonner vraiment de la voix que fin 1981 début 1982. Dans le même temps, le ministère du Travail s'accommodait fort bien de cette situation. À l'automne 1981, Jean Neidinger, secrétaire général de la commission sociale du CNPF, se plaignit ainsi à Matignon de ce que Jean Auroux, dans le cadre des consultations menées pour la rédaction de son rapport, ne lui ait accordé en tout et pour tout qu'un seul entretien d'une heure. Quant à Martine Aubry, il n'avait pas pu la voir du tout[154].

De leur côté, les centrales syndicales s'impliquèrent de manière très contrastée. La CFDT accueillit avec enthousiasme l'arrivée de la gauche au pouvoir, voire se laissa aller à quelques moments de franche euphorie. « Pour du changement, c'est du changement. Depuis qu'au soir du 10 mai, la France du travail, réveillée après un long cauchemar, s'est remise à espérer et à agir. Non seulement le pays découvre jour après jour les visages de ses nouveaux ministres, mais il constate aussi que le dialogue et la négociation ont repris droit de cité dans la vie politique et sociale » proclamait ainsi la revue mensuelle de la centrale,

---

151. Archives privées de René Cessieux, carnet de notes « Juillet 1981 ».
152. Entretien avec Jean Auroux.
153. *Le Monde* du 3 juillet 1981.
154. Archives privées de René Cessieux, carnet de notes « Juillet 1981 ». Date probable de l'entretien Neidinger/Cessieux : novembre 1981.

Les droits des travailleurs, par Jean Auroux, ministre.

quelques semaines après le 10 mai[155]. Alors qu'un certain nombre de ses anciens dirigeants allaient peupler les ministères, la CFDT se montra très active pour promouvoir et diffuser ses idées, organisant par exemple, le 20 juillet 1981, une conférence de presse pour rendre public les propositions qu'elle avait présentées au ministre du Travail. Elle mit à cette occasion plus particulièrement l'accent sur l'obligation de négocier dans l'entreprise[156]. De manière générale, chaque intervention publique d'un responsable cédétiste comportait alors un rappel plus ou moins développé sur le caractère crucial des droits nouveaux, placé dans la même catégorie d'importance que la réduction du temps de travail, l'autre grand cheval de bataille de la centrale. Dès la fin du mois de mai 1981, son secrétaire général Edmond Maire avait clairement exposé les revendications qui étaient les siennes : « Nous réclamons des droits nouveaux, affirma-t-il alors. Ce sera même le premier point que nous aborderons avec M. François Mitterrand. Il faut absolument instaurer l'obligation de négocier dans chaque entreprise sur les salaires réels, la formation et l'organisation du temps de travail, la reconnaissance du droit d'expression des salariés sur leurs conditions de travail[157]. » Cette insistance sur le développement de la négociation collective, socle des revendications présentées au gouvernement, constituait donc aussi la principale spécificité du discours public de la CFDT. À la fin du mois d'août 1981, Edmond Maire put écrire que « ni la cogestion au sein d'un lointain conseil d'administration, ni la généralisation du droit de veto, ni toute autre procédure où les salariés restent extérieurs à la détermination de leurs conditions de travail ne sont décisives pour changer le travail. Seule une extension du domaine de la négociation au plus près de chaque salarié peut permettre à chacun de maîtriser progressivement le processus de travail dans le service, le bureau et l'atelier[158] ». Dès les premières semaines, la CFDT fit donc de la question des droits nouveaux des travailleurs la pierre angulaire du changement social, et s'attacha à être un constant aiguillon pour le nouveau pouvoir.

Les autres syndicats représentatifs n'accordaient, quant à eux, pas une place aussi importante à ces droits nouveaux en gestation. Toutes souhaitaient naturellement que les moyens matériels des institutions représentatives du personnel et des sections syndicales dans l'entreprise soient accrus, mais au-delà de ce principe général, les divergences de détail apparaissaient vite. Les dirigeants de la CGT, sans montrer l'ardent enthousiasme de leurs confrères de la CFDT, affichaient néanmoins leur

---

155. *CFDT magazine*, n° 52, juillet-août 1981.
156. *Le Monde* du 1er août 1981.
157. *Le Monde* du 26 mai 1981.
158. *Le Monde* du 25 août 1981.

intérêt pour la future réforme. Jean-Louis Moynot, secrétaire de la centrale, prit ainsi la plume au début du mois de juillet pour écrire que « la clé de beaucoup de problèmes se trouv[ait] à l'articulation des changements sociaux et du mouvement réel de l'économie, dans les droits et les possibilités d'intervention des travailleurs à l'intérieur même des entreprises. […] Cela pass[ait] [pour lui] par un rôle accru des syndicats, par des droits et des moyens plus étendus pour les comités d'entreprise et l'assistance qui leur est apportée ». La principale revendication mise en avant par Jean-Louis Moynot était la création de conseils d'atelier, grâce auquel il était possible de « dépasser la stricte délégation des responsabilités[159] ». La CGT attendit en réalité la fin de l'été pour accentuer sa pression : elle organisa alors deux conférences de presse les 3 et 7 septembre, réclamant à grand bruit un « droit de recours suspensif » pour le comité d'entreprise, en distinguant d'ailleurs soigneusement cette revendication du droit de veto en bonne et due forme[160]. Cette revendication rencontra cependant l'hostilité farouche de FO, laquelle était, par ailleurs, plutôt favorable à un certain renforcement des institutions représentatives du personnel, mais rejetait viscéralement toute mesure impliquant les syndicats dans la prise de décision. Pour elle, tout cela conduisait à la cogestion, voire à l'autogestion, deux conceptions qui lui étaient radicalement étrangères. Elle se tenait en effet à une ligne de défense exclusive des intérêts des salariés, au motif (et ce fut le grand mot d'ordre auquel le syndicat réformiste s'accrocha par la suite) qu'on ne peut pas être à la fois « gouvernants et gouvernés[161] ». FO était donc avant tout soucieuse, dès cette période, de sauvegarder la plénitude des prérogatives syndicales. Elle ne refusait pas absolument de les renforcer, mais insistait bien davantage sur la nécessité d'appliquer la législation que sur celle de la modifier. « Commençons d'abord par utiliser ce qui existe[162] » constituait son mot d'ordre fondamental. De même, la CFTC et la CFE-CGC se situaient plutôt en retrait, la première insistant surtout sur l'idée de participation des salariés aux conseils d'administration, alors que la seconde mettait en avant celle de concertation. Ainsi, des cinq syndicats jugés nationalement représentatifs, seule la CFDT, et dans une moindre mesure la CGT, mettaient une forte pression sur le gouvernement socialiste à propos des droits nouveaux.

---

159. *Le Monde* du 3 juillet 1981.
160. *Le Monde* des 5 et 9 septembre 1981.
161. André Bergeron, *Quinze cent jours. Juin 1980-mai 1984*, Paris, Flammarion, 1984, p. 49.
162. *Le Monde* du 4 août 1981.

Les droits des travailleurs, par Jean Auroux, ministre.

Cependant, si le ministère du Travail était en contact régulier avec les partenaires sociaux, il était également un centre d'impulsion autonome, et devait, par surcroît, tenir compte de réalités politiques incontournables. Les 110 propositions du candidat François Mitterrand étaient de celles-ci. Elles constituèrent le point de départ de la réflexion menée au ministère du Travail en vue de la rédaction du rapport, mais un point de départ vite frappé d'obsolescence. Les présupposés idéologiques servant de fondation aux promesses mitterrandiennes ne faisaient en effet pas vraiment pas partie du bagage militant ou intellectuel des personnes en charge de la question des droits nouveaux dans les ministères, eux qui, tout au long des années 1970, avaient développé leurs idées en marge du cœur de la doctrine socialiste. Il leur était cependant impossible de les ignorer, d'autant que les engagements de la campagne présidentielle avaient été élevés au statut de « charte de l'action gouvernementale » par le président de la République lui-même. Était-il pour autant politiquement envisageable de les désavouer, si peu de temps après leur onction par le suffrage universel ? Tel fut le dilemme qui se posa au gouvernement durant l'été 1981.

Concrètement, le problème portait surtout sur la proposition 60 (droit de veto du comité d'entreprise en matière de licenciement), la proposition 61 (droit pour le comité d'hygiène et de sécurité d'arrêter les machines en cas de danger) ne semblant pas être à cette époque aussi sensible (elle le sera plus tard). Matignon était loin d'être débordant d'enthousiasme sur ces deux points. *Le Monde* notait ainsi fort sobrement, au début du mois d'août, que « dans l'entourage du Premier ministre, notamment, on ne retient pas les propositions visant à accorder aux comités d'entreprise un droit de veto sur les décisions de licenciement[163] ». Bernard Brunhes raconte au sujet de ce droit de veto l'anecdote suivante, assez révélatrice de l'état d'esprit qui pouvait régner à Matignon (et aussi, sans doute, rue de Grenelle) en ces premiers mois du « changement » :

« J'ai été nommé [au cabinet de Pierre Mauroy] le 21 mai (officiellement le 23-24). La semaine d'après, dans le cadre de mes fonctions précédentes, je devais faire une conférence organisée par un grand cabinet de formation professionnelle et décidée depuis plusieurs mois. Quand ils ont vu que j'étais nommé, quelqu'un me téléphone en me disant : "Je suppose que vous ne pouvez pas venir". Je lui dis : "Si, je viens". Du coup, ils ont fait de la pub auprès des gens qu'ils avaient invités et au lieu d'avoir simplement des DRH et des directeurs de la formation, on a eu

---

163. *Le Monde* du 6 août 1981.

des grands chefs qui sont venus. Je me suis donc retrouvé dans cette salle avec beaucoup plus de gens que prévu, venus écouter le conseiller social du Premier ministre. […] Je fais un discours, et je dis : "Voilà ce qu'on va faire" – j'ai un peu inventé, je n'avais pas appris par cœur les 110 propositions ! En gros, je leur dis ce qu'on avait envie de faire, ce dont j'avais discuté avec Mauroy et Delors. Ensuite, une question est venue de la salle : "Monsieur Brunhes, est-ce que, comme prévu dans les 110 propositions, on va donner le veto au comité d'entreprise sur les licenciements ?" Je n'ai pas réfléchi dix secondes, j'ai dit : "Non, je peux vous assurer que le gouvernement ne fera jamais ça". Je n'avais demandé l'avis de personne. En sortant de là, je me suis fait engueuler… C'était dans la presse le lendemain. Ça s'est arrêté là. On m'a engueulé, mais c'était considéré comme acquis.[164] »

Les propositions de François Mitterrand furent donc très vite jugées irréalistes et inapplicables par Matignon et la rue de Grenelle. Il nous faut cependant nuancer et compléter le témoignage de Bernard Brunhes sur le droit de veto, car en réalité, le gouvernement pouvait difficilement se permettre d'afficher d'emblée que les 110 propositions ne seraient pas concrétisées. La question était politiquement très sensible ; dès lors, le discours gouvernemental fut parfois fluctuant. En interne, les choses semblent toutefois avoir été claires très rapidement et les arbitrages vite rendus. Ainsi, lors de la réunion interministérielle du 9 juillet 1981, le droit de veto du comité d'entreprise sur les licenciements n'était déjà plus retenu. Si les personnes présentes en discutèrent bien, ils parvinrent à la conclusion que le comité d'entreprise « doit être informé, consulté et peut faire des propositions ». En somme, « pas de droits nouveaux, mais application pleine et entière » de ceux existant déjà[165]. Si l'on en croit Jacques Attali, l'arbitrage décisif fut pris lors d'une entrevue accordée par François Mitterrand à Jean Auroux au début du mois d'août. Le président de la République se serait, à cette occasion, emporté contre « ces ministres [qui] reculent au moindre obstacle », et ce ne serait qu'avec « réticence » qu'il n'aurait autorisé son ministre du Travail à faire fi de sa promesse électorale[166]. On ne peut cependant s'empêcher d'observer que cette présidentielle « réticence » fut finalement assez aisément surmontée par le ministre du Travail qui n'eut, au fond, guère à batailler pour imposer son point de vue.

La position publique du gouvernement fut néanmoins très prudente. Quelques semaines seulement après la victoire apportée par le verdict des urnes, l'abandon d'une promesse de campagne n'est pas chose si

---

164. Entretien avec Bernard Brunhes.
165. Archives privées René Cessieux, carnet de notes « Juillet 1981 ».
166. Jacques ATTALI, *op. cit.*, p. 105.

Les droits des travailleurs, par Jean Auroux, ministre.

aisément avouable. Le 20 août, Jean Auroux déclara bien à la télévision qu'il était opposé au droit de veto du comité d'entreprise[167], mais quelques jours plus tard, après que les grandes lignes de son projet eurent été publiées dans la presse, le droit de veto y étant remplacé par un «droit de suspension des licenciements collectifs» (ce qui était une formulation proche des revendications de la CGT), le ministre du Travail insista sur le fait qu'il s'agissait d'une «éventualité» et non d'une «décision définitive[168]». Nous verrons que la solution finalement retenue fut elle-même assez éloignée du «droit de suspension des licenciements collectifs». En revanche, il ne semble pas que la deuxième proposition emblématique du candidat François Mitterrand, le droit d'arrêter une machine dangereuse, ait alors eu un statut aussi sensible. Il est vrai que le rapport ne tranchait pas véritablement ce point, nous le verrons.

Le travail mené par les équipes de la rue de Grenelle et spécialement par Martine Aubry, prit donc très tôt une direction différente de celle indiquée par les 110 propositions. On peut déjà en repérer les traits généraux dans le discours de politique générale prononcé par Pierre Mauroy devant l'Assemblée nationale le 8 juillet 1981. Ce discours comportait en effet le passage suivant :

> «Notre volonté de promouvoir la démocratie quotidienne n'aurait aucun sens si elle ne s'appliquait pas en priorité à la condition des travailleurs dans les entreprises. La France attend de ses entreprises tant de performances, de dynamisme, de productivité, d'innovation, qu'elle se doit, par morale et par efficacité, de garantir et de renforcer les droits de ceux dont l'effort – aujourd'hui plus que jamais – conditionne l'avenir même de la nation. *Citoyens dans la cité, les travailleurs doivent l'être aussi sur leur lieu de travail.*
>
> Les comités d'entreprise disposent, de par le code du travail, de pouvoirs importants. Nous veillerons à ce qu'ils soient respectés. Il nous faut sortir d'une situation dans laquelle la négociation est encore l'exception. Les salaires, la politique de l'emploi, la formation, la durée du travail ou son organisation, doivent faire l'objet de négociations entre les dirigeants et les sections syndicales de l'entreprise. *Les liens contractuels renforcent le progrès économique et social ; le recours systématique à la loi, au règlement, à l'intervention des pouvoirs publics entraîne irresponsabilité et rigidités.*
>
> Le gouvernement proposera au Parlement des mesures législatives destinées à éviter le recours abusif au travail temporaire et aux contrats à durée déterminée et à renforcer les droits des travailleurs temporaires.

---

167. *Le Monde* du 21 août 1981.
168. *Le Monde* du 5 septembre 1981.

> Le ministre du Travail a d'autre part engagé, à ma demande, une étude et des consultations approfondies sur les droits syndicaux. *Le gouvernement a déjà montré et montrera encore sa volonté de faire participer les organisations syndicales à la recherche de solutions aux difficultés des entreprises malades.*[169] »

Les grands principes énoncés dans les deux premiers paragraphes (citoyenneté dans l'entreprise, primat du contractuel sur le législatif) figurèrent par la suite, sous une forme extrêmement proche, dans l'introduction du rapport Auroux, et il n'est pas exagéré d'écrire qu'ils le structurèrent tout entier. Quant au troisième paragraphe, il servait surtout au Premier ministre à ne pas se lier les mains en reprenant la mitterrandienne promesse du droit de veto et annonçait déjà entre les lignes la mise sur pied d'une procédure alternative à celui-ci. Si le discours de Pierre Mauroy intégrait ainsi déjà la trame essentielle du rapport Auroux, c'est qu'au même moment, le ministère du Travail avait déjà pratiquement achevé de déterminer la structure de ce dernier et avait choisi les grandes propositions qui devaient y figurer. Dès le 15 juillet, Martine Aubry fixait ainsi ce qui devait ensuite constituer les lignes de force du rapport Auroux :

> « Le rapport sur les droits des travailleurs pourrait [...] comprendre quatre grandes parties qui sont quatre objectifs premiers à remplir :
> – réunifier la collectivité de travail ;
> – permettre une pleine effectivité des institutions représentatives du personnel existantes ;
> – relancer la négociation collective ;
> – faire des conditions de travail le domaine privilégié d'intervention des travailleurs.[170] »

Suivait l'explicitation rapide des mesures à prendre pour atteindre chacun de ces quatre objectifs dont beaucoup se retrouvèrent pas la suite telles quelles dans le rapport (par exemple lutte contre les formes d'emploi précaire, obligation de négocier dans l'entreprise ou bien encore droit d'expression sur les conditions de travail). Mais le plus important ne réside ici pas tellement dans la comparaison de la liste des mesures présentées dans cette note (lesquelles mesures, par la force des choses, n'étaient pas encore très détaillées à ce stade) avec les mesures présentes dans le rapport Auroux, mais bien plutôt dans les principes exposés juste auparavant. C'est en effet dans son introduction, qui préfigure d'ailleurs l'introduction du rapport Auroux, que l'on trouve les

---
169. *Le Monde* du 10 juillet 1981. Souligné par nous.
170. CAC 19850743 G375, note MA/FM du 15 juillet 1981. Le plan du rapport final est très proche. *Cf.* Jean Auroux, *op. cit.*, p. 5.

Les droits des travailleurs, par Jean Auroux, ministre.

éléments les plus intéressants. Y apparaît en effet la très grande proximité des conceptions portées par Martine Aubry avec celles de la CFDT, voire par moment leur complète identité, même si, déjà, percent nettement un ton et une identité propres. Les deux axes du raisonnement de celle qui était à cette époque conseillère technique dans le cabinet de Jean Auroux étaient en effet le refus d'une « société duale » et l'idée d'une citoyenneté dans l'entreprise :

> « Le dossier sur les droits des travailleurs doit permettre de remplir un certain nombre d'objectifs communs à d'autres domaines : le renforcement de la démocratie, la décentralisation des décisions, la lutte contre les inégalités... Mais il poursuit, à titre principal, d'autres objectifs qui lui sont propres : le refus d'une société duale et la recherche d'une citoyenneté dans l'entreprise.
>
> Avant d'accroître les droits des travailleurs, il convient, en effet, en premier lieu, de rejeter les fondements et les manifestations d'une société duale en état de constitution. Un mouvement général de segmentation des travailleurs se fait jour ces dernières années par le biais soit du marché du travail où les salariés sont divisés en catégories bien délimitées (marché primaire et marché secondaire de l'emploi), soit du contrat de travail (fleurissement de contrats de types divers : contrats à durée déterminée, contrats de travail temporaire, sous-traitance, entreprises extérieures), soit des avantages différenciés donnés aux salariés (par exemple, exclusion d'un certain nombre d'entre eux du champ d'application des conventions collectives, octroi de congés pour travailleurs non absents...) [...].
>
> Il apparaît donc que le droit des travailleurs passe par une réunification de la collectivité du travail et le refus de la précarité de l'emploi dans toutes ses manifestations.
>
> L'entreprise dans laquelle les salariés passent la majorité de leur temps éveillé doit être le lieu d'une réelle citoyenneté. Pour ce faire, tout d'abord, les libertés publiques doivent entrer en son sein : les décisions unilatérales du chef d'entreprise, notamment par la fixation d'un règlement intérieur, doivent être réduites. Les salariés doivent obtenir un droit d'expression réel sur les conditions de travail qui sont les leurs. Ils doivent aussi avoir la liberté de s'organiser collectivement (droit syndical) quelle que soit la taille de l'entreprise (problème des PME) et à tous niveaux où sont prises les décisions (représentation au niveau du groupe et du site).
>
> Parallèlement, les institutions représentatives du personnel (comité d'entreprise et délégués du personnel) doivent avoir les moyens de remplir les missions qui leur sont d'ores et déjà dévolues.
>
> Enfin et surtout, doit être privilégiée la négociation à tous niveaux mais principalement dans l'entreprise. »

Nous avons là, à quelques détails près, le rapport Auroux, deux mois avant son achèvement, et résumé en deux feuillets. On y reconnaît nombre de points tirés de toutes les sources évoquées au chapitre précédent et citées ici de manière plus ou moins explicite. À ce stade, la CFDT occupait déjà la première place. La proximité était très visible dans l'accent porté sur la nécessaire réduction de la précarité de l'emploi (mais ce thème n'était bien sûr pas exclusif à la CFDT) et dans l'idée de faire de l'entreprise le niveau privilégié de la négociation (encore que cette idée soit peut-être encore plus estampillée *Échange et projets*, l'obligation de négocier, principale des revendications cédétistes, n'étant pas ici explicitement proposée). Elle l'était encore plus dans ce passage consacré au rôle des syndicats qui se place dans la continuité immédiate de la citation précédente :

> « Il convient de choisir de privilégier le syndicat par rapport aux institutions représentatives pour diverses raisons : c'est le syndicat qui permet aux travailleurs de s'organiser collectivement dans l'entreprise et à l'extérieur de celles-ci ; c'est lui qui leur permet de s'exprimer ensemble et librement sur leurs besoins, leurs aspirations et les changements qui doivent être apportés à leur situation ; c'est lui qui, notamment grâce au pluralisme syndical existant dans notre pays, garantit l'élaboration démocratique des décisions prises et des actions menées. »

Dans le même temps, voici ce que l'on pouvait lire dans le document remis par la CFDT au ministre du Travail au début du mois de juillet 1981 :

> « Le syndicalisme est pour les travailleurs l'instrument nécessaire de leur promotion individuelle et collective et de la construction d'une société démocratique.
>
> C'est le syndicat, en effet, qui permet aux travailleurs et aux travailleuses de s'organiser collectivement dans l'entreprise et à l'extérieur de celle-ci ; c'est lui qui leur permet de s'exprimer, ensemble et librement, sur leurs besoins, sur leurs aspirations, sur les changements qui doivent être apportés à leur situation, c'est lui qui, avec eux et avec elles, crée les conditions de l'action qui va obliger l'employeur à tenir compte de ce qu'ils veulent. C'est lui, enfin, qui garantit l'élaboration démocratique des décisions prises et des actions menées[171]. »

La proximité entre les idées de la CFDT et celles de Martine Aubry allait donc, par moment, jusqu'à une reprise quasiment terme à terme des formulations utilisées par le syndicat de la rue Cadet. Pour autant,

---

171. CAC 19850743 G375, « Des droits nouveaux pour les travailleurs », juillet 1981.

Les droits des travailleurs, par Jean Auroux, ministre.

peut-on en conclure que cette note, et par extension le rapport Auroux lui-même furent, au fond, un simple décalque de propositions de la CFDT ? Il nous apparaît quelque peu téméraire de trancher aussi vigoureusement. Certes, bon nombre de revendications cédétistes se retrouvèrent finalement dans le rapport Auroux, tout comme l'on peut pointer la convergence des démarches dans un réformisme volontaire mais tempéré. Néanmoins, le rapport avait une tout autre ambition que de simplement reprendre les revendications d'un syndicat particulier.

Le modernisme[172] achevé ?

Dense opuscule d'une centaine de pages, le rapport Auroux balayait en effet un nombre très important de thèmes tout au long de ses deux parties principales qui résumaient les propositions présentées dans les annexes[173]. S'il n'est pas question pour nous de détailler de manière complète chacune des nombreuses mesures qui y figuraient (les principales d'entre elles ont d'ailleurs été largement abordées dans les chapitres précédents), il nous en faut faire ressortir la logique, les points saillants et l'articulation de son argumentation générale. On y retrouvait les traits dominants d'une pensée deuxième gauche teintée d'esprit technocratique et d'une approche « socio-technique[174] », le tout sous forte influence cédétiste : réformisme ambitieux mais tempéré, valorisation de l'individu, refus d'une approche normative centralisée.

L'ambition affichée par le ministre du Travail était vaste, mais elle s'inscrivait dans un réformisme tempéré. En effet, pour lui, « la mise en œuvre du contenu de ce rapport [était] de nature à opérer une transformation profonde et durable des relations industrielles dans notre pays et cré[ait] une véritable rupture avec le modèle existant ». Au-delà des changements législatifs futurs présentés dans ce document, il s'agissait de trouver une réponse à la crise économique en changeant en profondeur les relations de travail. Cela passait en premier lieu par le refus d'opposer le social et l'économique, ou plutôt de considérer les mouvements de l'un à l'autre comme un jeu à somme nulle. L'héritage giscardien était ainsi stigmatisé, car marqué justement « par l'excessive soumission du développement social aux contraintes économiques ». Le « développement des nouveaux rapports sociaux […] mis en place dans le monde du travail » était, au contraire, conçu par le ministre socialiste du Travail comme « le fondement même du développement

---
172. *Cf.* Bernard H. Moss, *art. cit.*
173. Jean Auroux, *op. cit.*
174. Expression utilisée par Pierre-Louis Rémy lors de l'entretien conduit avec lui.

économique et de l'emploi ». Ainsi, les « droits nouveaux des salariés [devaient] permettre de libérer les forces créatrices de l'entreprise », libération indispensable car la « richesse essentielle » de la France, dans le contexte de la crise économique était, avant toute chose, « la qualité de [sa] main-d'œuvre ». Cette réconciliation du social et de l'économique trouvait au fond sa source dans le nécessaire bouleversement de l'ensemble des relations sociales dans l'entreprise. Le rapport était, de ce fait, conçu comme une œuvre pédagogique à l'attention des acteurs sociaux, l'objectif final étant que « les uns prennent davantage conscience de [la] dimension sociale » de l'entreprise, et « les autres davantage de sa dimension économique ». Le mot d'ordre était donc celui de la responsabilisation des partenaires sociaux, une « large place » devant être accordée à leur capacité « d'organiser, dans le cadre de la loi, le travail des hommes et la vie de l'entreprise ». Cette idée était bien résumée dans la conclusion :

> « Les nouveaux textes, qui viendront traduire dans les faits les mesures développées dans ce rapport, ne manqueront pas d'avoir une influence considérable sur les relations du travail et […] créeront les conditions de la mise en présence de deux responsabilités.
> La responsabilité sociale des employeurs, qui comprendront, comme certains l'ont déjà fait, que la négociation dans l'entreprise constitue un élément favorable à une progression économique harmonieuse ou permet de rechercher des solutions mieux adaptées pour aborder une situation conjoncturelle difficile.
> La responsabilité des organisations syndicales appelées, du fait du développement de la négociation collective à tous les niveaux, à mieux prendre en compte la totalité des éléments qui conditionneront la conclusion des accords ou l'échec des négociations. »

Nous sommes ici très loin de l'atmosphère idéologique régnant avant 1981 dans le programme du Parti socialiste et qui était réapparue dans le programme du candidat François Mitterrand. Si la référence au 10 mai 1981 et au changement politique était bien présente, ouvrant et clôturant l'introduction du rapport, ce dernier prenait en réalité nettement ses distances avec les thèmes favoris de la « pensée socialiste », d'ailleurs évoquée une seule fois en tout et pour tout (à propos du refus du développement d'une société duale). S'il était bien question de « rupture », c'était, nous l'avons vu, à propos des relations sociales, et non de l'organisation même des structures de l'économie. Il n'y a pas de « rupture avec le capitalisme » donc d'autogestion ou encore de contrôle ouvrier. Au contraire, le rapport se tenait soigneusement éloigné de toute tentation radicale : « Il n'est pas question de remettre en cause dans le secteur privé l'unité de direction et de décision dans l'entreprise »

Les droits des travailleurs, par Jean Auroux, ministre.

affirmait-il ainsi clairement. Il s'agissait donc d'un réformisme, certes affiché comme très ambitieux, mais sans ambiguïté dans sa nature même. S'il faut trouver ici une filiation, elle est sans doute bien plus à chercher dans un état d'esprit dont les racines remontent jusqu'aux modernisateurs des années 1960 et au Club Jean Moulin, bien plus que dans le bagage idéologique du Parti socialiste des années précédentes.

L'accent mis ainsi sur la responsabilisation des acteurs sociaux était la conséquence de deux principes fondamentaux que nous avons d'ailleurs déjà croisés auparavant et qui donnaient leur titre à chacune des deux parties du rapport.

Le premier de ces principes était l'idée que « citoyens dans la cité, les travailleurs [devaient] l'être aussi dans leur entreprise », soit la reprise presque mot pour mot de ce que Pierre Mauroy avait déclaré dans son discours de politique générale au début du mois de juillet. Cette citoyenneté passait par le « droit à l'exercice des libertés publiques dans l'entreprise » : sous ce titre étaient en réalité repris certains travaux effectués dans le cadre des groupes de travail Boulin et en particulier ceux de la commission Rivero évoquée plus haut. On y retrouvait la même préoccupation de faire limiter le caractère absolu du pouvoir disciplinaire du chef d'entreprise, « rien ne justifi[ant] que l'entreprise soit le dernier endroit où subsiste le droit de se faire justice à soi-même sans contrôle ». La revendication de la CGT concernant la suppression du règlement intérieur n'était pas retenue, l'encadrement de ce dernier ayant été jugé préférable « à l'arbitraire possible de notes de service échappant à tout contrôle ». Son contenu devait simplement être limité et contrôlé plus étroitement par l'administration du Travail, « sans remettre en cause le pouvoir reconnu à l'employeur d'organiser la discipline dans son entreprise », mais en empêchant « toute tentation d'arbitraire ».

La réalisation de la citoyenneté dans l'entreprise devait aussi prendre la forme d'un « droit d'expression des travailleurs sur leurs conditions de travail », concrétisant, nous l'avons vu, une idée largement débattue et diffusée durant la décennie précédente. Le rapport rappelait d'ailleurs lui-même les différentes expériences menées en la matière dans un certain nombre d'entreprises innovantes sur le plan social et distinguait quatre « modèles » préexistant : la mise en place de procédures d'« information réciproque », la constitution de réunions d'échanges, celle de groupes de travail ou de projet, et enfin l'organisation autonome du travail.

La question de l'expression des travailleurs était en effet à la croisée des revendications d'une partie du monde syndical et de celles de certains patrons, au prix d'une équivoque sur les modalités et la nature même de ce droit d'expression. Si le patronat s'était dans son ensemble montré méfiant, toute une frange moderniste du patronat avait au contraire, après le tremblement de terre de Mai 68 et ses innombrables répliques de la décennie 1970, cherché à dépasser la traditionnelle organisation du travail et tenté, dans ce cadre, de valoriser la parole des salariés. Ce clivage interne aux chefs d'entreprise apparaît d'ailleurs éclatant dans le film documentaire de Gérard Mordillat et Nicolas Philibert, *La voix de son maître*, sorti dans les salles en 1978. Si Jacques de Fouchier, alors à la tête de Paribas, y affirmait posément que « l'entreprise ne peut vivre que dans le cadre d'une constitution monarchique », le fringant patron d'IBM-France, Jacques Lemonnier, y faisait quant à lui l'apologie du système d'expression des salariés mis en place dans son entreprise où chacun se retrouvait capable de saisir l'ensemble de la chaîne hiérarchique pour faire part d'un éventuel problème, y compris en remontant jusqu'au sommet de la chaîne.

L'expression des salariés était-elle alors un véritable moyen d'épanouissement des salariés dans le travail ou bien une simple stratégie supplémentaire pour accroître la productivité de ces salariés ? La réponse à cette question n'était pas évidente et, en juillet 1981, cela avait conduit la CFDT, qui portait cette idée à bout de bras et qui durant les années précédentes s'était déjà affrontée à ce propos avec le CNPF, à réitérer la dénonciation du possible dévoiement de cette réforme par le patronat. La centrale syndicale, de cette manière, avait en effet pris soin de rappeler alors au gouvernement que « depuis trois ou quatre ans, le CNPF a[vait] fait de l'organisation d'une expression contrôlée des travailleurs un des moyens dont il recommand[ait] le développement pour lutter contre l'influence des organisations syndicales dans ce domaine[175] ». La centrale de la rue Cadet était donc bien consciente que ce droit d'expression, s'il était mal appliqué et détourné de son objet par les chefs d'entreprise, était gros de dangers pour les syndicats. Pour elle, le risque en valait cependant la peine. Ce n'était, à l'inverse, pas l'opinion de la CGT-FO qui parvenait aux conclusions exactement opposées de celles de la CFDT. Cela la conduisit naturellement à être très hostile au droit d'expression proposé par le ministre du Travail, ligne à laquelle la centrale réformiste se tint par la suite sans mollir. La CGC avait, quant à elle, la crainte symétrique de celle de FO et redoutait les conséquences de la mise en place de ce droit d'expression pour l'autorité de l'encadrement et du personnel de direction. Pour être répandue, l'idée d'un droit d'expression des travailleurs faisait donc l'objet d'appréciations résolument contradictoires, que ce soit sur son principe même ou bien à propos de la forme pratique qu'il devait prendre.

---

175. CAC 19850743 G375, « Des droits nouveaux pour les travailleurs », juillet 1981.

Les droits des travailleurs, par Jean Auroux, ministre.

La formule proposée dans le rapport portait la trace de ces débats, tout en étant assez nettement marquée du sceau de la CFDT et s'écartant, par là même, des conseils d'ateliers réclamés par la CGT. On y retrouvait en effet le double souci cédétiste de permettre une expression qui soit parfaitement libre, mais qui, dans le même temps, ne nuise pas à l'activité syndicale, que ce soit en la concurrençant ou bien en empiétant sur ses prérogatives. Le rapport proposait donc de mettre en place un droit d'expression qui soit «direct» (c'est-à-dire qui ne soit pas médiatisé par les institutions représentatives du personnel) organisé dans le cadre «du groupe de travail», mais soumis cependant au «nécessaire contrôle syndical sur la définition des procédures». La mise en pratique de ce droit était, par ailleurs, fort prudemment envisagée : l'expression était limitée aux conditions de travail, «domaine concret, concernant directement les travailleurs» et un seuil de 300 salariés dans l'entreprise était nécessaire pour le rendre effectif. Afin de préserver le plus de souplesse possible, les modalités concrètes de son exercice étaient renvoyées à une négociation interne à l'entreprise, une «loi-cadre» devant simplement en reconnaître le principe. Enfin, la reconnaissance de la citoyenneté dans l'entreprise était rattachée à la nécessaire «reconstitution de la collectivité du travail», c'est-à-dire à la lutte contre toutes les formes d'emploi précaire. Tout en reconnaissant la nécessité pour les entreprises de disposer «d'une certaine flexibilité dans la gestion de leur personnel», le rapport proposait de limiter le recours aux emplois temporaires en le rendant plus coûteux et d'aligner le statut des salariés précaires sur la norme utilisée pour les salariés permanents. Nous ne développerons d'ailleurs pas plus avant cet aspect, la législation sur le travail temporaire ne faisant pas partie des lois Auroux au sens strict : elle fut en effet intégrée aux ordonnances sociales prises par le gouvernement Mauroy au début de l'année 1982. Les lois Auroux et ces ordonnances procèdent donc cependant du même ensemble originel.

Le second des grands principes développés dans le rapport était que «les travailleurs [devaient] devenir les acteurs du changement dans l'entreprise», c'est-à-dire «peser et influer sur les décisions qui les intéressent directement». En somme, le contrat devait primer sur la loi, et l'acteur sur les rigidités du système. De ce postulat découlaient d'une part l'idée qu'il fallait renforcer le rôle des institutions représentatives du personnel et, d'autre part l'insistance sur la négociation comme moyen pour les travailleurs de parvenir à ce statut d'acteur.

En ce qui concernait les institutions représentatives du personnel, il s'agissait, là encore, de réformer et d'améliorer l'existant plutôt que de procéder à un bouleversement complet. Il était ainsi jugé préférable de «renforcer les capacités des différentes institutions représentatives existant dans l'entreprise ; [...] la création non justifiée de structures nouvelles présent[ant] plus d'inconvénients que d'avantages». Le rapport prenait, à cette occasion, nettement ses distances avec les revendications passées du Parti socialiste, pour certaines d'entre elles rangées sans ménagement dans la catégorie peu enviable des slogans creux. On trouvait ainsi, en tête du chapitre traitant des institutions représentatives du personnel, la vigoureuse déclaration suivante :

> «Sont systématiquement proposés des mécanismes ou des procédures dynamiques qui peuvent permettre de résoudre les difficultés plutôt que des formules de blocage qui cristallisent les situations sans apporter de véritables solutions. Il en est ainsi de la notion de veto dont l'objectif était de rechercher la préservation de l'emploi, auquel a été préféré le droit d'alerte et de saisine interne qui se révèle à l'analyse et se révèlera sans doute à l'expérience incomparablement plus efficace pour la sauvegarde de l'emploi. L'entreprise est un organisme dont la réalité complexe et diverse ne se laisse guère enfermer dans les mots.»

On ne pouvait plus nettement désavouer le fond et la forme des projets socialistes d'avant le 10 mai, ce désaveu portant même sur une des emblématiques 110 propositions du candidat François Mitterrand. En lieu et place du droit de veto du comité d'entreprise, le rapport proposait de renforcer les moyens matériels et humains des institutions représentatives du personnel, tout en essayant de ne pas alourdir les charges des plus petites entreprises. Était de cette façon proposée la possibilité de cumuler les attributions, en donnant par exemple aux délégués du personnel des entreprises de moins de 100 salariés les attributions économiques du comité d'entreprise. De manière générale, le comité d'entreprise devait se voir attribuer des moyens supplémentaires, en effectifs, en heures, en formation et en possibilité d'expertise. La création de comités de groupes était également prévue. Surtout, l'information économique mise à la disposition du comité d'entreprise était accrue et était couplée à un droit d'alerte en cas de difficultés de l'entreprise proposé sous une forme très proche de celle que nous avons présentée au moment d'étudier *Échange et projets* et qui, au fond, se rattachait aux procédures déjà envisagées dans le rapport Sudreau de 1975. En revanche, le rapport restait sur une prudente réserve quant à l'autre mesure phare des 110 propositions, le droit d'arrêter les machines, ne l'abordant que dans les annexes et se contentant de renvoyer la décision à plus tard, en raison des «problèmes délicats» posés par cette question. L'accent était plutôt mis sur la proposition de fusion du comité d'hygiène et de sécurité avec la commission pour l'amélioration des

---

Les droits des travailleurs, par Jean Auroux, ministre.

conditions de travail, cette instance unique étant jugée potentiellement plus efficace.

L'autre conséquence de la volonté de faire des travailleurs des « acteurs » dans l'entreprise était l'accent mis par le rapport sur la négociation entre les partenaires sociaux, qui devait devenir le moyen normal de régulation des rapports sociaux et de résolution des conflits. L'inspiration CFDT était ici tout à fait évidente et directe : tout cela correspondait en effet exactement au raisonnement exposé par la centrale de la rue Cadet dans la note remise au ministère de la rue de Grenelle au début de juillet. « Pour la CFDT, il est essentiel que les travailleurs puissent être eux-mêmes les acteurs des changements, pouvait-on y lire. Il faut donc que la négociation collective puisse se développer. Cela suppose, dans le secteur privé, un renforcement de la position des représentants des travailleurs dans la négociation collective et du système de négociation collective lui-même[176]. » Suivant exactement le même raisonnement, le rapport Auroux faisait de « la relance d'une politique contractuelle active » l'un des deux piliers de la valorisation du travailleur comme « acteur du changement dans l'entreprise ». Il proposait donc de renforcer et de faciliter la signature de conventions collectives et surtout de « rendre la négociation annuelle obligatoire dans l'entreprise », sans pour autant associer cette obligation de négocier à une obligation de conclure.

Le corollaire de cette insistance sur la négociation collective était que les acteurs sociaux devaient, selon le rapport, bénéficier d'une très large autonomie :

> « Il n'apparaît pas conforme aux aspirations, au choix et aux intérêts des Français de mettre en place une législation pesante composée de blocages. Une large place doit être laissée à l'initiative des partenaires sociaux d'organiser, dans le cadre de la loi, le travail des hommes et la vie de l'entreprise. »

Ainsi, le rapport posait les bases d'une complexe et très touffue législation[177], mais destinée précisément à privilégier des procédures alternatives à la fixation exclusive des règles du jeu social par la loi. Une certaine filiation autogestionnaire et décentralisatrice se manifestait donc à cette occasion, mais sous une forme atténuée, le terme d'autogestion ne figurant lui-même pas dans le rapport. Cela était révélateur du fait

---

176. CAC 19850743 G375, « Des droits nouveaux pour les travailleurs », juillet 1981.
177. Les lois Auroux en elles-mêmes ont conduit à la modification du Code du travail dans une importante proportion ; la plus couramment avancée est celle d'un tiers des articles dudit code, mais on trouve des estimations différentes. Jacques Dubois avance ainsi le chiffre de 300 articles modifiés sur 1 250, soit environ un quart, en incluant d'ailleurs les ordonnances dans son calcul. Cf. Jacques Dubois, « Analyse économico-politique des lois Auroux », in *Cahier et revue de l'Ours*, n° 146, décembre 1983, p. 12.

que l'héritage autogestionnaire, à l'époque pourtant hautement revendiqué par la CFDT, ne pesait pas d'un si grand poids. Au-delà du rapport lui-même, on ne trouve d'ailleurs guère de références explicites à un tel état d'esprit dans les notes produites par le cabinet social de Matignon, le mot d'autogestion n'étant lui-même quasiment jamais utilisé. Par ailleurs, lorsque cela était le cas, son emploi était étroitement circonscrit. En réalité, pour le cabinet, le seul projet « autogestionnaire » était le droit d'expression des travailleurs, comme le montre un passage d'une note écrite quelques mois après la remise du rapport, au moment de la préparation des débats parlementaires :

> « Le choix affiché par le gouvernement en matière de relations sociales comme dans l'ensemble de la politique publique consiste à donner aux acteurs les pouvoirs et les moyens d'intervenir directement sur leurs problèmes. Pour ce qui concerne les droits des travailleurs ce choix attribue à la loi non pas le rôle de résoudre toutes les questions dans leur détail mais de donner aux salariés les moyens de les régler eux-mêmes. *Ce choix conforme à notre définition du socialisme s'oppose à une conception étatiste et centralisatrice.*
>
> Cette option se traduit par l'impossibilité de régler d'une façon générale et uniforme l'ensemble des relations sociales. La conséquence en est le rôle privilégié attribué aux négociations, la loi renforçant les organisations syndicales dans leurs pouvoirs et dans leurs moyens afin de prendre en charge les besoins collectifs des salariés. Ce rôle attribué aux institutions doit être complété par l'exercice d'un droit d'expression directe conforme à nos projets autogestionnaires[178]. »

L'héritage autogestionnaire se traduisait donc, en réalité, surtout par un attachement farouche à l'autonomie des acteurs et par le refus de tout ce qui pouvait ressembler à du jacobinisme. L'extrait qui vient d'être cité faisait ainsi en réalité ressortir le clivage interne au Parti socialiste entre « première » et « deuxième » gauche. On devine sans peine, en arrière-plan, la tentative de théorisation de ce clivage effectuée en 1977 par Michel Rocard lui-même, lors du congrès du parti tenu à Nantes. Il avait ainsi essayé de mettre en valeur l'existence de deux cultures opposées au sein même du socialisme français. Pour lui, « la plus typée, qui [avait été] longtemps dominante, [était] jacobine, centralisatrice, étatique, nationaliste et protectionniste ». L'autre culture était, quant à elle, « décentralisatrice », « régionaliste », refusant les « dominations

---

[178]. CAC 19850743 G375, « Droits des travailleurs », sans date ni mention d'auteur. Souligné par nous. Cette note traite des arbitrages à rendre vis-à-vis des amendements déposés par le groupe socialiste, ce qui permet de la dater approximativement du début du printemps 1982. Une deuxième version de cette note qui comporte des annotations manuscrites de René Cessieux, laisse supposer qu'il en est l'auteur.

Les droits des travailleurs, par Jean Auroux, ministre.

arbitraires, celle des patrons comme celle de l'État» et voulait promouvoir «l'autonomie des collectivités de base[179]». Ainsi, le rapport Auroux, et plus tard les lois qui portèrent son nom se rattachaient de manière évidente à cette seconde culture socialiste. L'insistance sur l'autonomie des acteurs et sur la nécessité que les partenaires sociaux prennent eux-mêmes en charge la transformation sociale en étaient des signes manifestes. En même temps, si cette philosophie contractualiste était consubstantielle de l'identité de la deuxième gauche, elle pouvait aussi être rattachée à une phrase présente dans le rapport Sudreau de 1975, selon laquelle la négociation était la «voie par laquelle se manifeste la liberté de créer le droit[180]».

Ainsi, le rapport Auroux venait couronner une décennie de réflexions de la deuxième gauche et de ce que l'on pourrait appeler un courant «modernisateur-technocrate». Au-delà du rôle privilégié de la CFDT qui apparaît tout à fait évident, les racines de la philosophie globale du rapport renvoyaient en profondeur aux débats lancés dès les années 1960 par une poignée de «modernistes», dont les idées avaient fini par se diffuser largement au sein d'une partie de la gauche française. La CFDT était partie prenante de ce mouvement, mais ne le résumait à elle seule. Si certaines des propositions du rapport Auroux portaient sa marque de manière tout à fait manifeste (ainsi l'obligation de négocier), d'autres seraient peut-être à rattacher plus directement au courant modernisateur-technocrate (ainsi la procédure de droit d'alerte, qui ne faisait pas partie des grandes revendications mises à l'époque en avant par la CFDT). Les grandes absentes du rapport étaient en réalité les idées portées officiellement par le Parti socialiste durant ces mêmes années 1970 qui, ayant été élaborées par le CERES et le courant Mitterrand, s'étaient finalement retrouvées dans les 110 propositions. Or le droit de veto sur les licenciements était explicitement dénoncé comme irréaliste et inefficace; quant au droit d'arrêter les machines, il n'était pas exclu, mais on mettait en avant les «problèmes» que sa mise en place causerait. Au fond, le rapport Auroux n'avait rien à voir ou presque avec tout ce qu'avait pu proposer le Parti socialiste avant 1981, ni dans l'esprit général, ni dans le détail des mesures.

---

179. Cité dans Vincent DUCLERT, *art. cit.*, p. 175.
180. *La réforme de l'entreprise...*, *op. cit*, p. 79.

Un rapport explosif ?

Une fois le rapport rédigé, il fut remis à la mi-septembre au Premier ministre et au président de la République. Cependant, il ne fut rendu public que trois semaines plus tard, ce délai conduisant le journal *Libération* à se demander ironiquement « qui [avait] volé le rapport du ministère du Travail » pour qu'il reste ainsi dans l'ombre, et à mettre en cause tant la frilosité de Matignon que celle de l'Élysée, accusés de plier devant « sa majesté-PME[181] ». Il nous faut maintenant nous pencher sur les conditions de sa diffusion et sur la manière dont il fut reçu par l'ensemble de la société.

Envoyé officiellement aux partenaires sociaux le 6 octobre 1981, le rapport Auroux fut présenté aux médias français deux jours plus tard, lors d'une conférence de presse qui, commencée avec une demi-heure de retard sur l'horaire prévu, ne dura en tout et pour tout, selon le témoignage des journaux, qu'entre cinq et quinze minutes : *Libération* du 9 octobre parle de cinq minutes, *Le Figaro* du même jour de dix, tandis que *Le Monde*, magnanime, accorde le quart d'heure. Le ministre du Travail, manifestement fort embarrassé[182], se contenta d'en présenter les grandes lignes et insista sur le fait que ce rapport n'était qu'un « document de travail » et qu'il avait pour but de susciter « le plus grand débat possible[183] ». Pourquoi une telle prudence, et pourquoi cette étrange précipitation, alors que ce rapport avait été présenté auparavant comme une des pièces maîtresses des réformes sociales à venir ? La raison en était une brusque intervention de Matignon le matin même de la conférence de presse. Jean Auroux la relate ainsi :

> « Mauroy me téléphone dix minutes avant pour me dire : "Mais on ne l'a pas vu en interministériel, on n'a pas tout arbitré." Je lui dis : "Écoute, la conférence de presse est là. Vous verrez ce que vous ferez de moi après, mais moi je ne recule pas, j'y vais[184]." »

Jean Auroux ne céda donc pas devant la pression exercée par le Premier ministre, mais ce fut au prix d'une présentation réduite au plus strict minimum et, en définitive, proprement escamotée. La presse fut prompte à flairer, derrière les raisons officiellement avancées par Matignon pour expliquer le mécontentement du Premier ministre

---

181. *Libération*, 29 septembre 1981.
182. Embarras qui venait aussi (surtout ?) du fait qu'il venait d'apprendre le décès d'un membre proche de sa famille. Entretien avec Jean Auroux.
183. *Le Monde* du 9 octobre 1981.
184. Entretien avec Jean Auroux.

Les droits des travailleurs, par Jean Auroux, ministre.

(l'absence de discussion interministérielle et de présentation au Conseil des ministres en préalable à la publication), l'existence de désaccords de fond au sein du gouvernement. *Le Figaro* se demanda ainsi si tout cela ne traduisait pas déjà une volonté de «prendre ses distances» vis-à-vis des projets exposés dans le rapport[185], alors que *Le Monde*, posant la même question mais plus prudemment, exposait, en outre, que les «services du Premier ministre [s'étaient efforcés], dans la matinée de jeudi, de "dissuader" certaines rédactions – dont les journaux du soir – de parler du rapport[186]». Ces pressions sur les médias furent confirmées par *Libération* du 12 octobre où il était fait état de la très grande discrétion des journaux télévisés sur le sujet. De fait, le jour de la présentation du rapport le sujet ne fut abordé qu'à la fin du *Journal de 20 heures* d'Antenne 2[187], illustré, certes, par un long reportage sur l'entreprise BSN, mais sans images de la conférence de presse du ministre dont les propositions étaient par ailleurs résumées de manière plus que succinctes.

Y avait-il donc des divergences importantes entre le Premier ministre et son ministre du Travail à propos de la réforme du droit du travail? L'interventionnisme soudain de Matignon semblerait l'indiquer. Par ailleurs, on peut citer à l'appui de cette thèse le *Verbatim* de Jacques Attali, même s'il ne faut pas être dupe de son statut de journal au jour le jour. Le conseiller spécial de François Mitterrand affirme en effet qu'au début du mois de septembre, «à Matignon, les économistes [étaient] terrifiés et souhait[aient] enterrer[188]» le rapport. René Cessieux confirme, quant à lui, que ces mêmes économistes (Jean Peyrelevade, Henri Guillaume et Daniel Lebègue) craignaient en effet tout particulièrement les conséquences économiques de certaines promesses électorales de François Mitterrand[189]. Pour autant, ces promesses avaient déjà été largement abandonnées dans l'ouvrage du ministre du Travail, nous l'avons vu. Cela suffit-il donc pour affirmer que Matignon voulait «enterrer» le rapport Auroux?

La réalité semble plus complexe que cela. D'une part, il est certain que Pierre Mauroy tenait le contenu du rapport pour tout à fait sensible politiquement. Consigne avait ainsi été donnée au ministre du Travail d'observer un «secret absolu» à son sujet avant sa publication[190]. D'autre part, contrairement aux affirmations de Matignon, il y avait bien eu, en préalable à la conférence de presse du 8 octobre, au moins une réunion

---

185. *Le Figaro* du 9 octobre 1981.
186. *Le Monde* du 10 octobre 1981.
187. Nous n'avons pu vérifier ce qu'il en fut de TF1.
188. Jacques ATTALI, *op. cit.*, p. 119.
189. Entretien avec René Cessieux.
190. CAC 19850743 G375, lettre de Jean Auroux à un ministre non identifié, 1er octobre 1981.

interministérielle consacrée à l'examen du rapport, réunion tenue deux jours auparavant[191]. Il y eut donc un minimum de concertation même si, à l'occasion de cette réunion, le représentant du ministère des Transports (dont le titulaire était le communiste Charles Fiterman) se plaignit justement du manque de temps que ses services avaient eu pour examiner le rapport. Le contenu des propos échangés lors de cette réunion du 6 octobre éclaire beaucoup les réticences postérieures de Matignon. Le représentant du cabinet du Premier ministre (en l'occurrence Bernard Brunhes) prit ainsi, d'emblée, la parole pour affirmer que «le Premier ministre a[vait] jugé le rapport remarquable et souhaité qu'il soit diffusé». Le désaccord ne portait donc pas réellement sur le fond. On ne trouve ainsi dans les archives de Matignon qu'un seul jugement négatif porté sur le rapport Auroux. Il émanait de Robert Métais, lequel était d'avis que «les rédacteurs [du rapport] n'ont aucune expérience des rivalités de l'entreprise, des relations organisations syndicales/entreprises, des conséquences du pluralisme syndical[192]». Ces arguments étaient la traduction directe de ceux de FO, chose guère étonnante puisque c'était précisément son appartenance à ce même syndicat qui lui avait valu d'entrer au cabinet de Pierre Mauroy, au titre du rééquilibrage syndical d'une équipe, par ailleurs très marquée CFDT. Le désaccord entre Matignon et le ministère du Travail portait en fait sur la tactique. Du côté du Premier ministre, on craignait en effet beaucoup les conséquences sur l'opinion publique de la publication du rapport et l'on souhaitait de cette manière déminer le terrain le mieux possible :

> «Le cabinet du Premier ministre souligne pour sa part d'abord le risque d'une certaine incompréhension. Il faut bien marquer l'hétérogénéité de la situation actuelle sinon le rapport inquiétera les petits patrons et décevra les salariés. Il conviendrait en second lieu de bien identifier les propositions qui sont du domaine de l'expérimentation. Enfin, un calendrier pourrait être établi pour bien distinguer ce qui doit être fait immédiatement, en rapport avec la «priorité emploi» que le gouvernement s'est donnée, ce qui relève de l'action du ministère du Travail et qui pourra être mis en œuvre dans les prochaines années et le reste, qui devrait faire l'objet d'un calendrier indicatif.»

Cette prise de position en faveur de l'étalement des réformes dans le temps était contraire aux vues du ministère du Travail qui les concevait comme un tout et voulait les mener de front, comme Jean Auroux

---

191. CAC 19850743 G375, «Compte rendu de la réunion interministérielle tenue le mardi 6 octobre 1981 à 15 heures à l'Hôtel Matignon, sous la présidence de M. Brunhes, conseiller pour les affaires sociales au cabinet du Premier ministre», 6 octobre 1981.
192. *Cf.* CAC 19850743 G375, note manuscrite de Robert Métais, 6 octobre 1981.

Les droits des travailleurs, par Jean Auroux, ministre.

l'avait d'ailleurs lui-même indiqué à Pierre Mauroy à la fin du mois de septembre[193]. Le représentant du ministère du Travail à cette réunion (Michel Praderie, qui était flanqué pour l'occasion de Martine Aubry) protesta donc et reçut l'appui sans ambiguïté de la représentante du président de la République, Jeannette Laot. L'ancienne dirigeante de la CFDT estima en effet que ce texte devait « être lu dans sa totalité et que les mesures du rapport constitu[ai]ent un tout qui [devait] tendre à modifier les rapports sociaux en profondeur ».

Les inquiétudes de Matignon perdurèrent cependant après cette réunion. Désireux de bénéficier de la marge de manœuvre que leur aurait fournie la possibilité d'échelonner les réformes, les services du Premier ministre redoutaient par ailleurs plus que tout d'avoir les mains liées par le rapport. Le fait qu'il ait été rédigé par un ministre lui conférait en effet un caractère politiquement très délicat et un poids bien plus grand que s'il avait été le résultat des travaux d'une commission extérieure au gouvernement. La crainte était donc forte d'une éventuelle levée de boucliers après sa publication devant ce qui aurait été compris comme des décisions prises de manière définitive. Bernard Brunhes explique de cette manière sa prudence de l'époque par des motifs de bonne gestion de la communication gouvernementale :

> « Je suis allé interdire au ministre du Travail de sortir ce texte. Je suis allé en voiture de la rue de Varenne à la rue de Grenelle et je suis passé par le jardin pour ne pas que ça se voit ! J'étais d'accord avec Mauroy, il fallait empêcher de faire ça. Qu'un ministre puisse sortir sur un sujet très difficile un rapport dans lequel ce qu'il propose n'a pas du tout été arbitré, c'est mélanger les genres. C'est-à-dire qu'il y avait un vrai risque que le lendemain les journaux écrivent : "Voilà, le gouvernement a décidé que". C'était dangereux. On lui a donc demandé de ne pas sortir ce rapport. Il avait pris l'initiative, on l'a arrêté au dernier moment. C'est moi qui ai proposé à Mauroy de l'arrêter, parce que c'était trop dangereux Et on a bien fait, parce qu'ensuite on a pu expliquer. Mais là, il était parti pour dire : "On va faire ci, on va faire ça[194]." »

Ainsi, il s'agissait pour lui d'éviter de provoquer des réactions telles qu'elles auraient bloqué durablement toute possibilité de réforme. Le souvenir de la destinée des travaux de la commission Sudreau, enlisés dans les sables après les protestations qu'ils suscitèrent, a peut-être joué pour créer cet état d'esprit.

---

193. CAC 19850743 G375, lettre de Jean Auroux à Pierre Mauroy, 30 septembre 1981.
194. Entretien avec Bernard Brunhes.

La réception du rapport par l'opinion publique et les acteurs sociaux était donc attendue avec anxiété au sein du gouvernement. Jugeant le rapport «excellent», le représentant du ministre de l'Industrie, lors de la réunion interministérielle du 6 octobre, en tirait comme conclusion qu'il serait «certainement critiqué des deux côtés à la fois car il est réaliste et ambitieux[195]». Certains auteurs ont pu valider *a posteriori* ce pronostic, au point d'évoquer une véritable «levée de boucliers» à son encontre[196]. Il est certain que le ministère du Travail chercha le plus possible à dissiper les craintes, expliquant longuement l'esprit et la lettre de ses projets. Reprenant temporairement les habitudes de son ancien métier, Jean Auroux se fit lui-même le pédagogue de sa réforme, en publiant, quelques jours après sa conférence de presse avortée, une longue défense et illustration de son rapport dans le journal *le Monde*[197]. Il semblerait qu'il ait globalement réussi dans son entreprise puisqu'il nous paraît difficile de parler d'une vraie «levée de boucliers» : des oppositions et des critiques parfois virulentes purent certes s'élever, mais on serait bien en peine de mettre en évidence une virulente polémique embrasant soudainement le paysage politique et social français.

L'accueil réservé au rapport par la presse nationale est assez révélateur de cet état de fait : il fut naturellement contrasté selon les options philosophico-politiques fondamentales de chaque journal, mais ne fut au fond guère passionné. *Le Monde* accueillit ainsi plutôt favorablement l'œuvre ministérielle, tout en regrettant à demi-mot son manque de pugnacité sur certains points et notamment le droit d'expression[198]. *Le Figaro*, après avoir tremblé quelques jours plus tôt devant la perspective de la mise en place de «sections politiques dans les entreprises[199]», réclamées par les maximalistes du PS, salua, quant à lui, avec soulagement le «souci de réalisme et de modération du ministre du Travail», tout en émettant diverses critiques sur les principales mesures annoncées (obligation de négocier, limitation du travail temporaire, procédures d'extension des conventions collectives). *Le Quotidien de Paris* adopta lui aussi un ton critique, reprochant au rapport d'aller «au-delà des syndicats[200]» et prit sur lui d'affirmer qu'une «polémique» était en train de naître, laquelle polémique ne sembla cependant pas s'épanouir en dehors de ses propres colonnes. Sur le fond, il s'alignait sur tous les points sur la

---

195. CAC 19850743 G375, «Compte rendu de la réunion interministérielle tenue le mardi 6 octobre 1981 à 15 heures à l'Hôtel Matignon, sous la présidence de M. Brunhes, conseiller pour les affaires sociales au cabinet du Premier ministre», 6 octobre 1981.
196. Selon l'expression de Jacques Le Goff, *art. cit.*, p. 27.
197. *Le Monde* du 11-12 octobre 1981.
198. *Le Monde* du 15 octobre 1981.
199. *Le Figaro* du 1ᵉʳ octobre 1981.
200. *Le Quotidien de Paris*, 3-4 octobre 1981.

Les droits des travailleurs, par Jean Auroux, ministre.

position de FO dont, par la suite, il relaya d'ailleurs constamment le discours et les arguments (que nous présenterons plus loin)[201]. En réalité, et de manière un peu surprenante à première vue, les critiques les plus virulentes vinrent plutôt des journaux de gauche, d'ailleurs non pas tant des milieux communistes que de l'extrême-gauche autogestionnaire. *L'Humanité*, suivant en cela la CGT, jugea ainsi que le rapport présentait certes des «insuffisances regrettables» (par exemple le maintien du règlement intérieur), mais salua néanmoins l'«importante panoplie de droits nouveaux» qu'il contenait[202]. En revanche, *Libération*, par ailleurs le seul à consacrer son principal titre de une au rapport, se déchaîna en énormes caractères contre la «faute du ministre Auroux». Le maire de Roanne était ainsi accusé d'avoir transformé «ce qui aurait dû être l'enfant-roi de la "nouvelle citoyenneté" socialiste dans l'entreprise» en un «bide» retentissant[203]. Tout en appelant à ne pas «tirer sur le pianiste», le journal, qui dans les jours précédant la publication du rapport avait largement ouvert ses colonnes au credo autogestionnaire[204], prit cependant bien soin de ne pas appliquer ses propres recommandations. «Le pouvoir patronal, le pouvoir d'embaucher, de fixer le salaire, traversent les propositions "Auroux" sans la moindre blessure profonde. Sinon d'amour propre», constatait avec dépit le quotidien de gauche. Cela le conduisit quelques jours plus tard à considérer le rapport comme «quasi nul[205]». Au fond, cette violente réaction n'était guère surprenante, tant le rapport Auroux était loin de constituer la concrétisation du projet autogestionnaire militant que le quotidien célébrait dans ses colonnes. Seul motif de satisfaction affiché par *Libération*, justifiant le maintien d'un «quasi» pour contrebalancer le sans doute trop lapidaire épithète «nul»: le maintien (certes en annexe) de la possibilité pour le comité d'hygiène et de sécurité d'arrêter les machines en cas de danger. Satisfaction qui devait, par la suite, vite s'avérer illusoire et précaire!

Quant aux partenaires sociaux, ils furent eux aussi très partagés. Sans surprise, la commission exécutive de la CFDT se félicita de voir reprises un certain nombre de ses propositions, au premier rang desquelles l'obligation de négocier annuellement la limitation du recours à l'emploi précaire et le droit d'expression, même si elle regrettait que ce dernier soit réservé aux entreprises de plus de 300 salariés[206]. Les dispositions en faveur du renforcement des attributions du comité d'entreprise et des conventions collectives rencontraient aussi l'approbation de la centrale

---

201. *Le Quotidien de Paris*, 9 octobre 1981.
202. *L'Humanité*, 9 octobre 1981.
203. *Libération*, 9 octobre 1981.
204. *Libération*, 29 septembre 1981.
205. *Libération*, 12 octobre 1981.
206. Cité dans *Le rapport et les lois Auroux*, Paris, Liaisons sociales, 1984, p. 42.

d'Edmond Maire. Cependant, le satisfecit n'était pas intégral : la CFDT regrettait en effet une « impasse importante » du rapport envers les PME, « pratiquement aucune mesure concrète » n'étant prévue à leur égard, alors que selon elle « un travailleur d'une PME [devait] avoir dans les faits autant de droits qu'un autre ». Un peu plus critique, la CGT affirmait publiquement qu'un « certain nombre de mesures concrètes [allaient] dans le bon sens, mais que bon nombre [restaient] cependant encore bien loin de prendre l'ampleur nécessaire [...] aux besoins réels[207] », tout en regrettant que certaines de ses propositions (notamment le droit d'intervention du comité d'entreprise) n'aient pas été retenues. Au fond, la philosophie contractualiste du rapport lui était étrangère : quelques mois plus tard, au moment de peser sur les débats préparatoires au passage des lois Auroux au Parlement, Gérard Gaumé, secrétaire de la CGT, critiqua justement le rapport sur cet aspect, affirmant qu'il fallait au contraire « raisonner d'abord en termes de pouvoir et donc de rapports de force » et que, de ce fait, le rapport Auroux « sonn[ait] plutôt creux[208] ». Pour la centrale proche des communistes, les droits nouveaux des travailleurs ne pouvaient donc s'imposer que contre la résistance patronale. De ce fait, le recours à la contrainte de la loi était nécessaire : « C'est donc dans la loi, expression de la majorité, qu'on trouvera les moyens de faire valoir le nouveau cours des choses et de donner un certain nombre de moyens réels aux travailleurs [...]. Seule la législation peut créer ce corps de droits fondamentaux, égaux pour tous et réduire ainsi les graves inégalités actuelles[209]. »

Les autres centrales syndicales se montrèrent beaucoup plus critiques à cause de divergences de fond bien sûr, mais aussi, pour dire vrai, parce que certaines dispositions du rapport remettaient en cause leur pré carré. FO jugeait ainsi « tout à fait acceptables les propositions tendant à donner aux comités d'entreprise les moyens d'exercer un réel contrôle en matière économique ». En revanche, la centrale réformiste rejetait toutes les mesures qui lui paraissaient fragiliser les prérogatives syndicales ou les institutions représentatives du personnel. Ainsi, elle jugeait « dangereuses les mesures de fusion des instances de comité d'entreprise et de délégués du personnel dans les petites entreprises comme la reconnaissance d'un droit d'expression directe des salariés sur leurs conditions de travail », car elles étaient susceptibles de remettre en cause « la primauté de l'organisation syndicale[210] » dans les relations sociales. FO était de manière générale farouchement opposée à la « création

---

207. Déclaration du bureau confédéral de la CGT du 9 octobre 1981. *Ibid.*, p. 41-42.
208. Gérard GAUMÉ, « Le temps de la démocratie dans l'entreprise », in *Droit social* n° 4, avril 1982, p. 269.
209. CAC 19850743 G375, « Pour une première étape positive des droits des travailleurs », 28 octobre 1981.
210. CAC 19850743 G375, lettre d'André Bergeron à Pierre Mauroy, 23 octobre 1981.

Les droits des travailleurs, par Jean Auroux, ministre.

d'assemblées irresponsables qui, sous l'appellation de "conseils d'ateliers", de "services", de "bureaux" ne [pouvaient] conduire qu'à la confusion générale ». Attachée à ce que « l'entreprise reste le lieu d'opposition d'intérêts économiques entre patrons et salariés », elle était violemment hostile à tout ce qui pouvait ressembler à une prise de responsabilité économique dans la gestion de l'entreprise de la part des syndicats et à tout ce qui pourrait « faire de l'entreprise un terrain d'affrontements politiques[211] », deux aspects qu'elle croyait discerner derrière la mise en place du droit d'expression. Enfin, elle critiqua durement la rénovation de la négociation collective proposée par Jean Auroux, jugeant « inacceptables » la réintroduction d'une forme de droit de veto syndical à l'extension des conventions collectives[212] ainsi que l'exclusion des syndicats trop minoritaires du cadre de l'obligation de négocier. Il faut dire que ces deux mesures remettaient complètement en cause la pratique des accords minoritaires largement utilisée dans les années 1970 par FO, qui était alors le partenaire privilégié pour le CNPF en matière de négociation, alors que dans le même temps la CGT ne signait jamais aucun accord et la CFDT très rarement. Les commentaires de l'époque stigmatisant le « corporatisme » de FO dans ses réactions envers les projets Auroux n'étaient donc pas complètement dénués de vérité[213].

Il n'est pas étonnant de retrouver la même critique dans les deux dernières organisations syndicales, CFTC et CGC, qui avaient également coutume de pratiquer l'accord minoritaire. Ce fut la CGC qui fut la plus virulente, la CFTC restant plutôt nuancée[214]. En effet, la centrale cadre se sentit directement menacée par certaines mesures du rapport Auroux, dans ses prérogatives, voire dans son existence même : il s'agissait d'une part, de la limitation introduite à la pratique de l'accord minoritaire et, d'autre part, de la possibilité offerte aux centrales ouvrières d'ébrécher la domination presque exclusive de la CGC parmi les cadres[215]. Le rapport prévoyait en effet que dans les entreprises de plus de 500 salariés, « toute organisation appartenant à une organisation syndicale ouvrière qui aura un élu au 2e ou au 3e collège (cadres) au comité d'entreprise, pourra désigner un délégué syndical supplémentaire parmi ses adhérents cadres ». Naturellement applaudie par les filiales « cadres » de la CFDT et de la CGT, auxquelles elle profitait directement, cette disposition fit au contraire bondir la CGC qui considéra qu'elle était une attaque directe du gouvernement à son encontre.

---

211. Communiqué de la CGT-FO du 8 octobre 1981, cité dans *Le rapport et les lois Auroux...*, op. cit., p. 43.
212. *Cf.* Jean Auroux, *op. cit.*, p. 31.
213. *Le Monde* du 15 octobre 1981 et *Libération* du 12 octobre 1981.
214. *Cf.* son communiqué du 8 octobre 1981, in *Le rapport et les lois Auroux...*, op. cit., p. 43.
215. Jean Auroux, *op. cit.*, p. 67.

Jean Menu, son secrétaire général, déclara ainsi de manière tonitruante qu'« entre le ministre du Travail et la CGC, l'état de guerre venait de remplacer l'état de grâce[216] ». Ce fut également la CGC qui prononça les condamnations les plus virulentes contre le droit d'expression, criant à la « soviétisation » des entreprises françaises, sans même attendre d'ailleurs la publication officielle du rapport[217].

Finalement, les principaux opposants à la réforme du côté des partenaires sociaux furent à ce stade FO et la CGC, et non le patronat. Le CNPF se tint ainsi plutôt en retrait, publiant, certes, un communiqué dans lequel il affirmait que le rapport posait des problèmes d'une « extrême gravité » et était source de « très vives préoccupations parmi les chefs d'entreprise », mais décida dans le même temps de ne pas réagir plus avant, préférant organiser un référendum interne sur la question[218]. De ce fait le CNPF fut quasiment muet sur les projets Auroux jusqu'à ce que le premier vice-président du CNPF, Yvon Chotard, déclare avec fracas en février 1982 qu'il n'était pas question « d'abandonner aux syndicats toute la politique sociale de l'entreprise[219] ». Dans l'intervalle, le CNPF fut loin d'être le plus virulent : selon Bernard Brunhes, le CNPF « n'était pas vent debout » sur la question des droits nouveaux, jugement confirmé par Pierre-Louis Rémy, qui raconte volontiers aujourd'hui que Jean Neidinger, directeur des affaires sociales du CNPF, lui confia un jour que les lois Auroux « n'étaient pas le plus grand reproche » que le patronat pouvait formuler à l'égard du gouvernement.

Ainsi, les protestations les plus virulentes à l'encontre du rapport Auroux vinrent d'une part de l'extrême-gauche autogestionnaire, déçue de ne pas y retrouver de remise en cause du pouvoir patronal dans l'entreprise, et de certains partenaires sociaux minoritaires qui se sentaient menacés par quelques-unes de ses dispositions. Il n'y eut pas pour autant de polémique exacerbée, du moins pas dans l'immédiat. Le sujet fut vite chassé dans les médias par la discussion du projet de loi sur les nationalisations menée au Parlement à la même période. Il ne revint réellement sur le devant de la scène qu'au moment où furent déposés les différents projets de loi issus du rapport, c'est-à-dire au printemps 1982

---

216. Cité dans *Le Monde* du 10 octobre 1981.
217. *Le Figaro* du 8 octobre 1981.
218. *Le Monde* du 11 octobre 1981.
219. *Le Monde* du 9 février 1982.

Les droits des travailleurs, par Jean Auroux, ministre.

Deuxième partie
Du rapport à la loi

Une fois le rapport rédigé et publié, l'affaire était encore loin d'être jouée. En effet, le ministre du Travail avait pris soin de préciser, il est vrai un peu contraint et forcé, que ce rapport était une base de travail, encore largement ouverte à de possibles modifications et amendements. De fait, les choses n'étaient pas encore définitivement fixées, situation que chacun, dans le monde politique et social, comptait mettre à profit pour poser à nouveau sur la table ses propositions ou ses exigences. Dans le même temps, la conjonction de l'accumulation de réformes de grande ampleur (comme par exemple les nationalisations ou bien encore la décentralisation) et de la stratégie d'obstruction de l'opposition (qui multipliait les amendements pour retarder la progression des débats) provoqua un formidable embouteillage parlementaire. Devant le risque de paralysie et soucieux de mener au plus vite des réformes qui lui paraissaient essentielles, le gouvernement décida de légiférer par ordonnances dans le domaine social. C'est ainsi qu'un important volet du rapport, celui sur l'encadrement du travail précaire, fut au début de 1982 transposé dans la législation au moyen de deux ordonnances, la première portant sur le travail temporaire[220] et la seconde sur le travail à temps partiel[221]. Cette démarche correspondait à la priorité que le gouvernement souhaitait donner à la lutte pour l'emploi. En revanche, il choisit

---

220. Ordonnance du 5 février 1982.
221. Ordonnance du 26 mars 1982.

de passer par une procédure législative classique pour traduire les autres dispositions contenues dans le rapport, finalement adoptées au terme de débats marathon. L'année 1981 avait été l'année du rapport Auroux ; l'année 1982 fut celle des quatre lois Auroux qui impressionnèrent au premier chef par leur volume. Au terme de cette année, Jean Auroux pouvait ainsi se demander s'il n'avait pas jeté les bases d'un « nouveau droit du travail[222] ». Le journal *Le Monde* écrivait de son côté que « 1982 sera vraisemblablement considérée comme une des années les plus riches en réformes du droit du travail, au même titre que les années 1936, 1945-1946 et dans une moindre mesure 1968[223] ». La mise sur orbite de ces quatre lois fut pourtant loin d'être simple.

---

[222]. Jean Auroux, « Un nouveau droit du travail ? », *Droit social*, 1983, n° 1, p. 2.
[223]. *Le Monde, Dossiers et documents. Les élections législatives du 16 mars 1986*, p. 21-23. Cité dans Jean-Jacques Becker (avec la collaboration de Pascal Ory), *op. cit.*, p. 270.

Chapitre IV
Écrire un monument législatif

La masse législative produite au cours de l'année 1982 fut quantitativement considérable. En plus des ordonnances, quatre lois furent examinées puis adoptées par le Parlement au cours de cette année là : la loi du 4 août 1982 relative aux libertés des travailleurs dans l'entreprise, la loi du 28 octobre 1982 relative au développement des institutions représentatives du personnel, la loi du 13 novembre 1982 relative à la négociation collective et au règlement des conflits du travail et enfin la loi du 23 décembre 1982 relative aux comités d'hygiène, de sécurité et des conditions de travail. Ces lois furent construites à partir des fondations jetées par le rapport Auroux et furent, pour l'essentiel, élaborées durant le dernier trimestre 1981, suivant un *tempo* toujours fort rapide.

La machine gouvernementale

Après la publication du rapport, plusieurs problèmes se posaient au gouvernement. Le premier d'entre eux était celui du calendrier à adopter : la question de l'étalement dans le temps des réformes issues du rapport n'était en effet pas encore tranchée. Fallait-il aller le plus vite possible pour répondre à l'ardeur réformatrice qui animait le Parti socialiste, ou bien au contraire temporiser pour ne pas effaroucher des patrons déjà éprouvés par le contexte économique général ? La question se posait aussi du fait de l'accumulation des projets de réforme sociale qui se bousculaient en grand nombre, chaque ministre défendant âprement ses textes. Il restait également à déterminer quelle forme devaient prendre les réformes du droit du travail, car tous les points délicats n'étaient encore tranchés alors même que les partenaires sociaux s'efforçaient d'influer sur l'écriture des lois.

Le calendrier initial de réforme du code du travail, tel qu'il avait été fixé quelques jours avant la publication du rapport, était clair. Lors du Conseil des ministres du mercredi 4 novembre, le ministre du Travail devait faire une communication relative aux orientations futures en matière de droit du travail. L'adoption du projet de Jean Auroux par le Conseil des ministres était, quant à elle, planifiée pour le 2 décembre 1981[224]. Par ailleurs, un premier examen des réformes à mener pour concrétiser les mesures présentes dans le rapport concluait à la nécessité de faire adopter pas moins de sept lois différentes, la question de la mise en place du droit d'expression restant, par ailleurs, en suspens et soumise à « concertation supplémentaire » même si le principe en était d'ores et déjà retenu. On s'acheminait donc vers la rédaction d'un ensemble très touffu, portant sur les sujets les plus divers.

Devant cet état de fait, Matignon ne renonça pas immédiatement à son idée d'échelonner les réformes dans le temps, allant ainsi à l'encontre des désirs du ministère du Travail. Pour Jean Auroux, il était en effet « essentiel que la traduction législative de ce rapport s'effectue globalement et dans le même ensemble de textes ». C'était en effet pour lui le meilleur moyen de couper court à l'« attentisme » des chefs d'entreprise, alors qu'au contraire « tout étalement dans le temps de ces mesures aurait pour conséquence directe de prolonger leur inquiétude sur ce qui pourrait advenir de projets qu'ils semblent prêts à appliquer ». Surtout, il concevait son rapport comme un tout, « la mise en œuvre concrète d'une partie du rapport au détriment des autres [conduisant selon lui] à des déséquilibres préjudiciables à la réussite du projet global[225] ». En bref, pour le ministère du Travail, il n'était « pas possible de saucissonner » le rapport sur les droits nouveaux des travailleurs, comme l'affirma Michel Praderie, le directeur de cabinet de Jean Auroux lors d'une réunion interministérielle tenue au début du mois d'octobre 1981[226].

---

224. CAC 19850743 G375, « Compte rendu de la réunion interministérielle tenue le mardi 6 octobre 1981 à 15 heures à l'Hôtel Matignon, sous la présidence de M. Brunhes, conseiller pour les affaires sociales au cabinet du Premier ministre », 6 octobre 1981.
225. CAC 19850743 G375, lettre de Jean Auroux à Pierre Mauroy, 30 septembre 1981.
226. Archives privées de René Cessieux, carnet « Juillet 1981 ».

Tout en approuvant globalement le fond du rapport, l'entourage du Premier ministre chercha pourtant encore, dans les semaines suivant sa publication, à étaler les réformes dans le temps. René Cessieux, en particulier, insista à la fin du mois d'octobre pour que l'entreprise ne soit pas menée «d'un bloc», mais pour qu'au contraire soient privilégiés deux ou trois thèmes clé (travail temporaire, libertés publiques, obligation de négocier[227]). Il expliqua sa position au Premier ministre peu de temps avant un comité interministériel devant se tenir le 29 octobre et qui devait rendre les arbitrages nécessaires à propos du calendrier. Il proposait ainsi de différer certaines des réformes prévues :

> «J'attire votre attention sur l'ampleur législative que représentent ces textes. Il s'agit en effet, ni plus ni moins, de réviser environ 1/4 du code du travail. À cela s'ajoute le fait que le ministère du Travail doit présenter début 1982 une réforme de la loi sur les prud'hommes. Il pourrait donc être intéressant de proposer au Conseil des ministres un calendrier d'application du rapport Auroux qui, sans remettre en cause ses principes généraux et son esprit, reviendrait à échelonner dans le temps la réforme du droit des travailleurs. Dans cette seconde hypothèse, il serait nécessaire de présenter en priorité la réforme des lois sur le travail temporaire et le contrat à durée déterminée. L'incidence de ces réformes sur le marché du travail et le chômage est en effet quasi directe. Cette réforme s'intègre donc bien dans la priorité que constitue l'emploi.
>
> L'obligation de négocier et la réforme de la loi de 1950 constituant la pierre angulaire du projet, ces textes devraient être examinés, eux aussi, en priorité. On pourrait par contre présenter au Parlement ultérieurement (fin 1982, 1983) les textes concernant les institutions représentatives du personnel et le droit d'expression des salariés[228]. »

Cependant, René Cessieux dut rencontrer assez vite, au sein même du cabinet, des oppositions à un report aussi important. Dans une deuxième version de sa note au Premier ministre, sans renoncer à un échelonnement, il proposa en effet de remettre la discussion des textes les moins urgents au «printemps 1982[229] », ce qui constituait tout de même un délai deux fois moins important que le précédent.

Dans le même temps, Jean Auroux revint à la charge pour préserver l'unité de ses projets. Dans une note préparatoire à ce même conseil interministériel du 29 octobre 1981, il reprenait les arguments qu'il avait déjà exposés à Pierre Mauroy quelques semaines plus tôt, à savoir que sa réforme formait un tout et que son adoption rapide permettrait aux

---
227. CAC 19850743 G375, note de René Cessieux à Bernard Brunhes, 23 octobre 1981.
228. CAC 19850743 G375, note de René Cessieux à Pierre Mauroy, 28 octobre 1981.
229. CAC 19850743 G375, note de René Cessieux à Pierre Mauroy, 29 octobre 1981.

Écrire un monument législatif

syndicats et aux chefs d'entreprise de savoir à quoi s'en tenir sur les nouveaux droits des salariés. Il avançait qu'un «texte unique pourrait donc être présenté au Parlement au début de l'année 1982[230]». Lors du comité restreint du 29 octobre, auquel participèrent un certain nombre de ministres (dont Jean Auroux), Pierre Mauroy trancha finalement dans le sens d'une «adoption [des futurs textes de loi] au printemps 1982[231]», soit *grosso modo* ce que René Cessieux lui avait finalement proposé. Étant donné l'encombrement du calendrier législatif, le Premier ministre signifiait, par cette décision, l'importance politique qu'il attachait à cette réforme, même s'il ne donnait pas entièrement satisfaction à son ministre du Travail. Sans qu'il apparaisse explicitement dans nos archives, l'appui de l'Élysée a pu aussi être déterminant. Jean Auroux témoigne ainsi aujourd'hui de ce qu'il a pu se prévaloir du soutien constant de François Mitterrand, ce qui lui a permis d'éviter de voir ses textes repoussés à des temps moins encombrés : «Comme il y avait beaucoup de demandes parlementaires, c'était lui qui souvent a réussi à faire imposer (avec Mauroy) mes textes à l'ordre du jour. Parce que c'était la bagarre [avec les autres ministres][232] ! ».

Le rapport lui-même fut examiné en Conseil des ministres le 4 novembre 1981, Jean Auroux y faisant à cette occasion une longue communication pour présenter les réformes qu'il entendait mener. Le ministre du Travail souligna de nouveau, à cette occasion, la philosophie contractualiste qui l'animait («la négociation constitue la pierre angulaire des nouveaux rapports dans l'entreprise») et annonça que la concertation avec les partenaires sociaux, en vue de préparer des textes de lois, était lancée[233].

Le calendrier fut par la suite encore modifié sous l'influence des circonstances : devant l'afflux de réformes de toutes sortes et le risque d'explosion du calendrier parlementaire, Pierre Mauroy proposa, lors du Conseil des ministres du 18 novembre, de recourir aux ordonnances en matière sociale[234]. Il s'agissait aussi pour le gouvernement de ne pas se laisser déborder par la majorité parlementaire. René Cessieux admet ainsi aujourd'hui que «la raison officielle c'est qu'on voulait aller vite pour prendre un certain nombre de décisions, mais la raison officieuse, c'était qu'on avait peur d'une majorité qui était quand même très large

---

230. CAC 19850743 G375, note de Jean Auroux en vue du comité interministériel du 29 octobre 1981, 28 octobre 1981.
231. CAC 19850743 G375, «Relevé de décisions du comité restreint du jeudi 29 octobre 1981 à 14h30», 30 octobre 1981.
232. Entretien avec Jean Auroux.
233. CAC 19850743 G375, «Communication du ministre du Travail sur les droits des travailleurs», 30 octobre 1981.
234. Pierre Favier et Michel Martin-Roland, *op. cit.*, p. 188.

et qui pouvait nous déborder[235] ». Les dispositions relatives au temps partiel et au travail temporaire furent donc adoptées en recourant à cette procédure et ne firent donc pas partie des « lois Auroux » en tant que telles. De même, les problèmes relatifs à « l'intervention du comité d'entreprise en cas de difficulté » furent renvoyés au ministère de la Justice, pour être intégrés dans une loi portant sur « la prévention et le traitement des entreprises en difficulté[236] ». Si l'on excepte ces points, les mesures contenues dans le rapport publié au début du mois d'octobre furent donc traduites dans des lois, adoptées lors du Conseil des ministres du 25 mars 1982 et discutées au Parlement dans la foulée.

À ce stade commençaient véritablement les premiers échanges interministériels, alors que, durant l'été 1981, le rapport avait été rédigé par le ministère du Travail de manière très largement autonome. L'impulsion continua naturellement à être donnée par la rue de Grenelle, et particulièrement par Martine Aubry, assistée notamment du juriste Gilles Bélier[237], alors que la machine gouvernementale était désormais relativement rodée. Durant les mois d'octobre et de novembre, un certain nombre de réunions interministérielles furent l'occasion d'engager le débat au sein du gouvernement sur quelques points, sans pour autant, d'ailleurs, que se manifestent d'énormes divergences. Les désaccords qui purent s'exprimer à ce moment étaient, au fond, limités et ne causèrent pas d'épreuve de force. René Cessieux put ainsi rendre compte de ces réunions au Premier ministre en soulignant que « l'ensemble du rapport, sa logique interne, ne sembl[ai]ent pas poser de problèmes majeurs aux différents départements ministériels » et qu'il était considéré d'une manière générale « comme un compromis acceptable[238] ».

Quelques discussions s'engagèrent toutefois à l'initiative des ministres communistes qui tentèrent de muscler un peu les propositions Auroux. Ainsi, la réunion interministérielle du 27 octobre 1981 fut l'occasion d'une passe d'armes entre le représentant du ministre des Transports (c'est-à-dire du communiste Charles Fiterman) et celui du ministre du Travail. Alors que la plupart des participants à cette réunion se limitèrent dans leurs interventions à des points techniques et de manière générale aux aspects des projets de réforme touchant directement à leur domaine de compétence, le représentant du ministère des Transports suscita un débat à plus large portée. Du côté communiste, on réclamait ainsi la suppression du règlement intérieur dans les entreprises et

---

235. Entretien avec René Cessieux.
236. CAC 19850743 G375, note de René Cessieux à Pierre Mauroy, 28 octobre 1981.
237. Entretien avec Pierre-Louis Rémy.
238. CAC 19850743 G375, note de René Cessieux à Pierre Mauroy, 28 octobre 1981.

son remplacement par un « cadre législatif », ce qui correspondait à ce que réclamait la CGT sur le sujet. Par ailleurs, le seuil prévu pour déclencher la mise en place du droit d'expression (soit 300 salariés dans l'entreprise) était jugé trop élevé, le ministère des Transports proposant de retenir plutôt le chiffre de 100 salariés. Au-delà de ces deux points précis, les divergences touchaient en réalité à la philosophie même de l'action à entreprendre pour modifier le code du travail. C'est en tout cas sur ce terrain que répliqua Michel Praderie, arguant que « la loi définit les libertés globales, mais qu'elle ne peut définir les normes ». Il souligna par ailleurs qu'il importait de ne pas « ôte[r] le pouvoir au chef d'entreprise » et qu'il fallait, pour cela, se contenter de donner à l'inspection du travail un pouvoir de contrôle du règlement intérieur. À propos de l'abaissement du seuil prévu pour le droit d'expression, le directeur de cabinet de Jean Auroux argumenta que « l'expression directe » était plus facile dans les PME et, après que le représentant des Transports fut revenu à la charge, il finit par mettre en avant le risque de création de « syndicats bidons » dans les petites entreprises, créés spécialement pour appliquer les accords sur l'expression[239]. Le relevé de décisions produit à l'issue de cette réunion par le secrétariat général du gouvernement se contenta, quant à lui, de noter le différend, sans qu'il ait été tranché à ce stade[240]. Il eut ensuite, nous le verrons, une certaine influence sur le texte du projet de loi. Le ministère des Transports intervint enfin sur quelques autres points mineurs et toujours pour demander à la rue de Grenelle d'aller plus loin dans ses projets. Le ministère de la Formation professionnelle (qui avait à sa tête un autre communiste, Marcel Rigout), essaya lui aussi de peser en ce sens. C'est ainsi qu'il demanda un renforcement du rôle économique des comités de groupe et surtout un réexamen des dispositions allégeant la représentation du personnel dans les entreprises de moins de 100 salariés[241]. Autant que l'on puisse en juger au vu de nos sources, ce fut la seule tentative des ministres communistes de peser conjointement sur l'élaboration des textes. Cette tentative était d'ailleurs loin d'être particulièrement virulente, les points abordés ne remettant pas fondamentalement en cause le cœur de projets Auroux, loin de là.

Dans le même temps, Matignon exerça une pression constante sur le ministère du Travail pour que celui-ci ménage les PME. Une fois remis au Premier ministre, le rapport Auroux avait ainsi été soigneusement épluché par un comité d'experts appelé « Groupe Matignon » (qui se

---

239. CAC 19850743 G375, notes manuscrites de René Cessieux, 27 octobre 1981.
240. CAC 19850743 G375, « Relevé de décisions de la réunion interministérielle tenue le mardi 27 octobre 1981 sous la présidence de M. Brunhes, conseiller pour les affaires sociales du Premier ministre », 27 octobre 1981.
241. CAC 19850743 G375, notes manuscrites de René Cessieux, 27 octobre 1981.

réunissait chaque semaine pour travailler sur les grands dossiers de politique économique et sociale) afin de s'assurer que les mesures proposées ne pèseraient pas trop lourd sur les comptes des entreprises[242]. Dans une lettre écrite à Jean Auroux le 8 octobre 1981[243], le Premier ministre lui ordonna, par ailleurs, d'examiner avec les partenaires sociaux « la possibilité de donner un certain délai aux entreprises dépassant les seuils de 10 et 50 salariés pour se conformer aux obligations de la loi », ces seuils correspondant respectivement à la mise en place d'un délégué du personnel et du comité d'entreprise. Lors de la réunion interministérielle du 27 octobre, « le cabinet du Premier ministre demand[a] au ministère du Travail un assouplissement du mode d'application des seuils sociaux ». En clair, il s'agissait, d'après Bernard Brunhes, de « laisser un délai d'un an » aux entreprises franchissant les seuils sociaux pour mettre en place les institutions représentatives du personnel correspondantes[244]. Il s'agit sans doute ici de l'écho de revendications venues des organisations de petites et moyennes entreprises, la question de ces seuils étant éminemment sensible pour ces dernières. On peut faire l'hypothèse que Matignon voulait donner une contrepartie aux PME pour les rassurer et éviter un tollé qui aurait empêché la réforme du droit du travail d'avancer, alors que, dans le même temps, les contacts que le gouvernement avait avec les petites et moyennes entreprises révélaient leur « sensibilité à fleur de peau » et leur crainte de voir les projets gouvernementaux encore durcis[245].

La feuille de route de Jean Auroux, telle qu'elle avait été fixée à l'issue du Conseil des ministres du 4 novembre 1981, mentionnait explicitement la volonté du gouvernement de mener la réforme du code du travail « en concertation avec les organisations patronales et syndicales[246] ». La formule est certes fort convenue lorsqu'il s'agit pour le pouvoir politique d'entreprendre des réformes sociales. Cependant, il est frappant de constater qu'un bon nombre d'acteurs de cette époque insistent dans leur témoignage sur l'intensité des relations entre le pouvoir socialiste et les partenaires sociaux dans la genèse des lois sur les droits nouveaux des travailleurs. Jean Auroux, lui-même, raconte aujourd'hui comment il a multiplié les petits-déjeuners en tête à tête avec les responsables syndicaux pour parvenir à un accord sur tel ou tel point des textes en discussion, même s'il confesse que tout cela n'a pas

---

242. CAC 19850743 G375, « Récapitulation indicative des charges nouvelles imposées aux entreprises », 22 octobre 1981.
243. CAC 19850743, lettre de Pierre Mauroy à Jean Auroux, 8 octobre 1981.
244. CAC 19850743 G375, notes manuscrites de René Cessieux, 27 octobre 1981.
245. CAC 19850743 G33, note de Robert Métais du 18 septembre 1981.
246. Communiqué du Conseil des ministres du 4 novembre 1981. Cité dans *Le Monde* du 6 novembre 1981.

été sans mal, voire a été parfois « laborieux[247] ». Lui-même est aujourd'hui loué par ceux qui l'ont alors côtoyé pour le sens du dialogue et de l'écoute dont il fit preuve à cette occasion. Dans le même temps, les archives montrent néanmoins que les relations entre la rue de Grenelle et les syndicats étaient loin d'être idylliques. À l'automne 1981, Bernard Brunhes pouvait ainsi signaler à Pierre Mauroy que « les trois *leader* syndicaux, André Bergeron, Henri Krasucki et Edmond Maire, continu[ai]ent malheureusement à être *très* critiques à l'égard du ministère du Travail[248] ». Quelle place exacte le dialogue social a-t-il donc joué au cours de la période d'écriture des projets de lois ?

De toute évidence les partenaires sociaux n'eurent pas tous le même poids dans les discussions, ni d'ailleurs la même volonté conciliatrice. Le patronat fut tout d'abord, nous l'avons dit, globalement opposé au rapport Auroux ainsi qu'à sa transposition législative, tant en ce qui concerne le CNPF que la CGPME. Cependant, le CNPF ne rejeta pas en bloc l'ensemble du rapport, concentrant en réalité ses critiques surtout sur l'obligation de négocier introduite au niveau de l'entreprise, comme en témoigne aujourd'hui Jean-Paul Jacquier, alors membre de la commission exécutive de la CFDT[249]. Reçu à Matignon en novembre 1981, Jean Neidinger, un des hauts responsables du secteur social de la rue Pierre-Ier-de-Serbie, après s'être plaint que Jean Auroux n'avait pas assez consulté son organisation pendant l'élaboration du rapport et affirmé que les mesures décourageant le travail temporaire créeraient « 40 000 chômeurs » supplémentaires, insista ainsi surtout sur les effets néfastes de cette obligation de négocier. Pour lui, elle aurait pour conséquences de privilégier le niveau de l'entreprise et d'« étouffe[r] la vie conventionnelle de branche[250] ». On retrouve la même tonalité dans le discours d'Yvon Chotard, premier vice-président du CNPF qui organisa la réplique patronale en février 1982. Par-delà quelques phrases chocs destinées sans doute à rassurer sa base sur la combativité de son organisation (ce qui ne réussit d'ailleurs pas complètement, nous le verrons), il opta pour une approche « latérale » plutôt que pour une attaque de front, critiquant non pas les objectifs des projets de loi, mais leurs modalités[251]. Ainsi, tout en affirmant que « le rapport Auroux [était] extrêmement grave » et en dénonçant les « apprentis sorciers[252] », il reconnut dans le même temps le bien fondé

---

247. Entretien avec Jean Auroux.
248. Centre d'archives socialistes (CAS), carton « Durée du travail. Droits des travailleurs », note de Bernard Brunhes à Pierre Mauroy, 29 novembre 1981. Souligné dans le texte original.
249. Entretien avec Jean-Paul Jacquier.
250. Archives privées de René Cessieux, carnet « Juillet 1981 ».
251. Henri WEBER, *Le parti des patrons : le CNPF (1946-1986)*, Paris, Le Seuil, 1986, p. 345.
252. Interview d'Yvon Chotard dans *Le Monde*, 9 février 1982.

de certaines mesures présentes dans le rapport. Il critiqua ainsi «l'orientation générale» de ce dernier et notamment «la transposition du langage politique à l'entreprise» qui était la raison de fond de son opposition. Il admit cependant que le rapport témoignait d'une «bonne volonté évidente» et en salua la «modération», confessant même y retrouver de «nombreuses idées qui, pour beaucoup d'entreprises, [étaient] déjà passées dans la réalité[253]».

Dès lors, les critiques patronales, hormis certains coups d'éclat isolés venus des milieux les plus conservateurs, consistèrent surtout à affirmer que les mesures Auroux, «acceptables pour certaines», formaient, une fois réunies dans leur totalité, une charge susceptible de «peser très fortement sur les entreprises, notamment les plus petites[254]», voire de les «paralyser[255]». L'organisation de la rue Pierre-Ier-de-Serbie insista ainsi sur la charge financière inacceptable que représentaient, selon elle, les projets Auroux. En mars 1982, Yvon Gattaz alla tempêter à l'Élysée que les mesures Auroux coûteraient «50 milliards aux entreprises[256]». L'estimation de ce coût faite par le CNPF se révéla cependant fort variable au fil du temps, oscillant entre 1% et 3% de la masse salariale[257]. Les relations entre le CNPF et le pouvoir socialiste étaient par ailleurs rendues difficiles par le fait que le premier reprochait au second de tenter de le contourner en lui suscitant des concurrents. Jean Neidinger, reçu à Matignon en novembre 1981, accusa ainsi le gouvernement de «jouer les périphériques[258]». Ce reproche était d'ailleurs quelque peu fondé. Durant la première année du septennat de François Mitterrand, l'Élysée chercha en effet à favoriser une officine issue d'une scission de la CGMPE, le syndicat national de la petite et moyenne industrie (SNPMI), au discours très fortement teinté de poujadisme, mais qui avait appelé à voter Mitterrand en mai 1981. Jean Auroux se déplaça ainsi au congrès de cette organisation réunie à la fin du mois de novembre, Pierre Bérégovoy y prononçant même le discours de clôture[259]. D'après Bernard Brunhes, le secrétaire général de l'Élysée voulait de la sorte faire du SNPMI une «machine de guerre» destinée à «affaiblir le CNPF». Tentative sans lendemain, du fait des outrances répétées du SNPMI, ainsi que des réticences de Pierre Mauroy lui-même, qui n'appliqua qu'*a minima* les consignes présidentielles[260], mais tentative qui contribua tout de même à irriter le CNPF.

---

253. Yvon Chotard, «Le rapport Auroux», in *Droit social*, n° 4, avril 1982, p. 259-260.
254. *Le Monde* du 9 février 1982.
255. Yvon Chotard, *art. cit.*, p. 259.
256. Jacques Attali, *op. cit*, p. 291.
257. Chiffres tirés de la recension effectuée par Henri Weber, *op. cit*, p. 345.
258. Archives privées de René Cessieux, carnet «Juillet 1981».
259. *Le Monde* du 25 novembre 1981.
260. CAC 19850743 G 33, lettre de Pierre Mauroy à Gérard Deuil (président du SNPMI), 25 février 1982.

Les syndicats, quant à eux, ne reçurent pas non plus à ce stade le même accueil de la part des équipes gouvernementales en charge du dossier des droits nouveaux. Se détachaient, là encore, un ensemble constitué de la CFDT et la CGT, les trois autres centrales légalement représentatives au plan national (FO, CFTC et CGC) se situant plus en retrait, voire, dans le cas de la CGC, adoptant très vite une attitude de franche opposition. Pour autant, ces dernières purent ponctuellement faire valoir leur point de vue, mais sans pouvoir modifier les grandes orientations des textes de loi en préparation.

Dans la lignée de ce qui s'était passé à l'été 1981, la CFDT était encore à l'automne et à l'hiver 1981-1982 le syndicat le plus en pointe sur ces questions. Cet état de fait était naturellement le résultat de la proximité idéologique entre la centrale de la rue Cadet et les membres des équipes entourant Pierre Mauroy et Jean Auroux. D'après Jean-Paul Jacquier qui, avec Albert Mercier, fut côté CFDT chargé de ces questions, « les réunions bilatérales avec le cabinet ont été très nombreuses. Discussions sur les principes, puis confrontations sur les projets d'articles de lois, c'est-à-dire des textes eux-mêmes[261] ». Jean Auroux témoigne par ailleurs de ce que la CFDT « a été la plus allante dans les propositions » à cette époque, lui-même y étant plutôt favorable, « compte tenu de [sa] philosophie contractuelle[262] ». Certains acteurs de l'époque ont même avancé l'idée d'une « coécriture[263] » des textes entre la rue de Grenelle et la CFDT. Cette idée fut cependant combattue dès 1981 : Jean Auroux lui-même se défendit de n'avoir été qu'un représentant en revendications syndicales. « Il ne faut pas voir dans [le rapport sur les droits des travailleurs] le pur et simple résultat de cette concertation [menée avec les partenaires sociaux], écrivait-il ainsi en octobre 1981 : aucune contribution, celle des organisations syndicales comme celle des représentants des chefs d'entreprise, ne s'est substituée à la décision politique, prééminente, et comptable de l'intérêt général[264] ». De la même manière, René Cessieux oppose aujourd'hui les lois Auroux, selon lui solidement construites à partir du droit du travail existant, à la loi sur la démocratisation du secteur public, préparée à la même époque par Jean Le Garrec, secrétaire d'État à l'extension du secteur public, qui n'aurait été, selon lui, qu'un assemblage bancal de desiderata syndicaux contradictoires[265]. L'absence d'archives venues du cabinet de Jean Auroux nous empêche malheureusement d'être beaucoup plus précis à ce sujet

---

261. Jean-Paul JACQUIER, *art. cit.*, p. 67.
262. Entretien avec Jean Auroux.
263. D'après Bernard Krynen, à l'époque inspecteur du travail détaché au bureau juridique de la CFDT. Cité dans Jacques LE GOFF, *art. cit.*, p. 29.
264. CAC 19850743 G375, « Note en vue du comité interministériel du 29 octobre 1981 », 28 octobre 1981.
265. Entretien avec René Cessieux.

et de trancher dans un sens ou dans un autre, même si, en tout état de cause, la CFDT continua d'être le partenaire privilégié du ministre du Travail.

Les relations avec la CGT étaient très différentes. Si le syndicat proche des communistes soutenait plutôt la réforme en cours, il était loin d'être aussi investi que la CFDT dans son élaboration et n'hésitait pas à se faire critique à l'occasion. Gérard Alezard, secrétaire confédéral de janvier 1982 à décembre 1995, se souvient néanmoins du bon climat général et de la fructueuse coopération entre son syndicat et les pouvoirs publics, en un processus à ses yeux alors « parfaitement inédit ». Il y eut ainsi, d'après lui, « du temps pour réfléchir, du temps pour discuter, la possibilité de revenir sur un certain nombre de questions, où se sont conjugués les travaux d'amendements pour les débats au Parlement avec les rencontres bilatérales avec les ministres concernés, avec leurs représentants, avec le Premier ministre aussi [266] ». Cela n'empêchait toutefois pas la CGT de pointer ce qu'elle considérait être les limites des projets Auroux : durcissant le ton par rapport à l'automne 1981, Gérard Gaumé, secrétaire du syndicat, dénonçait ainsi en avril 1982 le « décalage entre les intentions affichées et les mesures ou moyens proposés pour les réaliser », ce décalage s'étant selon lui « aggravé » au vu des projets de loi. « À ce train, on peut se demander ce qu'il restera au niveau des décrets et circulaires d'application » écrivait-il ainsi de manière peu amène. Les rapports quotidiens entre la CGT et le ministère du Travail furent donc loin d'être idylliques. Jean Auroux se montra peu à l'aise dans le « rapport de force permanent » imposé par la CGT, voire « supportait mal la CGT » selon Bernard Brunhes qui affirme avoir souvent eu un rôle de « tampon » entre le ministre du Travail et la centrale communiste. À l'occasion, les dirigeants de la CGT n'hésitèrent pas à se plaindre à Matignon : reçu en septembre 1981 par Bernard Brunhes, Henri Krasucki « critiqu[a] sévèrement » le ministre du Travail et son cabinet au moment d'aborder la question des droits nouveaux. « La CGT n'est pas maximaliste et ne demande pas, par exemple, le droit de veto, mais elle veut que les droits soient réels, qu'ils soient appliqués dans les faits » notait le compte rendu de l'entretien [267]. Dépourvue de la connivence que pouvait avoir la CFDT avec les équipes ministérielles de la rue de Grenelle et de Matignon, la CGT tenta en fait de peser sur l'élaboration des textes de lois à un autre niveau, d'abord en se servant du relais formé par les ministres communistes au gouvernement puis, quelques mois plus tard, au moment de l'examen des lois à l'Assemblée nationale.

---

266. Selon son témoignage délivré durant le colloque tenu à l'occasion des 25 ans des lois Auroux à l'université de Brest en 2007. Gérard Alezard, « Un retour sur image édifiant », in Jacques Le Goff, *op. cit.*, p. 41-46.
267. CAC 19850743 G 33, note de Robert Métais du 17 septembre 1981.

Cinq, puis quatre projets de loi

Après être passé par le filtre des discussions interministérielles et avoir été l'objet de nombreuses consultations avec les partenaires sociaux, le rapport Auroux se trouva décomposé en cinq projets de lois différents envoyés pour examen au Conseil d'État en décembre 1981. La grande majorité des mesures prévues par le rapport Auroux y figuraient, exceptées celles concernant le travail précaire (objet de deux ordonnances séparées) et celles ayant trait aux procédures d'alerte en cas de difficultés économiques. Cependant, à la suite de divers retards, l'ensemble des lois Auroux ne fut adopté en conseil des ministres qu'au mois de mars 1982.

Les derniers arbitrages interministériels furent pourtant rendus dès le mois de janvier 1982. Dans une note qu'il rédigea pour le Premier ministre à ce sujet, Bernard Brunhes mentionna le fait que les différents projets de lois avaient « été élaborés par de très nombreuses réunions interministérielles » et nota avec satisfaction qu'« ils ne [lui] sembl[ai]ent plus poser de problèmes difficiles ». Il ajouta par ailleurs que « de nombreuses modifications [avaient] été apportées à la suite des observations de ministères et de la concertation des organisations syndicales[268] ». D'après le cabinet du ministre du Travail, deux de ces modifications étaient importantes[269]. Tout d'abord, le seuil permettant l'exercice du droit d'expression était abaissé à 200 salariés par entreprise, au lieu de 300 dans le rapport présenté en octobre, cela « à la suite de demandes d'un certain nombre de ministres et de syndicats ». En réalité, il s'agissait de donner satisfaction partielle à une « demande de la CGT[270] » relayée à l'intérieur du gouvernement par le ministre des Transports communiste Charles Fiterman. Le chiffre de 200 salariés par entreprise correspondait en effet à un compromis entre celui de 300 initialement prévu et celui de 100 avancé par Charles Fiterman lors des réunions interministérielles du mois d'octobre.

La deuxième modification importante était par ailleurs la mise en place de procédures nouvelles prévues pour permettre la représentation des salariés des plus petites entreprises, c'est-à-dire des entreprises de moins de 50 salariés, voire de moins de 10 salariés, dans lesquelles il n'existe pas d'institutions représentatives du personnel. Comme l'exposait le ministre du Travail, « le texte initial ne retenait pas une formule unique et générale de représentation dans ce type d'entreprise ».

268. CAC 19850743 G375, note de Bernard Brunhes à Pierre Mauroy, 12 janvier 1982.
269. CAC 19850743 G375, note issue du cabinet du ministre du Travail, 19 janvier 1982.
270. Selon les termes de Bernard Brunhes. CAC 19850743 G375, note de Bernard Brunhes à Pierre Mauroy, 12 janvier 1982.

Plusieurs options concurrentes étaient en effet en lice entre lesquelles Jean Auroux n'avait sans doute pas voulu trancher dès la rédaction du rapport : « Diminution du seuil [...] dans certains cas », ou bien « représentation interentreprises pour les délégués du personnel ou pour les délégués syndicaux ». Chacun à sa manière, CFDT et CGT réclamaient par exemple des délégués interentreprises pour les PME. Cette formule fut toutefois rejetée : le ministère du Travail estima en effet qu'il « n'était pas souhaitable de prévoir une formule [entraînant] de manière systématique la présence de salariés étrangers à l'entreprise au sein de celle-ci », ce qui était justement la conséquence de la mise en place de délégués interentreprises. Une autre formule fut préférée : la rue de Grenelle choisit de mettre en place des « instances paritaires locales – soit professionnelles, soit interprofessionnelles – pour, à la demande de tout salarié, veiller au respect du code du travail et à l'application des accords collectifs ainsi que pour examiner les réclamations individuelles et collectives[271] ». Cette solution s'inspirait de très près de ce qu'avait pu proposer la CFDT à l'été 1981, tout en n'étant pas non plus une reprise pure et simple des idées de la centrale de la rue Cadet. La centrale syndicale avait ainsi avancé en juillet 1981 l'idée de créer des « commissions paritaires locales chargées de veiller au respect des droits des travailleurs » et voulait, par ailleurs, procéder à des regroupements de petites entreprises pour désigner des délégués communs. On constate que, finalement, seule la première proposition était ici retenue[272].

Hormis ces deux changements jugés « importants », d'autres modifications plus mineures furent également introduites dans les projets de loi, touchant par exemple au seuil déclenchant la création d'une commission économique dans le comité d'entreprise (abaissé, là aussi, à la demande de Charles Fiterman de 2 000 à 1 000 salariés), ou bien encore à l'intégration ou non des apprentis dans le calcul des effectifs mettant en jeu les seuils sociaux[273]. Mais le problème majeur auquel fut confronté le gouvernement fut celui des règles régissant la négociation collective et, plus particulièrement, la question des conditions de validité des accords d'entreprise ou de branche. Dans son rapport, Jean Auroux avait proposé de permettre à deux organisations, syndicales ou professionnelles, de s'opposer à l'extension par le ministre du Travail de conventions collectives signées par d'autres organisations minoritaires. Le but recherché était de « renforcer la crédibilité » des accords ainsi signés. Cela revenait en pratique à donner un droit de veto conjoint à

---

271. CAC 19850743 G375, note issue du cabinet du ministre du Travail, 19 janvier 1982.
272. cf. CAC 19850743 G375, « Des droits nouveaux pour les travailleurs », juillet 1981.
273. cf. CAC 19850743 G375, lettre d'André Delelis à Jean Auroux, 11 janvier 1982 ; note issue du cabinet du ministre du Travail, 19 janvier 1982 ; lettre de Pierre Mauroy à André Delelis, 8 février 1982.

la CGT et à la CFDT et avait provoqué la très vive opposition des autres syndicats, au premier chef de FO. La rue de Grenelle accepta de faire machine arrière sur cette question, à cause de l'irruption du SNPMI dans le paysage patronal. En effet, « le risque [était] grand, [...] depuis la reconnaissance d'une troisième organisation patronale représentative, de voir deux d'entre elles s'opposer systématiquement à l'extension des conventions collectives ». Une solution atténuée fut donc préférée à la formule présente dans le rapport, liberté étant laissée au ministre du Travail de ne pas tenir compte de l'opposition éventuelle de deux organisations[274]. Bernard Brunhes expliqua ainsi à Pierre Mauroy que, « compte tenu des réactions de FO », il était désormais proposé que le ministre du Travail soit en droit de passer outre à ce veto, à condition que sa décision soit dûment motivée, avec publication au JO[275] ».

Enfin, la question de la validation des accords d'entreprise fut également posée. Le rapport favorisait en effet leur multiplication, du fait de l'introduction de l'obligation annuelle de négocier. Pour éviter la signature de simulacres d'accords par des syndicats très minoritaires ou non représentatifs, il avait proposé que l'entrée en vigueur de ces accords soit conditionnée au fait que les organisations signataires devaient obligatoirement représenter un « certain pourcentage de salariés », pourcentage qui n'était cependant pas précisé[276]. Entre l'automne 1981 et le début de l'année 1982, le point de vue du ministère du Travail évolua, les ordonnances prises à cette époque à propos du temps de travail témoignant d'ailleurs de l'inflexion prise sur ce sujet. « Le problème qui se pose ici est le suivant : doit-on, comme le propose le rapport initial du ministre du Travail, retenir la possibilité d'opposition des organisations syndicales pour tous les accords d'entreprise ou doit-on réserver cette possibilité, comme cela est le cas pour la durée et l'aménagement du temps de travail, aux accords qui dérogent à une loi, un règlement ou une convention », se demandait-on ainsi au ministère[277]. La deuxième solution, qui correspondait à une demande de FO, finit par s'imposer, Matignon tirant également dans ce sens[278]. Un seuil de représentativité de 50 % des électeurs aux élections professionnelles fut donc retenu pour donner accès au droit de veto aux accords d'entreprise. Comme l'expliquait le ministre du Travail, cette solution « laiss[ait] intactes les possibilités de négociation collective même pour des syndicats minoritaires mais assur[ait] une protection et des garanties suffisantes lorsque

---

274. CAC 19850743 G375, note issue du cabinet du ministre du Travail, 19 janvier 1982.
275. CAC 19850743 G375, note de Bernard Brunhes à Pierre Mauroy, 12 janvier 1982.
276. *Cf.* Jean Auroux, *op. cit.*, p. 37.
277. CAC 19850743 G375, note issue du cabinet du ministre du Travail, 19 janvier 1982.
278. CAC 19850743 G375, note de Bernard Brunhes à Pierre Mauroy, 12 janvier 1982.

ces accords prévo[yaient] des modalités différentes des textes réglementaires ou conventionnels[279] ». La pratique de l'accord minoritaire, théoriquement révolue en septembre avait, de cette façon, retrouvé quelques mois plus tard sa place dans le paysage social français, même si elle était théoriquement rendue plus malaisée.

À la fin du mois de janvier 1982, avec environ deux mois de retard sur le calendrier prévu à l'automne, les textes gouvernementaux étaient enfin prêts. Il était prévu que le Conseil des ministres les adopte le 27 du mois, afin qu'ils soient débattus au Parlement à la session de printemps[280]. Cependant, un nouveau contretemps vint repousser quelque peu cette échéance : d'abord prévu pour le 17 février[281], le passage en Conseil des ministres fut remis au mois de mars, pour permettre l'examen des textes par le Conseil économique et social.

Ce détour par le CES résultait directement d'une demande du CNPF. La principale organisation patronale se montra de nouveau plus combative au début de l'année 1982. Peu de temps après le changement de direction effectué mi-décembre 1981, Yvon Gattaz remplaçant François Ceyrac, le CNPF inaugura ainsi la stratégie consistant à ne pas critiquer le détail des mesures contenues dans le rapport Auroux, mais à condamner leur application simultanée jugée insupportable pour les entreprises. Le nouveau patron des patrons, contrairement à Yvon Chotard, son ancien concurrent devenu son second, n'était ni un familier de la machine CNPF ni un vieux routier des négociations sociales[282]. Il choisit donc de bâtir sa légitimité interne en prenant précisément le contre-pied de Yvon Chotard, et en professant qu'il était fort peu intéressé par les problématiques sociales, jugées secondaires, et qu'il voulait attacher son mandat à la revalorisation des questions économiques. En conséquence, il laissa son premier vice-président occuper le devant de la scène à propos des projets Auroux. Ce fut donc ce dernier qui sonna la charge médiatique, notamment dans l'entretien accordé au journal *Le Monde* au début du mois de février que nous avons évoqué plus haut[283].

Mais l'arrivée d'Yvon Gattaz à la tête du CNPF eut également comme effet de redonner une place prééminente à l'organisation patronale dans le jeu politico-social français. Le nouveau patron des patrons chercha en effet à renouer le contact avec le pouvoir socialiste en

---

279. CAC 19850743 G375, note issue du cabinet du ministre du Travail, 19 janvier 1982.
280. CAC 19850743 G375, note de René Cessieux à Pierre Mauroy, 22 janvier 1982.
281. *Le Monde* du 5 février 1982.
282. Henri WEBER, *op. cit*, p. 305-321.
283. *Le Monde* du 9 février 1982.

privilégiant les entrevues bilatérales au plus haut niveau de l'État : il reçut relativement bon accueil de François Mitterrand qui accepta de le recevoir à de nombreuses reprises. Il privilégia d'ailleurs notablement le niveau présidentiel au niveau gouvernemental, sollicitant bien plus l'Élysée que Matignon. Quoi qu'il en soit, c'est au cours des entretiens menés avec François Mitterrand et Pierre Mauroy au mois de janvier 1982, que le patronat, faute d'obtenir un recul du gouvernement sur le fond, parvint tout de même à arracher le principe d'un examen au Conseil économique et social des projets des lois issus du rapport Auroux. Si l'on en croit Yvon Gattaz, ce serait son premier vice-président Yvon Chotard qui aurait demandé à François Mitterrand, alors qu'une imposante délégation du CNPF était reçue à l'Élysée, de « lancer pendant quelques mois un grand débat national » à ce propos. Deux semaines plus tard, Yvon Gattaz, lui-même, aurait obtenu de Pierre Mauroy le passage par le Conseil économique et social[284]. Il est en tout cas certain qu'à la fin du mois de janvier le principe en était décidé, mais les modalités précises restaient cependant à régler. Matignon essaya avant tout de ne pas retarder l'adoption des textes de lois par le Conseil des ministres, sa préférence allant à une formule simple, mais il se heurta alors à la volonté présidentielle. Bernard Brunhes fit ainsi part à Pierre Mauroy des difficultés surgies à cette occasion :

« À la suite de la visite de M. Gattaz, conformément à vos instructions, nous avons tenté d'organiser une audition de Jean Auroux devant la section sociale du Conseil économique et social. Cette audition se serait déroulée le 10 février et aurait été précédée de l'envoi, dès le 1er février, de l'ensemble des textes aux membres de la section, et les projets de loi auraient pu être ainsi adoptés au Conseil des ministres du 17 février.

L'Élysée paraît préférer une formule plus officielle et donc beaucoup plus lourde : la saisine en bonne et due forme du Conseil économique et social. Les conséquences d'une telle décision me paraissent néfastes à deux points de vue :

1°) d'après le secrétariat général du Conseil, l'avis ne serait adopté en séance plénière que le 10 mars. Étant donné la nécessité de tenir compte de cet avis, donc de modifier – fût-ce à la marge – les projets et de les faire passer à nouveau en Conseil d'État (ce qui prendra plusieurs semaines à cause de la longueur des textes, déjà passés en Conseil d'État en décembre), le projet définitif ne pourrait être adopté en Conseil des ministres qu'au début du mois d'avril. La commission compétente du

---

[284]. Yvon Gattaz et Philippe Simonnot, *op. cit.*, p. 60-69.

Parlement souhaitant avoir le temps de les examiner, cela peut mettre en danger l'adoption des lois dès la session de printemps.

Je rappelle que le congrès CFDT aura lieu au mois de mai, et qu'il sera difficile !

2°) la composition actuelle du Conseil économique et social (plus de 80 % des conseillers appartiennent à l'opposition[285]) et les désaccords entre organisations syndicales sur ces textes (vous savez que la CGT et FO sont par exemple aux antipodes l'une de l'autre pour beaucoup de problèmes concernant les droits des travailleurs) font que l'avis du Conseil économique et social ne peut être que très fermement négatif. Les débats eux-mêmes feront apparaître au grand jour les désaccords entre organisations syndicales que le cabinet du ministre du Travail et nous-mêmes avons réussi à masquer pour réaliser des compromis.

Je crains que nous ne soyons purement et simplement en train de tomber dans un piège tendu par le patronat[286]. »

La très grande méfiance que manifesta le conseiller du Premier ministre envers le passage devant le Conseil économique et social n'empêcha pourtant pas la saisine de ce dernier, rendue publique quelques jours plus tard[287]. Matignon chercha alors à trouver la formule susceptible de limiter le plus possible les dégâts collatéraux que Bernard Brunhes craignait. Deux solutions s'offraient en effet au CES : soit il pouvait se prononcer sur l'ensemble des projets de lois, et formuler un seul avis, soit il pouvait se prononcer séparément sur chaque projet de loi, et rendre donc cinq avis différents. Malgré les recommandations émises par René Cessieux en faveur de la première formule, qui avait selon lui l'avantage de conduire les organisations syndicales à voter dans le même sens et donc d'éviter de mettre en lumière leurs divisions[288], le CES adopta un avis séparé pour chaque texte. Le moins que l'on puisse dire est qu'il ne déborda pas d'enthousiasme pour les projets Auroux. Si René Cessieux put écrire au Premier ministre qu'au fond « l'avis du Conseil économique et social sur l'ensemble de ces cinq textes [était] beaucoup moins négatif que ne l'a[vait] laissé entendre la presse », il fut bien forcé d'admettre que les appréciations rendues par le CES étaient pour le moins « contrasté[e]s[289] ». Les principales nouveautés avancées par les projets de lois Auroux avaient en effet été rejetées par

---

285. D'après *Le Monde* du 13 mars 1982, le CES comprenait à cette époque « 40 % de chefs d'entreprise, 20 % de personnalités qualifiées nommées par le pouvoir précédent, 26 % de syndicalistes et 14 % de représentants d'associations diverses ».
286. CAS, carton « Durée du travail. Droit des travailleurs », note de Bernard Brunhes à Pierre Mauroy, 1er février 1982.
287. *Le Monde* du 5 février 1982.
288. CAC 19850743 G375, note de René Cessieux à Bernard Brunhes, 5 février 1982.
289. CAC 19850743 G375, note de René Cessieux à Pierre Mauroy, 17 mars 1982.

le CES lors de son assemblée plénière tenue les 9 et 10 mars 1982. Si les textes relatifs au règlement intérieur, à l'hygiène et à la sécurité dans l'entreprise avaient été approuvés, les modifications proposées n'étant que de détail, le CES avait refusé le droit d'expression directe des travailleurs, tout comme la négociation obligatoire dans l'entreprise sur les salaires et sur les conditions de travail (la négociation sur la durée du travail étant acceptée). Il en était de même pour le droit de veto des organisations syndicales majoritaires à l'extension des conventions collectives. Suivre le CES sur ces points aurait donc signifié, pour le gouvernement, accepter de vider le projet de réforme de son contenu. Enfin, le CES n'était pas parvenu, en raison de ses profondes divergences, à produire un avis sur le texte de loi relatif au développement des institutions représentatives du personnel.

Les modifications proposées par le CES, dont l'avis était purement consultatif, ne furent reprises qu'à la marge par le gouvernement, lequel resta globalement sur ses positions. Jean Auroux déclara ainsi le 11 mars, lors d'une conférence de presse, que « le gouvernement ne reviendra[it] pas en arrière ». CFDT et CGT furent, quant à elles, très fortement irritées par cet épisode, au point de demander la modification de la composition du Conseil économique et social, la CFDT déclarant même que « le Premier ministre avait fait un faux pas en acceptant un débat au CES[290] ». Le CNPF s'engouffra naturellement dans la brèche qu'il avait très largement contribuée à creuser et, par la voix d'Yvon Chotard, demanda à ce que « l'avis des partenaires économiques et sociaux soit pris en compte ». Finalement, des propositions du CES, seuls huit amendements furent retenus, lesquels ne modifiaient qu'à la marge les projets gouvernementaux[291]. Le seul changement notable fut, en réalité, la réunion en un seul des avant-projets de loi relatifs d'une part au règlement intérieur et au droit disciplinaire et, d'autre part au droit d'expression des salariés dans l'entreprise, sous l'intitulé « libertés des travailleurs dans l'entreprise ». Cette fusion n'avait cependant aucune incidence sur le texte législatif lui-même.

Après cet épisode, qui accrut la tension entre les partenaires sociaux sans provoquer de modification importante des textes gouvernementaux, les quatre projets de loi furent adoptés par le Conseil des ministres du 25 mars 1982. Leur examen par la commission des Affaires culturelles, familiales et sociales de l'Assemblée nationale commença la semaine suivante. Le temps des turbulences était venu.

---

[290]. *Le Monde* du 13 mars 1982.
[291]. CAC 19850743 G375, note de René Cessieux à Pierre Mauroy, 24 mars 1982.

Chapitre V
Turbulences

Avec la mise en route de la machine parlementaire commençait un processus tout fort délicat pour le gouvernement. Le projet élaboré par la rue de Grenelle ne correspondait en effet ni à la lettre ni à l'esprit des programmes électoraux élaborés par le Parti socialiste durant ses longues années d'opposition. Il se démarquait même des promesses du candidat François Mitterrand, en faisant passer à la trappe le droit de veto sur les licenciements et le droit d'arrêter les machines en cas de danger, qui y figuraient pourtant en bonne place. La pléthorique majorité socialiste de l'Assemblée nationale se voyait donc chargée d'un projet qui ne ressemblait que de très loin à celui auquel elle aurait pu s'attendre. Mitterrandiens et membres du CERES, qui formaient le gros des troupes socialistes au Palais-Bourbon, furent, dès lors, fortement tentés de durcir les textes qu'on leur proposait, appuyés d'ailleurs pour cela par les députés communistes qui servirent de relais aux revendications de la CGT que le gouvernement avait refusé de prendre en considération auparavant. La «première gauche» et plus généralement le Parti socialiste et les parlementaires dans leur ensemble avaient très largement été tenus à l'écart de l'élaboration du rapport Auroux puis des projets de loi; ils avaient maintenant l'occasion de reprendre l'initiative. L'affrontement entre les deux cultures internes au socialisme français ressurgit donc durant le travail de préparation des débats parlementaires et se cristallisa sur le problème de l'arrêt des machines en cas de danger, proposition n° 61 du candidat François Mitterrand. Il prit un relief particulier dans le contexte du printemps 1982, au cours duquel le gouvernement Mauroy infléchit de façon notable sa politique économique et sociale, l'orientant dans un sens qui annonçait déjà la rigueur de 1983. Après des élections cantonales médiocres pour la gauche, deux mesures importantes furent prises : le 16 avril 1982, recevant le CNPF à Matignon, Pierre Mauroy prit tout d'abord l'engagement de ne pas augmenter les charges des entreprises jusqu'en juillet 1983 et le 13 juin, le gouvernement décida d'accompagner une nouvelle dévaluation du franc par le blocage des prix et les salaires pendant quatre mois. La lutte contre l'inflation devenait ainsi une des priorités de l'action gouvernementale. En arrière-plan éclataient par ailleurs de très durs et très médiatisés conflits sociaux dans l'automobile, venant assombrir encore un climat social déjà tendu.

Réapparition du Parti socialiste

Nous avons jusque-là passé complètement sous silence l'action d'un acteur que l'on supposerait pourtant, à première vue, avoir joué un rôle important dans l'élaboration du projet de réforme des relations de travail. Il s'agit bien entendu du Parti socialiste, grand absent de l'intense jeu politico-social qui s'était déroulé à ce sujet entre l'élection de François Mitterrand et le début de l'année 1982. De retour dans la partie au printemps de cette même année, par la grâce de l'arrivée des textes au Parlement, il tenta de remettre la main sur un projet qui lui avait largement échappé, en l'infléchissant dans un sens que dans les cabinets ministériels on fut prompt à qualifier de «maximaliste».

Après son écrasante victoire de mai et juin 1981, le Parti socialiste dut mener à bien sa transformation en un parti de gouvernement, opération délicate pour ce parti qui, pendant si longtemps, avait été confiné dans l'opposition[292]. Ayant envoyé ses principales figures peupler les rangs du gouvernement, mais désormais massivement présent au Palais-Bourbon, le parti désormais dirigé par Lionel Jospin chercha un moment la bonne distance par rapport à l'action du pouvoir exécutif. Il est en tout cas certain qu'il ne fut pas sérieusement sollicité, loin de là, par les équipes gouvernementales en charge des projets de réforme du droit du travail, celles-ci préférant puiser leurs idées à d'autres sources, auprès des partenaires sociaux, ou bien dans des cercles de réflexion à coloration technocratique. Cela provoqua un certain dépit

---

292. Alain Bergounioux, «Le Parti socialiste, parti de gouvernement», in Serge Berstein, Pierre Milza, Jean-Louis Bianco (dir.), *op. cit.*, p. 691-707.

de la part de Jean-Paul Bachy, délégué national du PS pour le Travail et l'emploi qui, à l'été 1981 fit part à Pierre Mauroy de sa frustration en la matière. Il écrivit ainsi au Premier ministre que pour lui «il [était] très important qu'une liaison soit établie entre le parti et le gouvernement» à propos de tout ce qui pouvait toucher son domaine de responsabilité, y compris «l'extension des droits des travailleurs». Puis, non sans une pointe d'amertume :

> «Beaucoup de bonnes idées et de dossiers ont été mis au point depuis longtemps par le parti. Il serait dommage qu'ils ne soient pas utilisés. D'une façon générale, je ne te cache pas que beaucoup de camarades de l'équipe que j'ai constituée depuis plusieurs années ainsi que moi-même, nous nous sentons aujourd'hui quelque peu sous-utilisés. C'est, à mon avis, dommage, dans la mesure où beaucoup d'entre nous ont une compétence réelle sur les questions que le gouvernement est appelé à résoudre[293].»

Pierre Mauroy répondit diplomatiquement en souhaitant que la «coordination» entre le gouvernement et le parti s'établisse «dans les meilleures conditions[294]», mais cette déclaration de principe n'eut, semble-t-il, guère d'effets concrets. Une prise de contact formelle eut bien lieu entre Bernard Brunhes et le délégué national du PS, sans déboucher sur grand chose[295]. On retrouve ponctuellement trace dans les archives de Matignon d'interventions postérieures de Jean-Paul Bachy auprès des services du Premier ministre, qui montrent que le parti était tenu au courant, mais guère plus. Il ne semble pas, cependant, que ces interventions aient eu un caractère véritablement décisif. Plus que cela, elles étaient parfois singulièrement décalées par rapport au travail gouvernemental. En février 1982, Jean-Paul Bachy fit parvenir une note à Pierre Mauroy pour lui faire part des réflexions que le parti menait à propos des droits nouveaux des travailleurs[296]. Pour des raisons politiques, il s'opposait à l'introduction d'une logique majoritaire dans la signature des conventions collectives : «Dans l'immédiat, nous n'avons aucune raison de faire des cadeaux à la CGT, écrivait-il ainsi. Or, toute référence à une graduation de la représentativité constitue pour elle un avantage considérable. Je ne vois franchement pas ce que nous avons à y gagner.» Mais curieusement, la solution qu'il proposait en remplacement... était celle que le gouvernement avait déjà adoptée à cette date :

---

293. CAC 198590743 G 376, lettre de Jean-Paul Bachy à Pierre Mauroy, sans date (été 1981).
294. CAC 198590743 G 376, lettre de Pierre Mauroy à Jean-Paul Bachy, 18 août 1981.
295. CAC 198590743 G 376, lettre de Jean-Paul Bachy à Bernard Brunhes, 22 juillet 1981 et lettre de Bernard Brunhes à Jean-Paul Bachy, 8 août 1981.
296. CAC 19850743 G375, note de Jean-Paul Bachy à Pierre Mauroy, 6 février 1982.

> « La seule possibilité à mon avis consisterait à introduire un veto possible pour les clauses des conventions collectives ou des accords d'entreprise constituant des dérogations par rapport à la loi.
> À moyen terme, deux pistes me semblent plus fécondes en ce qui concerne la réforme de la loi de 1950 :
> 1. l'élargissement des procédures d'extension des conventions collectives ;
> 2. l'instauration d'une obligation de négocier.
> Sur ces deux points, le rapport Auroux formule des propositions intéressantes : il serait bon de les concrétiser dans les textes en préparation pour la session parlementaire du printemps. »

Le secrétaire national aux entreprises du PS ne proposait donc ici absolument rien d'original, tous les points ci-dessus étant, à cette date, déjà inclus dans les projets gouvernementaux, certains depuis fort longtemps. La conclusion qu'en tira Bernard Brunhes était donc logique : « Il n'y a rien, me semble-t-il, à modifier dans les textes à partir de ce document » ajouta-t-il à la main en le faisant transmettre à René Cessieux. La contribution du Parti socialiste à l'élaboration des lois sur les droits nouveaux des travailleurs fut donc fort maigre.

Entre octobre 1981 et le début de 1982, les équipes ministérielles creusèrent leur sillon sans réellement se soucier non plus de recueillir l'avis des parlementaires sur les textes en préparation. Bernard Brunhes l'avoue aujourd'hui sans détour :

> « Le problème, c'est qu'on avait une majorité absolue, et qu'on avait un peu le sentiment qu'ils avaleraient tout. Je me suis reproché, comme à mon avis plusieurs de mes confrères conseillers de Matignon, d'avoir négligé la représentation parlementaire. C'était encore plus vrai pour les ordonnances, parce qu'on ne leur demandait même pas leur avis, mais c'était aussi un peu vrai pour les lois. C'était trop facile ! Au bout d'un moment, on s'en est aperçu et on a commencé à recevoir systématiquement les parlementaires. Il n'y avait pas besoin de discuter avec le Parlement, de toute façon on savait qu'il voterait tout. Une fois que l'on avait l'accord entre nous, que l'on avait l'accord des syndicats, qu'on avait l'accord interministériel, qu'on avait consulté qui il fallait… C'est vrai, je trouvais plus utile de consulter les DRH de grands groupes sur tel ou tel aspect des lois Auroux que de consulter les parlementaires. Les parlementaires ont gueulé et ils ont eu raison. »

L'esprit technocratique qui régnait dans les cabinets ministériels s'accommodait mal de ce que ces experts percevaient chez les parlementaires comme de l'ignorance ou de la naïveté envers les réalités économiques. « Il faut bien voir qu'à l'époque le PS avait une expérience du management d'entreprise qui était assez modeste » explique ainsi Pierre-Louis Rémy, lui qui, au contraire, était passé par le Crédit Mutuel d'Île-de-France avant de rentrer au cabinet de Jean Auroux[297]. Michel Coffineau qui fut le député qui coordonna le travail effectué par le groupe socialiste sur les lois Auroux, confesse lui aussi que, mis à part un noyau de parlementaires spécialistes de ces questions, qui étaient souvent anciens syndicalistes eux-mêmes, « la vie interne des entreprises était très sincèrement dans notre préoccupation de tous, mais la plupart [des députés socialistes] ne [la] connaissaient pas[298] ». Les relations entre les cabinets ministériels et les parlementaires étaient, par ailleurs, également rendues difficiles du fait de l'enjeu sous-jacent en termes de légitimité démocratique. Les députés socialistes, représentants du suffrage universel, supportaient mal que de simples conseillers ministériels viennent leur expliquer que leurs amendements allaient au-delà du raisonnable. René Cessieux témoigne ainsi que des accrochages ont pu l'opposer à ce sujet à Michel Coffineau, lors des discussions précédant l'examen des textes par la commission des Affaires sociales : « Nous n'étions rien sur le plan de la légitimité », convient-il d'ailleurs à ce sujet. Il ajoute que la cohésion qui existait entre les différentes équipes ministérielles a pu, paradoxalement, rendre les choses plus compliquées. « Ce qui a rendu les militants socialistes les plus durs assez furieux, c'est qu'effectivement tout ce groupe de gens avait en gros une position relativement raisonnable sur les problèmes économiques et sur les problèmes sociaux et savaient qu'il ne fallait pas casser la machine. On a fait ce rempart technocratique que beaucoup nous ont reproché ultérieurement, en empêchant les très grosses bêtises[299]. » Martine Aubry va plus loin : « Les députés de gauche avaient souvent des positions aussi idéologiquement préétablies que le CNPF, écrivit-elle douze ans après les faits. Certains d'entre eux me traitaient même de "suppôt du patronat", figés qu'ils étaient dans la défense au pied de la lettre des 110 propositions avancées durant la campagne par les socialistes[300] ».

C'est sans doute à ce moment que Jean Auroux eut l'action la plus décisive. Vieux routier du PS, entré en son temps relativement jeune au Palais-Bourbon, comme beaucoup de députés de la vague rose de 1981, l'ancien professeur du technique était au fond très proche de l'idéal type du député socialiste de cette législature. Il fit beaucoup pour faire accepter ses projets de loi au groupe parlementaire et à l'aile gauche du parti et surtout pour convaincre tous les députés socialistes issus pour la plupart « du monde des professions libérales et du monde

---

297. Entretien avec Pierre-Louis Rémy.
298. Entretien avec Michel Coffineau.
299. Entretien avec René Cessieux.
300. Martine AUBRY, *Le choix d'agir*, Paris, Albin Michel, 1994, p. 39.

des enseignants », du fait qu'il ne fallait pas « casser la machine[301] ». D'après Pierre-Louis Rémy, le ministre du Travail, ainsi que ses plus proches collaborateurs, eurent « par rapport aux députés PS en général qui avaient une approche très normalisée du fonctionnement de l'entreprise, des rôles modérateurs. Pas modérateurs sur le plan de l'objectif qui était d'améliorer la situation sociale et d'améliorer le dialogue social, mais [en disant] : "Attention, le fonctionnement de l'entreprise n'est pas mécanique, attention il y a des enjeux économiques, attention il faut trouver le bon équilibre, il faut que l'entreprise puisse fonctionner, le rôle du patron et le rôle des salariés, c'est pas le même[302]" ». Pour désarmer les dernières « résistances », Jean Auroux alla même jusqu'à défendre ses textes devant le bureau exécutif du PS (nous y reviendrons), instance où, d'après lui, les choses furent les plus difficiles, plus en tout cas que devant le groupe parlementaire qui, d'après lui, n'a pas posé de difficulté spéciale[303], la distinction pouvant d'ailleurs se discuter. Un point fut, semble-t-il, particulièrement décisif pour l'aider dans son entreprise de persuasion : Jean Auroux bénéficiait fortement de sa proximité personnelle avec François Mitterrand et de l'appui constant que celui-ci lui apportait. « J'avais la bénédiction du président, ce qui aide », reconnaît-il aujourd'hui[304]. Michel Coffineau confirme, pour sa part, lui aussi, l'importance qu'a pu avoir la proximité du ministre du Travail avec le président de la République[305]. En dernière analyse, l'Élysée a donc pu jouer un rôle majeur.

La tentation « maximaliste » du Parti socialiste

Après que le Conseil économique et social eut rendu son avis sur les projets de loi de la rue de Grenelle, les députés socialistes se saisirent immédiatement du sujet. Michel Coffineau, membre du CERES, député du Val-d'Oise, joua les premiers rôles à ce sujet au sein du groupe socialiste. Non sans avoir au préalable dénoncé « le sentiment réactionnaire de la majorité » des membres du Conseil économique et social, il annonça ainsi dans *Le Monde* que le travail parlementaire devait maintenant « compléter » et « parfaire » les projets de lois, ceux-ci « n'exprim[ant] pas pleinement [les] perspectives » de progrès social auquel le Parti socialiste, enfin arrivé au pouvoir, devait selon lui

---

301. Entretien avec Michel Coffineau.
302. Entretien avec Pierre-Louis Rémy.
303. Entretien avec Jean Auroux.
304. *Idem.*
305. Entretien avec Michel Coffineau.

s'attacher. Se tenant à mille lieux du discours contractualiste tenu à la même époque par le ministre du Travail, il affirma ainsi : « Le 10 mai n'est pas l'apothéose finale où "tout le monde est beau, tout le monde est gentil". Le combat doit se poursuivre. Les forces conservatrices, présentes en particulier dans les forces économiques du secteur privé industriel, ne restent pas inactives. Il faut donc que le gouvernement de M. Mauroy et la majorité de l'Assemblée nationale permettent l'enracinement de la victoire dans les entreprises[306] ». Les projets Auroux étaient ainsi implicitement critiqués pour avoir abandonné la perspective de la lutte sociale. De fait, l'aile gauche du PS n'entendait pas adhérer à la philosophie négociatrice présente dans les textes du ministre du Travail. Même si Michel Coffineau réfute aujourd'hui l'idée d'une réactivation du clivage du congrès de Metz et minimise les désaccords qui ont pu surgir entre les parlementaires et le gouvernement à l'occasion des débats sur les lois Auroux[307], il nous semble bien que l'opposition entre les deux cultures de la gauche fut ici frontale. Toute l'histoire de la préparation du débat parlementaire qui se tint à partir du milieu du mois de mai 1982 est d'ailleurs, d'après nous, celle de la recherche d'un terrain d'entente entre les deux familles de pensée cohabitant au sein du Parti socialiste. Le choc fut rude, mais les conséquences en furent toutefois assez vite circonscrites.

Avant même que ne commencent les travaux de la commission des Affaires culturelles, familiales et sociales de l'Assemblée nationale, les textes de lois furent examinés par les parlementaires socialistes au sein d'un groupe de travail présidé par Michel Coffineau. Ce groupe de travail avança au cours du mois de mars des propositions de modification des textes qui inquiétèrent immédiatement l'équipe sociale de Matignon. René Cessieux fit ainsi part du « risque non négligeable d'amendements de la part de la commission des Affaires sociales, visant à augmenter considérablement les droits et les moyens des représentants du personnel dans les entreprises[308] ». Cela était, selon lui, susceptible de nuire à l'équilibre général des projets préparés par le ministère du Travail et d'en dénaturer le « sens profond », notamment à cause de l'alourdissement des charges des entreprises induit par les amendements en question. « Il serait dramatique pour l'économie française, mais aussi pour l'évolution future des rapports sociaux, qu'une surenchère au Parlement déforme l'esprit qui anime le rapport Auroux », ajoutait-il, soulignant

---

306. *Le Monde* du 12 mars 1981.
307. Entretien avec Michel Coffineau.
308. CAC 19850743 G375, note de René Cessieux à Pierre Mauroy, 17 mars 1982.

qu'un certain nombre de demandes exprimées par le groupe, devant être refusées dans l'immédiat, pouvaient néanmoins êtres incluses dans la future loi devant organiser la « démocratisation du secteur public ». Ce jeu entre les parlementaires socialistes et le gouvernement continua jusqu'à l'examen des textes en séance publique, les premiers insistant pour que les projets de loi aillent plus loin que prévu, le second s'accrochant à la forme adoptée à l'issue du passage au CES. Cette période de préparation de la discussion parlementaire fut absolument cruciale, car c'est à ce stade que les décisions importantes furent prises. Comme le souligne Michel Coffineau, ce processus a permis de « décanter » les textes avant le passage en commission et *a fortiori* avant le passage en séance[309]. La majeure partie des problèmes, après examen par des petits groupes de travail ou par l'ensemble du groupe socialiste, était ainsi réglée avant même que les débats publics ne commencent. Ce travail était d'ailleurs réalisé en étroite liaison avec le gouvernement : Martine Aubry, pour le ministère du Travail et René Cessieux pour Matignon, étaient ainsi « associés » au groupe de travail des députés socialistes.

Quelles étaient donc les demandes des députés socialistes que l'on trouvait si dangereuses du côté du gouvernement, où elles étaient même qualifiées de « dérapages maximalistes » ? René Cessieux pointa, au début du mois d'avril 1982, « cinq difficultés sérieuses » susceptibles d'opposer le groupe socialiste au gouvernement[310] :

> « Reprenant, d'une part, des revendications de la CGT et, d'autre part, des positions du Parti socialiste, les parlementaires voudraient :
> a) que des permanents syndicaux extérieurs à l'entreprise aient le droit d'intervenir dans l'entreprise ;
> b) que tous les accords d'entreprise ne soient valables que s'ils sont signés par les organisations rassemblant la moitié des votants aux élections professionnelles ;
> c) que soient augmentés le nombre de salariés protégés dans les entreprises et le nombre des heures de délégation payées par les chefs d'entreprise. Qu'en outre, une heure d'information syndicale soit payée à tous les salariés et que les seuils soient abaissés ;
> d) que des délégués interentreprises soient élus au niveau local alors que la loi Auroux prévoit une commission paritaire locale de négociation ;
> e) enfin, que soit reconnu le droit d'expression politique dans l'entreprise. »

---

309. Entretien avec Michel Coffineau.
310. CAC 19850743 G375, note de René Cessieux à Pierre Mauroy, 5 avril 1982.

Ces propositions avaient en effet un très fort air de famille avec les revendications de la CGT que nous avons présentées en première partie, le « droit d'expression politique » étant également proche de ce qu'avait pu réclamer le PS dans ses programmes électoraux de l'avant mai 1981. La reconnaissance de la « section politique d'entreprise » était ainsi une vieille revendication socialiste, le parti faisant par ailleurs au même moment un important effort pour développer ses sections d'entreprise[311]. Dans la continuité de ce qui apparaissait déjà nettement dans les programmes électoraux du PS des années 1970, l'aile gauche du parti alla puiser l'inspiration de ses amendements à la source cégétiste ; René Cessieux n'avait donc pas tort de pointer la proximité des revendications. Michel Coffineau raconte aujourd'hui, de son côté, que la CFDT et la CGT « se sont impliquées non seulement en donnant leur avis global sur les textes mais en proposant des amendements rédigés pratiquement sous la forme parlementaire avec texte et exposés des motifs[312] ». René Cessieux s'employa tout au long du mois d'avril à convaincre le Premier ministre de ne pas accéder à ces demandes ; il l'abreuva pour cela de notes et d'argumentaires divers tendant tous à démontrer le caractère dangereux des propositions parlementaires, et fut d'ailleurs suivi en cela par Bernard Brunhes et Martine Aubry. Tous argumentèrent dans le même sens pour emporter la décision de Pierre Mauroy ; ce fut sans doute à cette occasion que la convergence des vues entre l'équipe sociale de Matignon et le cabinet de Jean Auroux eut l'effet le plus décisif. La coopération entre les deux équipes était alors si forte qu'il devient très difficile pour l'observateur de distinguer un rôle spécifique à chacune d'entre elles. Durant la période de préexamen des textes, René Cessieux et Martine Aubry participaient ensemble, nous l'avons dit, au groupe de travail réunissant les parlementaires socialistes et les rapporteurs des textes de loi. Leur travail de coopération quotidien, que l'on peut deviner à la lecture des archives[313] fut, semble-t-il décisif. Il put même alors arriver que le conseiller du Premier ministre rédige dans l'urgence une note pour le ministre du Travail avant le passage de ce dernier devant le bureau exécutif du PS[314]. Lors des interminables débats en séance publique, il seconda encore Jean Auroux, relayant fréquemment Martine Aubry qui assistait ordinairement le ministre pendant la discussion des articles[315]. Même Bernard Brunhes s'y mit de manière occasionnelle, freinant d'ailleurs les parlementaires plus fortement

---

311. Parti socialiste, *Les socialistes dans l'entreprise, 5ᵉ conférence nationale Entreprises, mai 1982*, Paris, Club socialiste du livre, 1983.
312. Michel Coffineau, « Les contacts étaient fréquents », in Jacques Le Goff (dir.), *op. cit.*, p. 53.
313. CAC 19850743 G375, note de René Cessieux à Martine Aubry, 17 mars 1982.
314. CAC 19850743 G375, note de René Cessieux à Jean Auroux, 28 avril 1982.
315. Entretien avec René Cessieux.

peut-être que ses collègues des cabinets ministériels[316]. Dans la galaxie des conseillers s'affairant à négocier avec les députés, ce fut toutefois bien Martine Aubry qui occupa le centre de gravité.

Tous partageaient donc peu ou prou la même opinion devant les projets de modification avancés par les députés socialistes, et étaient fondamentalement opposés à toute modification en profondeur, même si pour autant ils niaient vigoureusement faire preuve d'un «économisme rigide»[317]. « Trois raisons fondamentales» justifiaient pour René Cessieux le maintien du texte du gouvernement en l'état. Il s'agissait tout d'abord de ne pas rompre son équilibre et, en particulier, le délicat dosage entre recours à la loi et marge de manœuvre laissée aux négociateurs sociaux, véritable marque de fabrique deuxième gauche de l'ensemble du projet qui, pour ses concepteurs, en faisait figure de clé de voûte. «Tout l'effort réalisé à travers la réforme des droits des travailleurs vise à améliorer le nombre et la qualité de la négociation», écrivait ainsi son conseiller au chef du gouvernement. «Rajouter des moyens dès aujourd'hui ne ferait que bloquer davantage et décourager les syndicalistes et les patrons qui sont prêts à jouer le jeu.» La hantise de la «législation pesante composée de blocages», qui avait été dénoncée dans le rapport du mois de septembre, était au mois d'avril plus que jamais présente. Pierre Mauroy lui-même se situait d'ailleurs complètement sur cette ligne. À l'occasion du discours qu'il prononça à la tribune de l'Assemblée pour l'ouverture de la session parlementaire de printemps, il réaffirma sans ambiguïté ses orientations en la matière : «La société que nous souhaitons ne sera ni octroyée par l'État ni régie minutieusement par des codes et des lois : les lois de changement social doivent être des cadres de liberté, des cadres de négociation, laissant toute leur place à l'initiative et à la responsabilité des partenaires sociaux[318]. »

Les deux autres «raisons fondamentales» justifiant aux yeux du chargé de mission de Matignon le maintien de l'essentiel du texte gouvernemental étaient d'ordre plus conjoncturel. Accepter les amendements du groupe socialiste aurait eu ainsi selon lui un effet économique et politique absolument désastreux :

«Premièrement : les chefs d'entreprise, PME mais aussi grandes entreprises, ne comprendraient pas que le gouvernement revienne sur ses engagements au moment où il cherche à alléger leurs charges. Ce n'est pas la peine de réunir les responsables du CNPF le 16 avril si le gouvernement

---

316. Entretien avec Bernard Brunhes.
317. *Cf.* 19850743 G375, note de René Cessieux à Richard Gradel, 1er avril 1982.
318. *Le Monde* du 4-5 avril 1982.

accepte d'autre part des textes qui alourdiraient les charges financières (1 heure payée par mois pour tous les salariés = 4,5 milliards de F).

En outre, la reconnaissance du droit d'expression politique et l'entrée libre de syndicalistes extérieurs à l'entreprise soulèveraient, aujourd'hui, un tollé chez les patrons comme chez les cadres.

Sur ces points, il vaut mieux prévoir des procédures plus souples et négociées en amendant éventuellement les dispositions des lois Auroux, mais accepter *un droit automatique* serait catastrophique.

Deuxièmement : le Parti socialiste a tout à perdre dans cette opération qui profitera au PC et à la CGT d'une part, aux partis de droite d'autre part. La position du gouvernement a été jusqu'à maintenant de faciliter le développement et l'implantation des syndicats dans l'entreprise en respectant le pluralisme. Un changement brutal dans cette attitude serait incompréhensible[319]. »

Les arguments de fond se mêlaient donc ici à d'autres de pure opportunité politique ; ils constituèrent en tout cas le cœur de l'argumentation gouvernementale, comme nous le verrons plus loin. Il semble que l'inflexion de la politique économique préparée au même moment à Matignon et qui se concrétisa le 16 avril par l'annonce de toute une série de mesures en faveur des entreprises, dont l'engagement du gouvernement de ne pas augmenter leurs charges pendant plus d'un an, pesa considérablement dans la balance. Mais cette attention aux PME n'était pas, rappelons-le, une invention du printemps 1982. De manière générale, Matignon s'était en effet, depuis l'automne, constamment montré attentif à leur situation et était très préoccupé par leur fragilité économique. Ce souci était d'ailleurs toujours présent à l'esprit des conseillers sociaux du Premier ministre en avril 1982 : « La situation économique et celle de l'emploi sont difficiles. Les charges financières des entreprises risquent de s'accroître entamant ainsi leur capacité compétitive. Les nouveaux droits des travailleurs, en l'état actuel des projets, sont acceptables. Tout dérapage maximaliste, dans quelque domaine que ce soit, ignorant des réalités économiques risque de conduire à une attitude très hostile, voire une rébellion des PME[320]. » On cherchait ainsi à Matignon à rassurer le patronat autant que possible, ce dernier étant « très inquiet du risque que cour[ai]ent les projets de loi sur les droits des travailleurs dans le débat parlementaire[321] ».

L'argument politique eut également son importance, la confiance de certains socialistes envers la CGT trouvant vite ses limites. Alors que le

---

319. CAC 19850743 G375, note de René Cessieux à Pierre Mauroy, 5 avril 1982.
320. CAC 19850743 G375, « Note de synthèse sur les droits nouveaux des travailleurs », 24 mars 1982.
321. CAC 19850743 G375, note de René Cessieux à Pierre Mauroy, 22 mars 1982.

secrétaire national du PS aux entreprises, Jean-Paul Bachy, ne trouvait déjà au début du mois de février « aucune raison de faire des cadeaux à la CGT[322] », le ton pouvait être encore plus méfiant à Matignon quelques semaines plus tard. « La quasi-totalité des amendements [déposés par le groupe socialiste] est d'origine CGT et tend à asseoir un monopole de fait de cette organisation. Ces demandes lui permettent en effet de bloquer toute la procédure conventionnelle, voire même l'expression directe des salariés et d'organiser le moment venu l'opposition au gouvernement », affirmait ainsi une notre écrite à cette époque[323]. La différence d'approche entre le gouvernement et les députés socialistes était donc manifeste et portait tant sur le fond des réformes que sur l'appréciation de la situation politique, économique et sociale en ce printemps 1982.

Le mois d'avril fut donc le théâtre d'une négociation serrée, chaque amendement du groupe socialiste faisant l'objet d'une intense discussion. Si le gouvernement ne dédaigna pas, à l'occasion, reprendre des propositions venues des députés (par exemple à propos des délégués de site, idée qui avait auparavant été abandonnée par le ministère du Travail et qui fut reprise après intervention du groupe socialiste[324]), les désaccords les plus irréductibles durent être arbitrés au plus haut niveau. Les discussions eurent lieu à la fois au sein de groupes de travail mixtes (gouvernement/députés), du groupe socialiste à l'Assemblée et dans le cadre plus formel de la commission des Affaires culturelles, familiales et sociales qui se saisit des quatre projets de loi à partir du 30 mars 1982 et, après avoir procédé à l'audition de Jean Auroux et de l'ensemble des partenaires sociaux, discuta des amendements jusqu'à la fin du mois d'avril. Certaines propositions furent écartées dès le stade des groupes de travail : il s'agissait, sans surprise, des amendements durcissant le plus les textes du gouvernement, comme par exemple celui prévoyant de réserver les candidatures aux élections des délégués du personnel et du comité d'entreprise « aux seules organisations représentatives nationales[325] ». D'autres passèrent ce cap et furent adoptées par le groupe socialiste dans son ensemble.

S'il put parfois considérer que par l'adoption de certains de ces amendements « les textes [...] ser[aient] améliorés[326] », le gouvernement

---

322. CAC 19850743 G375, note de Jean-Paul Bachy à Pierre Mauroy, 6 février 1982.
323. CAC 19850743 G375, note « Droit des travailleurs », sans mention de date ni d'auteur. C'est sans doute une note de René Cessieux, approximativement de la fin mars-début avril 1982.
324. CAC 19850743 G375, note de René Cessieux à Pierre Mauroy, 5 avril 1982, et *Journal officiel de la République française*, compte rendu des débats de l'Assemblée nationale, 3ᵉ séance du 28 mai 1982, p. 2743.
325. CAC 19850743 G375, « Institutions représentatives », sans date ni mention d'auteur.
326. Selon l'expression de René Cessieux. *Cf.* 19850743 G375, note de René Cessieux à Pierre Mauroy, 5 avril 1982.

s'attacha, dans l'ensemble, à réfréner les députés de la majorité. Cela n'alla pas sans peine, le Premier ministre devant voler au secours de son ministre du Travail devant l'obstination de certains parlementaires. Dès le 1er avril 1982, René Cessieux signalait à Pierre Mauroy qu'en dépit de la constitution d'un groupe de travail réunissant les rapporteurs (les socialistes Ghislaine Toutain, Jean Oehler et Michel Coffineau ainsi que la communiste Jacqueline Fraysse-Cazalis[327]), René Cessieux et Martine Aubry, « le ministre du Travail souhait[ait] qu'une rencontre soit organisée avec le Premier ministre ». La raison de cette demande de Jean Auroux était que les rapporteurs avaient « fermement l'intention d'amender le projet de loi [...] dans un sens maximaliste[328] ». Cette demande intervenait deux jours après l'audition du ministre devant la commission des Affaires sociales de l'Assemblée nationale, au cours de laquelle les rapporteurs avaient clairement affiché leur volonté « d'aller encore plus loin » que ce que les textes du ministère prévoyaient, selon les termes employés par Michel Coffineau au cours de cette séance[329]. Pour René Cessieux, « le gouvernement d[evait] se montrer solidaire du ministre du Travail » dans son « explication » des réformes, et devait « confirmer aux députés l'esprit et la signification profonde des projets de loi », même s'il ne s'agissait pas non plus « d'entraîner le Premier ministre dans une action de force[330] ».

Pierre Mauroy ayant rapidement donné son accord pour une telle rencontre[331], celle-ci fut organisée sous la forme d'un déjeuner qui se tint à Matignon le 19 avril. Il était prévu qu'y participent les trois rapporteurs socialistes des projets de loi (la communiste Jacqueline Fraysse-Cazalis étant donc tenue à l'écart), le président de la commission des Affaires sociales Claude Évin, Pierre Mauroy, Jean Auroux, ainsi que divers membres des cabinets ministériels[332]. Il s'agissait donc de peser sur les personnages clés qu'étaient les rapporteurs, ceux-ci étant considérés à Matignon comme ayant « un rôle modérateur au sein du groupe[333] » parlementaire. Notons, au passage, l'ambivalence de l'attitude de ces derniers, puisqu'ils étaient à quelques jours d'intervalle jugés tour à tour « maximalistes » puis relativement modérés par rapport au reste des députés. Cela indique, sans doute, qu'ils avaient en réalité une position intermédiaire entre celle du gouvernement et celle du gros des

---

327. *Bulletin des commissions de l'Assemblée nationale*, septième législature, n° 7, p. 388-389 (séance du 30 mars 1982).
328. CAC 19850743 G375, note de René Cessieux à Richard Gradel, 1er avril 1982.
329. *Bulletin des commissions de l'Assemblée nationale*, p. 394.
330. CAC 19850743 G375, note de René Cessieux à Richard Gradel, 1er avril 1982.
331. CAC 19850743 G375, note de Richard Gradel à René Cessieux, 2 avril 1982.
332. CAC 19850743 G375, note de René Cessieux à Pierre Mauroy, 14 avril 1982.
333. CAC 19850743 G375, note de Bernard Brunhes à Pierre Mauroy, 18 avril 1982.

Turbulences

parlementaires socialistes. Quoi qu'il en soit, dans les heures précédant le déjeuner, Pierre Mauroy comme Jean Auroux furent soigneusement préparés pour cette échéance, leurs conseillers peaufinant les argumentaires, d'ailleurs fort convergents[334].

Pour Martine Aubry comme pour Bernard Brunhes, en dehors d'un certain nombre de propositions des députés socialistes dont l'examen pouvait, selon eux, être renvoyé à des projets de loi ultérieurs (comme par exemple la réforme du droit de licenciement ou l'affirmation de l'égalité hommes/femmes au travail), deux enjeux principaux se dessinaient. Il s'agissait d'abord de refuser l'entrée de la politique dans l'entreprise et ensuite d'empêcher une augmentation trop lourde des charges nuisant à la compétitivité de l'économie française. En ce qui concerne le premier point, les députés socialistes qui avaient certes abandonné l'idée de créer des sections politiques en tant que telles, pourtant vieille revendication datant du programme commun, réclamaient en contrepartie, un droit d'expression politique dans l'entreprise. Il aurait pris la forme d'un droit d'affichage, d'un droit de réunion et d'un droit d'entrée dans les entreprises accordés aux élus nationaux ou, à défaut, d'un droit pour les syndicats de s'exprimer sur le plan politique. Si Pierre Mauroy lui-même n'a peut-être pas été totalement insensible à une partie de ces revendications[335], ses conseillers firent valoir que « dans tous les cas, de telles réformes profiteraient au PC et au RPR, et que l'acceptation d'amendements de ce type conduirait à polariser tout le débat sur les droits des travailleurs sur les aspects politiques. La réaction patronale serait extrêmement sévère ainsi que celle de quatre des cinq centrales syndicales[336] » (la centrale satisfaite étant naturellement la CGT). Martine Aubry était, quant à elle, encore plus nette dans l'emploi de l'argument politique :

> « Le plus important réside dans le danger pour le Parti socialiste d'un tel processus : si l'introduction de la section politique est refusée (ce qui semble évident par rapport aux promesses faites par le Premier ministre au patronat), toutes les autres solutions lui sont défavorables : en effet, contrairement au Parti communiste, aucun syndicat ne s'exprimera en sa faveur. L'expression politique favorisera essentiellement le Parti communiste (notamment dans une conjoncture politique qui pourrait être différente de la présente) et le RPR. Dans tous les cas, risque ainsi de s'organiser une opposition au gouvernement[337]. »

334. CAC 19850743 G375, note de Bernard Brunhes à Pierre Mauroy, 19 avril 1982, et note de Martine Aubry à Jean Auroux, 19 avril 1982.
335. CAC 19850743 G375, note de René Cessieux à Pierre Mauroy, 18 avril 1982.
336. CAC 19850743 G375, note de Bernard Brunhes à Pierre Mauroy, 19 avril 1982.
337. CAC 19850743 G375, note de Martine Aubry à Jean Auroux, 19 avril 1982.

Quant aux amendements tendant à accroître les charges des entreprises ou à supprimer un certain nombre de seuils sociaux (ce qui avait pour conséquence de soumettre les PME à des obligations dont elles étaient auparavant dispensées), ils étaient, pour la plupart, jugés tout bonnement «inacceptables» par les conseillers ministériels. Pour convaincre Pierre Mauroy du danger qu'il y aurait à céder, Bernard Brunhes lui expliqua par exemple que l'idée du groupe socialiste d'accorder un crédit de «20 heures par an et par travailleur pour l'expression directe des salariés [équivalait] à une baisse d'une demi-heure de la durée hebdomadaire du travail [...]. À l'heure où le gouvernement a décidé des mesures difficiles pour limiter les charges des entreprises, l'acceptation de ces amendements manifesterait une coupable incohérence», ajoutait-il après avoir examiné quelques autres exemples semblables[338]. Ajoutons de notre côté que cette proposition socialiste avait également pour caractéristique d'être d'une philosophie exactement inverse à celle du projet Auroux initial qui prévoyait, rappelons-le, que les modalités d'application du droit d'expression seraient négociées dans chaque entreprise et non pas fixées par la loi.

Deuxième problème, la suppression des seuils. Les députés socialistes prévoyaient par exemple que le droit d'expression ne serait pas limité aux entreprises de plus de 200 salariés. Or, la grande crainte de Bernard Brunhes était qu'il soit alors dévoyé : la suppression du seuil le concernant aurait ainsi conduit, selon lui, à la création de «syndicats jaunes» pour satisfaire à l'obligation de négocier. De manière générale, il mettait en avant le danger que la «multiplication des obligations des petites entreprises conduisent leurs chefs à considérer la négociation et le droit d'expression, non comme un progrès, mais comme une obligation bureaucratique». La hantise du «blocage» social était donc toujours bien présente, associée à la volonté farouche de promouvoir la négociation plutôt que le recours à la loi. «Un amendement, lui écrivait-il ainsi, remet en cause le principe du vote de 50% des électeurs inscrits pour les accords dérogatoires, en le remplaçant par le principe suivant lequel tout accord, quel qu'il soit, n'est valable que s'il est signé par des syndicats représentant 50% des suffrages exprimés. *Il est clair qu'un tel amendement supprimerait totalement toute négociation collective en France*[339]. »

Que s'est-il donc décidé lors de cette fameuse réunion du 19 avril ? Nos archives ne le disent malheureusement pas, mais il est plus que vraisemblable que Pierre Mauroy ait soutenu son ministre du Travail sur

---

338. CAC 19850743 G375, note de Bernard Brunhes à Pierre Mauroy, 19 avril 1982.
339. Souligné dans le texte original.

toute la ligne ou presque. L'évolution immédiatement postérieure du différend gouvernement/groupe parlementaire va en tout cas dans le sens de cette hypothèse. Un certain nombre de problèmes ne furent tranchés que la semaine suivante, ce qui semble toutefois indiquer que le Premier ministre ne réussit pas à résoudre tous les contentieux dès le déjeuner du 19 avril. Un certain nombre de désaccords subsistaient ainsi. Michel Coffineau en dressa la liste le 22 avril : ses notes indiquent que quinze «principaux problèmes politiques à trancher» étaient encore en suspens à cette date[340]. Il s'agissait des mêmes sujets que quelques jours auparavant : moyens accordés aux organisations syndicales, abaissement de certains seuils, possibilité d'une expression politique dans l'entreprise (droit d'affichage et droit de réunion avec des élus dans l'enceinte de l'entreprise). Le même jour, le groupe socialiste adopta un certain nombre d'amendements à propos desquels le gouvernement avait pourtant manifesté son désaccord[341].

Quelques jours plus tard, le 26 avril, René Cessieux aboutit, quant à lui, à une liste de 19 points de désaccord subsistant entre le PS et le gouvernement et transmettait à Jean Peyrelevade le contenu des arbitrages du Premier ministre[342]. Pour tous les amendements «qui augment[ai]ent les charges de l'État ou des entreprises et qui aliment[ai]ent la polémique sur la politique dans l'entreprise[343]», la position de Matignon était «un non absolu et non négociable». Il fallait donc refuser, par exemple, la création d'un crédit d'heure global supplémentaire pour les sections syndicales ou bien encore rejeter la possibilité, pour des élus politiques ou des personnalités syndicales, de passer outre l'accord du patron pour rentrer dans l'entreprise. Dans une subtile gradation descendante, le Premier ministre, pour la plupart des autres amendements, adressa un «non très ferme» aux parlementaires. Entraient, par exemple, dans cette rubrique la redéfinition légale de la mission des syndicats, la possibilité accordée aux syndicats de distribuer des tracts, ou bien encore la suppression du seuil de 50 salariés pour l'obligation annuelle de négocier et de celui de 200 salariés pour l'obligation de négocier les modalités du droit d'expression. En définitive, seuls quatre points étaient présentés comme susceptibles d'être acceptés, mais après «contre rédactions». Il s'agissait tout d'abord de la «protection contre le licenciement des élus politiques dans l'entreprise» qui était ainsi un «engagement du Premier ministre vis-à-vis de Bachy», et ne pouvait donc être refusé. Par ailleurs, plutôt que d'interdire toute

---

340. CAC 19850743 G375, «Principaux problèmes politiques à trancher», 22 avril 1982.
341. CAC 19850743 G375, note de René Cessieux à Pierre Mauroy, 27 avril 1982.
342. CAC 19850743 G375, note de René Cessieux à Jean Peyrelevade, 26 avril 1982.
343. Notamment la possibilité accordée aux élus politiques ou à des personnalités syndicales de participer à des réunions ou de négocier sans l'accord préalable du chef d'entreprise.

sanction disciplinaire pour fait de grève, Matignon proposa plutôt d'introduire une «impossibilité pour l'employeur d'intenter une action en dommages et intérêts en cas de grève lorsqu'il n'y a pas eu délit». La revendication d'un crédit minimum d'heures mises à la disposition du comité d'entreprise jugée acceptable fut cependant renvoyée à plus tard. Enfin, plutôt que de supprimer le seuil de 50 salariés prévu pour l'obligation de négocier, il fut proposé de la mettre en vigueur en dessous du seuil à partir du moment où une section syndicale existait dans l'entreprise.

Finalement, le conflit fut dénoué en deux temps, lors de la journée du 27 avril 1982. Une réunion restreinte regroupant Jean Auroux, les rapporteurs, Claude Évin, ainsi qu'un représentant de Matignon et un représentant de l'Élysée, fut tout d'abord tenue dans la matinée et parvint à dégager un accord sur sept points différents[344]. Le gouvernement accepta de rendre possible la création de sections syndicales dans les entreprises de moins de 50 salariés, d'étendre l'obligation de négocier à ces dernières, à condition qu'il y existe une section syndicale, et de fixer un budget minimum de fonctionnement du comité d'entreprise égal à au moins 0,2 % de la masse salariale. Des compromis furent également trouvés à propos des poursuites en justice pour fait de grève et sur les conditions de validité des conventions collectives. Le droit d'expression politique était abandonné, le comité d'entreprise pouvant seulement organiser des « réunions d'information internes » sur des « sujets d'actualité ». Un droit d'entrée limité était accordé aux syndicalistes extérieurs à l'entreprise. Après cette réunion, subsistaient cependant encore douze points de désaccord, dont les plus importants correspondaient *grosso modo* à tous ceux qui avaient été caractérisés auparavant par le gouvernement comme alourdissant excessivement les charges des entreprises ou bien comme introduisant trop franchement la politique dans l'entreprise.

Le débat fut définitivement tranché dans l'après-midi. Le groupe socialiste, réuni à 14 heures, accepta, « sur la proposition de Pierre Joxe », président du groupe socialiste à l'Assemblée nationale, « de se ranger à la position du gouvernement ». Il capitula en effet sur l'intégralité des douze points de désaccord, renonçant à présenter en séance publique les amendements correspondants. Les rapporteurs des projets de loi avaient pourtant tenté jusqu'au bout de préserver l'essentiel, en présentant « une position tranchée non négociable sur cinq des douze amendements restants »[345]. Ils étaient donc complètement désavoués par

---

344. CAC 19850743 G375, « Droit des travailleurs » (compte rendu de la réunion entre Jean Auroux et les rapporteurs socialistes), 27 avril 1982.
345. CAS, carton « Durée du travail, droit des travailleurs », note de Richard Gradel à Pierre Mauroy, 28 avril 1982.

le groupe socialiste, lequel avait fini par préférer la discipline à la rébellion ouverte. On peut supposer qu'en arrière-plan l'intervention du président de la République fut, ici aussi, décisive. C'est du moins ce que Jacques Attali laisse entendre dans son *Verbatim* où il écrit que c'est sur instruction de François Mitterrand, lequel avait été alerté par Yvon Gattaz, que Pierre Joxe accepta de reculer sur l'extension des prérogatives syndicales[346]. Notons, au passage, que cet épisode est cohérent avec la tactique qu'avait utilisée jusqu'alors le président du CNPF : s'adresser personnellement au président de la République pour faire pression sur le gouvernement, plutôt qu'au Premier ministre ou au ministre du Travail. Le chef du groupe socialiste dut se résoudre à déclarer quelques jours plus tard que les initiatives du PS qui n'avaient pas été retenues « afin de ne pas alourdir les charges des entreprises » étaient reportées « à une période de meilleure conjoncture[347] ».

Tout n'était pourtant pas encore réglé à l'issue de cette réunion du groupe socialiste. Pierre Joxe avait fait, à cette occasion, ressurgir un problème délicat qui semblait pourtant déjà réglé à l'issue de la première réunion du jour. « Le président du groupe socialiste a [...] réservé le point suivant : *possibilité pour le comité d'hygiène et de sécurité d'arrêter les machines* [...]. Le groupe socialiste a [...] décidé que cette question *sera soumise au bureau exécutif du Parti socialiste le mercredi 28 avril*, afin de trancher entre les deux propositions[348]. » Le droit d'arrêter les machines, sans doute le point le plus sensible de toutes les discussions précédentes, faisait ici un retour inattendu.

Ce problème était suffisamment important pour que l'on s'y attarde un peu. Le droit pour le comité d'hygiène et de sécurité d'arrêter les machines en cas de danger constituait, nous l'avons vu, la proposition n° 61 du candidat François Mitterrand. Le rapport Auroux ne l'avait pas repris à son compte, mais ne l'avait pas non plus explicitement condamné. Lors de la phase de préparation des projets de loi, il ne fut pas l'objet d'un débat interne au gouvernement. Ce silence valait en réalité abandon : le texte proposé au Parlement restait ainsi muet sur la question. Elle fit cependant son retour à l'occasion de l'examen des projets de loi par la commission des Affaires sociales de l'Assemblée nationale. Lors de l'audition d'une délégation de la CGT, Henri Krasucki réclama, en effet, le droit pour les comités d'hygiène et de sécurité de faire arrêter des machines ou installations dangereuses, fidèle

---

346. Jacques Attali, *op. cit.*, p. 323.
347. CAC 19850743 G375, dépêche AFP du 6 mai 1982.
348. CAC 19850743 G375, note de René Cessieux à Pierre Mauroy, 27 avril 1981. Souligné dans le document original.

en cela à la ligne de son syndicat[349]. Certes, nous l'avons vu, il ne s'agissait pas de la reprise pure et simple de la promesse mitterrandienne, puisque, en bonne logique juridique, « faire arrêter » et « arrêter » ne sont pas équivalents. Cela faisait tout de même brusquement ressurgir le sujet de l'oubli. Après son intervention, le leader cégétiste trouva, en effet, sans difficultés, des relais parmi les parlementaires. Jacqueline Fraysse-Cazalis, députée communiste et rapporteur de la loi, saisit la balle au bond, puis fut épaulée par le socialiste Nicolas Schiffler[350] et le communiste André Tourné. La question redevenait brûlante.

La discussion continua le même jour, prenant un tour nouveau au cours de l'audition d'une délégation de la CFDT. La centrale de la rue Cadet déroula ses revendications qui consistaient en la mise en place d'un « droit d'injonction » laissant la responsabilité de l'arrêt à la direction de l'entreprise, tandis que certains députés socialistes se chargèrent, au moyen de questions habilement formulées, de faire ressortir les limites du droit d'arrêter les machines. Les membres des nouveaux comités d'hygiène, de sécurité et des conditions de travail (CHSCT), issus de la fusion des comités d'hygiène et de sécurité (CHS) et des commissions d'amélioration des conditions travail (CAT), ne risqueraient-ils pas de voir leur responsabilité engagée en cas d'accident s'ils n'avaient rien signalé au préalable ? Le danger ne pouvait-il pas parfois provenir non d'une machine, mais d'un environnement global, comme, par exemple, dans les mines ? Ces questions annonçaient la tournure que prit par la suite le débat au sein de la commission, laquelle examina les amendements relatifs au projet de loi sur les CHSCT les 14 et 21 avril. Les communistes, y compris Jacqueline Fraysse-Cazalis, défendirent la possibilité d'arrêter les machines car, comme le déclara le rapporteur de la loi, « il ne serait pas pensable que le projet de loi n'aille pas plus loin que les dispositions actuelles en ce domaine[351] ». Les amendements allant en ce sens furent toutefois rejetés par la commission au profit d'une solution complètement inédite présentée par les commissaires socialistes et passée ensuite à la postérité sous le nom de « droit de retrait ». Après avoir signalé à l'employeur « toute situation de travail dont il a un motif raisonnable de penser qu'elle présente un danger grave et imminent pour sa vie ou sa santé », chaque salarié pouvait refuser de reprendre le travail, sans qu'aucune sanction ou retenue de salaire ne puisse être prise

---

349. *Bulletin des commissions...*, n° 9, p. 556.
350. Député de la Moselle qui était ajusteur dans la métallurgie et particulièrement attaché à cette mesure. Cf. *Le Monde* du 3 février 1982.
351. *Bulletin des commissions*, n° 10, p. 751.

Turbulences

à son encontre. Il y avait faute inexcusable de l'employeur après un accident si le risque lui avait été signalé au préalable[352].

Nous savons que cette habile solution de compromis résultait d'une proposition du ministère du Travail faite au groupe socialiste[353], mais la façon exacte dont cette solution a émergé nous reste encore en partie obscure, en raison des lacunes dans la collecte des archives du ministère du Travail. L'idée d'un droit de retrait ne figurait en effet ni dans le rapport Auroux, ni dans les revendications syndicales de l'époque. René Cessieux affirme aujourd'hui que « l'auteur intelligent de cette mesure est évidemment Martine Aubry[354] ». Qu'en fut-il réellement ? Il semblerait que la solution avancée ici par le gouvernement se soit largement inspirée de ce qui pouvait alors exister dans un certain nombre de pays étrangers. Les législations suédoise et norvégienne qui autorisaient le délégué à la sécurité à faire arrêter le travail en cas de danger ont ainsi été attentivement scrutées à Matignon, puisqu'elles se rapprochaient beaucoup dans leur esprit et dans leur forme des promesses électorales du candidat François Mitterrand[355]. Il est fort probable que ce fut également le cas au ministère du Travail. Mais, alors qu'on pourrait penser que cette législation scandinave fut une source d'inspiration privilégiée pour la rue de Grenelle, il apparaît finalement que le ministère se soit tourné vers une disposition existant dans le droit du travail... étatsunien. Une décision de la Cour suprême des États-Unis du 26 février 1980 reconnaissait en effet à tout travailleur le droit d'abandonner son travail s'il croyait « sincèrement » courir le risque d'être blessé ou tué. René Cessieux signale ainsi tout à fait explicitement que ce jugement était identique à la solution présentée par le gouvernement français aux députés socialistes[356] : il ne fait donc guère de doute que le ministère du Travail a directement puisé son inspiration outre-Atlantique. Ce type de disposition existait d'ailleurs à l'époque également dans un certain nombre de provinces canadiennes, dont le Québec[357]. En l'occurrence, l'option nord-américaine l'a donc emporté sur l'option scandinave. La « rupture avec le capitalisme » a pu mener parfois vers des rivages inattendus...

Quoi qu'il en soit, le 21 avril 1982 la commission des Affaires sociales avait donc rejeté la possibilité d'arrêter les machines. Mais le débat s'était

---

352. *Bulletin des commissions*, n° 11, p. 881-883 et CAC 19850743 G375, « Amendements sur la protection des salariés en cas de danger grave et imminent », sans date.
353. CAC 19850743 G375, « Amendements sur la protection des salariés en cas de danger grave et imminent », sans date.
354. Entretien avec René Cessieux.
355. CAC 19850743 G375, dossiers de travail « Suède », « Belgique » et « Norvège ».
356. CAC 19850743 G375, note de René Cessieux à Jean Auroux, 28 avril 1982.
357. *Intersocial* n° 82, août-septembre 1982, p. 10.

également déroulé en parallèle à ses travaux, et en dehors d'elle. Bernard Brunhes fit ainsi allusion au problème dans la note qu'il remit à Pierre Mauroy avant le déjeuner du 19 avril, dans laquelle il rappelait au Premier ministre que le droit d'arrêter les machines «faisait malheureusement partie des engagements du président de la République[358]». Le sujet a donc très probablement été abordé à cette occasion, ce qui a du peut-être faciliter l'adoption du droit de retrait par la commission des Affaires sociales quelques jours plus tard. Mais, le 26 avril, René Cessieux signala à Jean Peyrelevade que «Pierre Joxe remet[tait] en cause [la solution acceptée par la commission] au nom des 110 propositions» et lui demanda de «voir s'il fai[sait] des difficultés[359]». Il eut sa réponse le lendemain : après l'intervention du son président, le groupe socialiste décida en effet le 27 avril que la question n'était pas réglée et qu'elle devait être tranchée par le bureau exécutif du PS.

Celui-ci se réunit le 28 avril et procéda à l'audition de Jean Auroux qui avait demandé à pouvoir défendre lui-même son projet[360]. René Cessieux lui fournit précipitamment un argumentaire *ad hoc*, mettant l'accent sur les effets pervers du droit d'arrêter les machines, notamment sur la déresponsabilisation du chef d'entreprise qu'il pouvait entraîner et montrant que, dans la pratique, l'exemple suédois n'incitait pas à poursuivre dans cette voie, puisque dans presque la moitié des cas l'inspection du travail y jugeait l'arrêt du travail injustifié[361]. Jean Auroux lui-même se souvient aujourd'hui que ce passage devant le bureau exécutif du PS fut le moment le plus délicat de tout le processus législatif ; il dut s'employer pour défendre la cohérence de son projet et pour démontrer qu'il ne fallait pas le remettre en cause pour un point isolé[362]. Le débat consécutif à son exposé fut vigoureux[363]. Pierre Brana, Christiane Mora et Marcel Debarge pointèrent le fait que la solution du ministère du Travail reposait sur l'initiative individuelle des salariés et que, dans un grand nombre de situations, il était peu probable de la voir se manifester à cause de la pression patronale. Par ailleurs, ce choix de l'individuel (le travailleur) au détriment du collectif (le CHS) ne risquait-il pas d'affaiblir les syndicats et les institutions représentatives du personnel ? Jean Auroux répondit que, pour le même résultat, sa formule permettait d'aller plus vite que le droit d'arrêter les machines, tout en éliminant les risques de procès pour arrêt abusif, puisque pleine

---

358. CAC 19850743 G375, note de Bernard Brunhes à Pierre Mauroy, 19 avril 1982.
359. CAC 19850743 G375, note de René Cessieux à Jean Peyrelevade, 26 avril 1982.
360. CAC 19850743 G375, note de René Cessieux à Pierre Mauroy, 27 avril 1982.
361. CAC 19850743 G375, note de René Cessieux à Jean Auroux, 28 avril 1982.
362. Entretien avec Jean Auroux.
363. CAS, 6 FP 12.

responsabilité était maintenue au chef d'entreprise. Cependant, après ces premiers échanges, le fond du débat fut beaucoup plus politique que technique : comme le releva Michel Coffineau, il était assez clair que la dernière rédaction d'Auroux était juridiquement la meilleure. Mais cela revenait formellement à abandonner une promesse de campagne de François Mitterrand. Pouvait-on se le permettre ? Lionel Jospin prit parti pour la réponse négative, au motif que ce serait une responsabilité singulièrement grande de renoncer à un engagement qui avait été formulé de façon si précise. Dès lors, il importait de travailler pour limiter sur le plan juridique les effets pervers d'une telle mesure, mais il était hors de question de l'abandonner. Le bureau exécutif se rallia à cette présentation des choses et se prononça en conséquence à l'unanimité pour que le texte de la future loi soit conforme à l'engagement « pris devant le pays »[364].

Le problème n'était pour autant toujours pas définitivement réglé. Dans les jours qui suivirent la décision du bureau exécutif du Parti socialiste, le gouvernement chercha activement à trouver une solution permettant de concrétiser la promesse présidentielle tout en empêchant les effets pervers tant redoutés. Un certain nombre de responsables du personnel de grands groupes français furent ainsi réunis pour discuter d'une proposition avancée par Martine Aubry, qui aurait autorisé le droit d'arrêter les machines tout en l'encadrant par un certain nombre de garde-fous, son usage devant être notamment limité aux cas de carence dûment constatés[365]. La réaction des directeurs du personnel fut unanimement négative : le droit d'arrêter les machines risquait d'être détourné en succédané de grève et il était souvent plus dangereux d'arrêter une machine que de la laisser tourner. Surtout, cela venait empiéter sur la responsabilité du chef d'entreprise : « On ne sait plus qui est le patron », affirma ainsi un des participants à cette réunion. Plutôt que de chercher un compromis décidément impossible à obtenir, Pierre Mauroy choisit de s'en tenir à la solution du droit de retrait avancée auparavant par son ministre du Travail. Le vendredi 21 mai, à l'occasion de la cinquième conférence nationale des sections et groupes socialistes d'entreprise, il réaffirma l'opposition du gouvernement au droit d'arrêter les machines. « Je sais que beaucoup d'entre vous y sont favorables, déclara-t-il à cette occasion, mais ne faut pas qu'une telle mesure se retourne contre les salariés [...]. La sécurité doit demeurer de la responsabilité pleine et entière du chef d'entreprise. [...] Il ne faut pas pratiquer la confusion des responsabilités[366]. » Cette mise au point n'empêcha

---

364. CAS, 6 FP 13, « Rappel des décisions du bureau exécutif du 28 avril 1982 ».
365. CAC 19850743 G375, notes manuscrites de René Cessieux, fin avril 1982.
366. *Le Monde* du 23 au 23 mai 1982.

pourtant pas Lionel Jospin de déclarer deux jours après que la proposition 61 de François Mitterrand devait « être respectée et appliquée[367] ». Le bras de fer entre le gouvernement et le Parti socialiste ne trouva d'issue, nous le verrons, qu'au tout dernier moment, lors de la discussion parlementaire sur le projet de loi relatif aux CHSCT, c'est-à-dire seulement en septembre 1982.

Nuages de printemps

Fort occupé à contenir les débordements de sa propre majorité, le gouvernement Mauroy dut aussi compter sur un climat sociopolitique devenant progressivement de plus en plus tendu. Parallèlement, l'opposition aux projets de lois, malgré son caractère hétéroclite, durcit ainsi le ton au cours des semaines précédant l'examen des textes par l'Assemblée nationale.

Un an après l'arrivée des socialistes au pouvoir, l'atmosphère sociale n'était déjà plus à l'euphorie des premiers temps. La reprise économique n'était pas venue et, déjà, la politique du gouvernement tendait à s'infléchir dans le sens d'une plus grande maîtrise des dépenses et témoignait d'un souci accru porté aux équilibres macroéconomiques[368]. Après les médiocres résultats de la gauche aux élections cantonales de mars 1982, un premier tournant fut pris le mois suivant, le gouvernement faisant une importante série de concessions au patronat, notamment sous la forme d'un allègement de la taxe professionnelle et du gel des charges sociales jusqu'en juillet 1983. Dans le même temps, un certain nombre de conflits sociaux très durs, émaillés d'affrontements violents, éclatèrent dans l'industrie automobile : chez Renault à Flins, puis, surtout, dans l'usine Citroën d'Aulnay-sous-Bois aux mois d'avril et de mai, et dans celle de Talbot à Poissy à partir du mois de juin 1982[369]. Ces conflits, émaillés de très violents affrontements, opposaient d'un côté les grévistes soutenus par la CGT et, de l'autre, les non-grévistes soutenus par le tout-puissant syndicat corporatiste de PSA, la Confédération des syndicats libres (CSL). Cette dernière, très proche de la direction, était très clairement marquée à droite. D'après Nicolas Hatzfeld et Jean-Louis Loubet, ce syndicat, qui prétendait par ailleurs

---
367. *Le Monde* du 25 mai 1982.
368. Alain FONTENEAU et Pierre-Alain MUET, *La gauche face à la crise*, Paris, Presses de la FNSP, 1985.
369. Sur ce dernier conflit, cf. Nicolas HATZFELD et Jean-Louis LOUBET, « Les conflits Talbot, du printemps syndical au tournant de la rigueur (1982-1984) », in *Vingtième siècle. Revue d'histoire*, n° 84, octobre-décembre 2004, p. 151-160.

Turbulences

à l'exclusivité de la représentation des salariés de l'entreprise automobile, était même « dirigé par des hommes liés aux partis de droite et d'extrême droite, auxquels il fournissait des colleurs d'affiche, voire, parfois, des candidats aux élections locales[370] ». De ce fait ces conflits sociaux de l'automobile prirent une tournure politique, devinrent également symboliques de la lutte pour la liberté syndicale et entrèrent donc fort logiquement en résonance avec les débats qui se tenaient au même moment à propos des lois Auroux. Les conflits de mai et juin 1982 sonnèrent ainsi le glas de la domination sans partage de la CSL dans toute une partie du secteur automobile français et servirent, dans le même temps, de tremplin à la CGT, devenue majoritaire chez Citroën après les élections professionnelles de juin 1982, tout en sortant de la quasi-clandestinité où elle était confinée chez Peugeot. Le gouvernement dut d'ailleurs s'impliquer dans la résolution de ces deux crises en nommant à chaque fois un médiateur en la personne de Jean-Jacques Dupeyroux, un juriste qui avait été membre du cabinet de Robert Boulin rue de Grenelle et qui fut envoyé régler le conflit de l'usine Peugeot de Poissy quelques semaines seulement après avoir été chargé du même travail à Citroën. Jean Auroux dit avoir vécu à l'occasion de ces conflits sociaux des « moments très pénibles », faits de « tensions très fortes » voire « d'accrochages physiques » avec ses interlocuteurs[371]. L'opposition les exploita quant à elle pour agiter le spectre d'une déstabilisation de l'économie française par la CGT pendant les débats parlementaires.

Les relations entre le gouvernement et la CGT se durcirent également quelque peu à partir du printemps 1982. Au début du mois d'avril, le Premier ministre était ainsi alerté de l'existence d'« anticipations cégéto-communistes sur les réformes de l'expression des travailleurs dans l'entreprise », c'est-à-dire concrètement d'initiatives prises dans les entreprises publiques pour former des « conseils d'ateliers[372] ». La CGT entendait ainsi faire pression sur le gouvernement et « imposer le changement » dans les entreprises. Elle n'hésita pas à engager par exemple un bras de fer avec la direction de l'usine RVI de Vénissieux, après l'annonce de la volonté de la centrale de procéder à une réunion de son bureau confédéral national à l'intérieur de l'enceinte de l'usine. La plupart de ses revendications, traduites sous la forme d'amendements déposés par les députés communistes ou socialistes, furent néanmoins rejetées devant l'opposition du gouvernement, comme nous l'avons montré plus haut. Jean Auroux témoigne également aujourd'hui des problèmes qui ont pu être causés par la longueur des délais entre

---

370. *Ibid.*, p. 153.
371. Entretien avec Jean Auroux.
372. CAC 19850743 G375, « Anticipations cégéto-communistes sur les réformes de l'expression des travailleurs dans l'entreprise », 9 avril 1982.

l'annonce des réformes et leur concrétisation et reconnaît que la «phase de transition» a été «difficile[373]». Elle fut d'autant plus difficile que la conflictualité sociale, au-delà des grèves très médiatiques de l'automobile, avaient tendance à augmenter, le ministère du Travail étant plus ou moins brutalement sollicité pour les régler. «C'était une période de tension sociale très forte, avec des conflits sociaux permanents et j'étais très régulièrement envahi!» raconte ainsi Jean Auroux, si régulièrement qu'il dut se résoudre à faire poser des grilles à l'entrée de son ministère pour en bloquer l'accès[374]. Par ailleurs, le blocage des prix et des salaires pour quatre mois, annoncé le 13 juin, en plein congrès de la CGT, provoqua la colère de la centrale, qui dénonça ensuite bruyamment et fréquemment l'atteinte faite au pouvoir d'achat des salariés. La sortie du blocage, en octobre 1982, fut ainsi l'occasion pour les syndicats de fonctionnaires CGT d'inonder les services du Premier ministre de pétitions de protestation[375]. Bernard Brunhes note, lui aussi, une inflexion des relations entre le gouvernement et la CGT à cette époque: «Les relations que des gens comme moi ou le ministre du Travail avaient avec la CGT aussi bien que les relations entre le PS et le PC à l'Assemblée nationale sont devenues un peu plus dures» reconnaît-il ainsi. Un an après l'élection de François Mitterrand, l'état de grâce était déjà loin.

Il s'éloignait d'autant plus vite que les protestations contre les projets de lois Auroux se faisaient progressivement plus bruyantes. Un certain nombre de faits témoignent de l'opposition farouche d'une partie du patronat et de l'encadrement. Le petit SNMPI multiplia les imprécations et les rodomontades, dans la lignée de l'accueil mouvementé qu'il avait réservé à Jean Auroux lors de son congrès du mois de novembre, allant jusqu'à appeler ses adhérents à refuser de payer la taxe professionnelle[376]. Invité au *Forum de l'Expansion* au début du mois d'avril 1982, le ministre du Travail eut également fort à faire pour y défendre ses réformes, malmené par une salle remplie, selon *Le Monde*, par «la frange la plus conservatrice du patronat[377]», laquelle ne recula pas devant les outrances, au point de «mettre en difficulté» Yvon Chotard lui-même. Serge Dassault accusa ainsi le vice-président du CNPF de ne pas être «assez ferme» face aux projets de loi «catastrophiques» du ministre du Travail et clama théâtralement: «Nous en avons tous ras-le-bol! Nous ne voulons plus être tondus! Il n'y a pas d'intérêts contradictoires entre nos salariés et nous, cela n'existe pas!». Paul Marchelli, numéro deux de

---

373. Entretien avec Jean Auroux.
374. *Idem.*
375. CAC 19850743 G374, dossier «Pétitions fonctionnaires – octobre 1982».
376. CAC 19850743 G33, note de conjoncture sociale, 5 mai 1982.
377. *Le Monde* du 3 avril 1982.

la CGC, profita aussi de l'occasion pour accuser Jean Auroux d'«introduire un déséquilibre mortel dans les entreprises».

Le syndicat des cadres se distingua d'ailleurs particulièrement dans l'opposition aux projets de loi Auroux. Rappelons qu'il avait accueilli le rapport Auroux comme une «déclaration de guerre», même s'il avait approuvé un certain nombre de ses propositions[378]. Deux points furent à l'origine de ce courroux : tout d'abord la mise en place d'un droit d'expression direct des travailleurs, compris comme une tentative d'établir une «hiérarchie parallèle» dans l'entreprise, et donc de saper l'autorité des cadres[379]. Ensuite et surtout, il ne pouvait tolérer que le gouvernement introduise un certain nombre de dispositions tendant à entériner le pluralisme de la représentation syndicale des cadres, notamment par l'octroi d'un délégué syndical supplémentaire désigné parmi le personnel d'encadrement, pour les centrales ouvrières représentées dans le premier collège (ouvriers) ayant déjà un élu dans le deuxième ou troisième collège (respectivement agents de maîtrise et cadres[380]). Concrètement, cela signifiait que les filiales cadres des autres syndicats représentatifs pouvaient désormais battre en brèche la position dominante de la CGC.

Le gouvernement poursuivit cette politique en organisant le 23 février 1982 une «table ronde des cadres» consacrée spécifiquement aux problèmes et aux revendications de cette catégorie de population. Cette table ronde faisait suite à une demande de la CFDT, formulée dès septembre 1981 et à laquelle Pierre Mauroy, après quelques réticences, avait fini par consentir[381]. Y furent conviées, non seulement la CGC, mais aussi toutes les autres organisations syndicales de cadres qui étaient rattachées aux quatre centrales ouvrières nationalement représentatives et qui obtenaient ainsi une forme de reconnaissance officielle. Cela conduisit la CGC à montrer sa mauvaise humeur tout au long des travaux préparatoires[382], son président Jean Menu refusant même au dernier moment d'y participer et laissant son numéro deux Paul Marchelli représenter son organisation à sa place[383]. Quelques mois plus tard, le pouvoir socialiste notait toutefois les insuffisances de cette politique. «Malgré l'organisation de la table ronde et la reconnaissance implicite de la pluralité syndicale chez les cadres, la réunion de groupes de travail... la CFE/CGC reste aux yeux de l'opinion publique l'organisation représentative de cette catégorie de salariés, était-il écrit

---

[378]. CAC 19850743 G375, 28 octobre 1981.
[379]. Déclaration de Jean Menu le 27 mars 1982. Cf. *Le Monde* du 30 mars 1982.
[380]. Mesure prévue par le rapport Auroux. *Cf.* Jean Auroux, *op. cit.*, p. 67.
[381]. CAC 19850743 G33, lettre de Pierre Mauroy à Pierre Vanlerenberghe, secrétaire général de l'UCC-CFDT, fin octobre 1981.
[382]. CAC 19850743 G33, note de Robert Métais à Bernard Brunhes, 18 décembre 1981.
[383]. *Le Monde* du 24 février 1982.

dans le compte rendu d'une réunion tenue à l'Élysée en mai 1981. De son côté, le gouvernement ne prend peut-être pas suffisamment en compte le problème le plus important des cadres : leur place et leur rôle dans l'entreprise. Les projets de loi du ministère du Travail (suite au rapport Auroux) ne comportent aucune disposition à leur égard[384]. » Pour pallier ces manques, il était envisagé de procéder à « des actions spécifiques d'information », sans pour autant dévier de politique. « Démontrer, en toute circonstance, que la pluralité syndicale chez les cadres est une réalité, sans pour autant manifester de l'agressivité à l'égard de la CGC. Procéder à un inventaire des instances dans lesquelles on pourrait éventuellement améliorer la représentation des cadres » : telles furent les lignes de l'action à mener tracées à l'issue de cette réunion.

La CGC, devant la constance de la ligne gouvernementale, se lança dans une surenchère verbale, et n'hésita pas à entrer dans une stratégie de confrontation directe. Organisant un « tour de France de la grogne » pour manifester son rejet des projets Auroux, elle usa encore de la dénonciation de la « soviétisation » des entreprises françaises, utilisant une rhétorique de plus en plus radicale. Jean Menu alla ainsi jusqu'à proclamer que « l'avenir de notre société de liberté et de responsabilité [était] en jeu » et à lancer un « front du refus[385] ». La CGC opéra également un spectaculaire rapprochement avec les partis d'opposition, organisant des rencontres tant avec le RPR qu'avec l'UDF[386]. Le conflit s'envenima au point qu'une audience entre Pierre Mauroy et une délégation de la CGC faillit dégénérer, comme le rapporte Bernard Brunhes, qui en fut témoin :

> « Au moment où on a lancé le droit d'expression des travailleurs, il y a eu une réunion. On était quatre dans le salon qui était à côté du bureau du Premier ministre : il y avait Menu, président de la CGC à l'époque, Marchelli, secrétaire général de la CGC, Mauroy et moi. Marchelli et moi avons été obligés de nous mettre entre Mauroy et Menu parce qu'ils allaient en venir aux mains ! Menu a accusé Mauroy d'être vendu aux soviets, de créer des soviets. C'était la manière dont il réagissait à la création du droit d'expression des travailleurs. Il l'a accusé de créer des soviets dans les entreprises. Le mot "soviet" a fait hurler Mauroy. Il n'était pas communiste, Mauroy ! Il n'aimait pas beaucoup les communistes ; il vivait avec. Mauroy s'est foutu en colère, ils se sont engueulés… Ils ont failli en venir aux mains ! »

---

384. CAC 19850743 G33, « Réunion le 6 mai 1982 à la présidence de la République sous la présidence de M. Fournier », 6 mai 1982.
385. *Le Monde* du 2 avril 1982.
386. *Le Monde* du 21 avril 1982 et du 2 mai 1982.

Évoquant cet incident dans *Paris-Match* à la fin du mois d'août 1982, Jean Menu en profita pour réclamer rien moins que la démission du Premier ministre[387]. Fin novembre, lorsque la CGC organisa une manifestation de protestation (d'ailleurs médiocrement mobilisatrice), les noms d'oiseaux lancés à l'encontre de François Mitterrand, de Pierre Mauroy et de Jean Auroux fleurirent...[388]

La CGC fut la plus virulente, mais elle ne fut pas la seule centrale syndicale à s'opposer vigoureusement aux projets de loi Auroux. FO, sans être aussi violente, manifesta constamment sa désapprobation. Elle resta sur la ligne consistant à refuser tout ce qui pouvait ressembler à un commencement d'implication des syndicats ou des représentants des salariés dans la gestion des entreprises. Comme le déclara André Bergeron à Bernard Brunhes le 14 septembre 1981 : « Il y a d'un côté les patrons, de l'autre les travailleurs et, bien entendu, à chacun son rôle[389]. » Auditionnés par la commission des Affaires sociales de l'Assemblée nationale, les représentants de FO, tout en reconnaissant des avancées, voire en regrettant qu'on ne soit pas allé plus loin sur certains points, réaffirmèrent ainsi leur opposition à tout droit de veto du comité d'entreprise, quand bien même la question avait été renvoyée à un projet de loi différent[390]. Les autres points de discorde étaient les mêmes qu'auparavant : FO refusait le droit d'expression direct (qu'elle estimait concurrencer le rôle des syndicats) ainsi que la réforme de la négociation collective, tant l'obligation de négocier que les clauses de représentativité qui venaient gêner son habitude de signer des accords minoritaires. En définitive, la seule centrale syndicale qui pesa de tout son poids pour défendre les réformes Auroux fut la CFDT, laquelle ne perdit pas une occasion de réclamer l'accélération de leur mise en application. Presque chaque prise de parole publique d'un de ses représentants comprenait ainsi un vibrant passage sur les droits nouveaux des travailleurs, dont la centrale faisait sa priorité. Edmond Maire lui-même, dans une tribune parue dans *Le Monde* du 19 août 1982, écrivit ainsi que « l'investissement le plus urgent [était] les droits nouveaux des travailleurs[391] », dans une véritable défense et illustration des lois Auroux qui aurait pu faire croire à un lecteur non averti de la subtilité du processus législatif que le secrétaire général de la CFDT était le véritable auteur de ces lois...

---

387. Cité dans *Le Monde* du 29-30 août 1982.
388. *Le Monde* du 21-22 novembre 1982.
389. CAC 19850743 G33, note de Robert Métais, 18 septembre 1981.
390. *Bulletin des commissions...*, n° 9, p. 547-554.
391. *Le Monde* du 19 août 1982.

Chapitre VI
L'œuvre parlementaire

Au moment d'être examinés par le Parlement, les projets de loi Auroux n'avaient donc pas été transformés en profondeur, que ce soit par le groupe parlementaire socialiste ou par la commission des Affaires culturelles, familiales et sociales de l'Assemblée nationale. Quelques modifications avaient certes été introduites, mais le cœur du dispositif n'était pas en cause. Avant que ne débutent les débats en séance publique, *Le Monde* notait cependant que sur 420 amendements examinés, la commission en avait retenu 120, dont trois susceptibles de « provoquer des remous [392] ». Il s'agissait tout d'abord du droit de créer une section syndicale dans les entreprises de moins de 50 salariés et ensuite de la possibilité pour le comité d'entreprise d'inviter une personnalité extérieure à l'entreprise pour qu'elle s'y exprime, sous réserve toutefois de l'accord du chef d'entreprise. Surtout, le point le plus délicat restait encore et toujours la question du droit de retrait des salariés en cas de danger, seul vrai point de discorde majeur entre le parti et le gouvernement, chacun restant à ce propos sur ses positions. Après le discours de Pierre Mauroy devant les groupes de sections d'entreprise, durant lequel le Premier ministre avait clairement rejeté l'hypothèse de la mise en place du droit d'arrêter les machines, Matignon considéra pourtant que le débat était « clos », mais pour le parti, celui-ci

---

392. *Le Monde* du 5 mai 1982.

demeurait « en suspens[393] ». Ce problème devait donc encore être tranché au moyen des débats parlementaires.

À ce sujet de zizanie persistant s'ajouta, pour le gouvernement, une difficulté supplémentaire, à savoir l'obstruction menée par les députés de l'opposition pour faire obstacle à l'adoption des textes, tactique qui eut comme conséquence de beaucoup retarder l'adoption des quatre lois, dont la dernière (celle relative aux CHSCT) qui ne fut promulguée que quelques jours avant Noël 1982. Curieux débat en vérité, faisant alterner quelques beaux galops d'éloquence parlementaire avec d'interminables enlisements dans les marécages de la procédure et de la petite polémique. Avant d'aller plus loin, précisons qu'il ne s'agit pas ici pour nous d'analyser ni de résumer de manière exhaustive les débats parlementaires relatifs aux lois Auroux. Un livre entier n'y suffirait pas, tant ils constituent une masse énorme (un millier de pages du *Journal officiel*!), d'intérêt d'ailleurs fort variable. De même, il va de soi que nous ne détaillerons pas non plus le contenu de chaque article voté : l'ampleur de l'entreprise réformatrice (un tiers du code du travail modifié) nous en empêche[394]. Nous avons en revanche choisi mettre en valeur d'abord les positions adoptées par les principaux acteurs du débat, lesquelles furent fixées dès la discussion générale des 13 et 14 mai 1982, pour ne plus guère bouger et, ensuite, les principaux points de clivage entre ces acteurs.

Guérilla à l'Assemblée nationale

Le 13 mai 1982, le débat parlementaire sur les quatre projets de loi Auroux commença enfin, inauguré comme il se doit par un discours du ministre du Travail, auquel répondirent les exposés des présidents des commissions, celui des rapporteurs, puis enfin ceux des orateurs des différents groupes politiques. Les discours prononcés ce jour-là résument, pour une bonne part, ce que furent les positions adoptées lors de l'ensemble des débats. Jean Auroux choisit pour ses propos liminaires de se faire tour à tour mesuré et solennel, politique et pragmatique. Il se fit ainsi d'abord procureur, tonnant contre l'ancien pouvoir qui n'avait « pas entendu les appels, les avertissements, les cris de désespoir ou les actes d'espérance des milliers et des milliers de travailleuses et de travailleurs qui, avec leurs organisations syndicales, [avaient] lutté pour

---

393. *Le Quotidien de Paris* du 20 mai 1982.
394. Ce travail a par ailleurs naturellement déjà été fait par des juristes pour qui cela avait un objet pratique évident. *Cf.* par exemple *Le rapport et les lois Auroux...*, *op. cit.*

leurs droits[395] ». Toujours très offensif, il dénonça ensuite l'absence de participation de l'opposition aux travaux de la commission des Affaires culturelles, familiales et sociales, laquelle opposition avait préféré déposer plusieurs milliers d'amendements afin de ralentir les travaux de l'Assemblée. Il souligna également l'effort de concertation avec les organisations syndicales qui avait été le sien : « Elles avaient tant de choses à dire et depuis si longtemps dans des ministères dont les grilles n'avaient guère su s'ouvrir à leurs propositions avant le printemps dernier. » Mais, ajouta-t-il en se laissant aller à un brin d'emphase : « Le gouvernement ne vous propose ni un projet pour un parti, ni un projet pour un syndicat, ni un projet pour un groupe social ; il vous propose un projet politique pour la France[396]. » Tout en ne reculant pas devant la polémique avec l'opposition, il s'efforça en effet de montrer le pragmatisme de sa démarche : « C'est à une tâche de réconciliation que le gouvernement s'est attaché ; elle implique de la part de chacun de reconsidérer sa propre situation de pouvoir, d'un pouvoir qui doit être désormais tourné vers l'action et le progrès. [...] Ces projets ne sont pas nés de quelque bible politique, livre de chevet d'un ministre doctrinaire ; ils sont issus d'une autre approche, réaliste, progressiste et responsable[397]. » Surtout, il mit en avant la philosophie contractualiste qui avait été la sienne depuis le début, en des mots qui étaient d'ailleurs extrêmement proches de ceux utilisés dans son rapport publié à l'automne précédent, et que Jacques Delors n'aurait d'ailleurs pas renié. Il s'employa ainsi à désarmer les critiques qui avaient fusé contre lui dans les semaines précédentes. En réponse au CNPF qui faisait mine de s'inquiéter de sa volonté de « rupture », il répondit qu'« il s'agi[ssait] bien d'introduire une rupture, non pas tant au niveau institutionnel que dans certains comportements fermés *a priori* à tout dialogue social[398] ». « La concertation et le contrat doivent désormais être la règle, poursuivait-il dans la même veine. [...] Il ne s'agit donc ni de favoriser les conflits ni de les faire disparaître. Il s'agit de mettre en place des mécanismes permettant leur résolution qui sera d'autant plus féconde qu'elle aura été conduite par des partenaires à part entière [...]. La politique contractuelle, grâce à la négociation stimulée par l'État à tous les niveaux, constitue donc la pierre angulaire des nouveaux rapports sociaux dans l'entreprise, dans le cadre de la loi[399]. »

---

395. *Journal officiel de la République française*, compte rendu des débats de l'Assemblée nationale, 1re séance du 13 mai 1982, p. 2090.
396. *Ibid.*, p. 2092.
397. *Ibid.*, p. 2091.
398. *Ibid.*, p. 2092.
399. *Ibid.*, p. 2092-2093.

Parmi les discours qui furent prononcés ensuite à la tribune, certains méritent d'être plus que d'autre mis en valeur. Du côté de la majorité tout d'abord : Michel Coffineau, rapporteur de la loi relative au développement des institutions représentatives du personnel, témoigna par exemple de la différence d'approche qui le séparait du ministre du Travail. Le clivage entre le mitterrandien rallié à la philosophie de la deuxième gauche et le membre du CERES apparut clairement à cette occasion. Michel Coffineau retrouva ainsi à la tribune de l'Assemblée le ton du *Projet socialiste pour les années 80*, commençant son exposé par une mise en perspective historique d'un marxisme irréprochable. Il s'agissait, en effet, pour lui, rien moins que de prendre la Bastille patronale :

> « La Révolution de 1789 et l'institution de la République ont permis dans notre pays cette fantastique avancée de l'Histoire que fut la mise en œuvre de la démocratie dans nos institutions, déclara-t-il ainsi à la tribune. La bourgeoisie, auparavant dominée, devenue dominante, avait besoin de cette démocratie pour combattre la sclérose héritée du régime royaliste et développer les rapports marchands. Mais en luttant pour une démocratie institutionnelle où son acquis culturel et son pouvoir économique lui permettaient d'en assurer la prééminence, elle n'entendait pas l'octroyer à la masse des ouvriers. C'est ainsi qu'elle a réintroduit dans l'entreprise, au sein des rapports de production, le pouvoir absolu qu'elle avait combattu[400]. »

Il s'agissait donc, pour lui, de se placer résolument dans « la filiation du combat historique [des travailleurs] ; obtenir des droits nouveaux réels et collectifs pour changer les rapports sociaux dans l'entreprise[401] ». Le reste de son discours témoigna toutefois également du souci plus prosaïque de démontrer que ces lois n'étaient pas en contradiction avec la politique gouvernementale consistant à limiter le poids des charges pesant sur les entreprises. Cela le conduisit à justifier le rejet d'un certain nombre d'amendements socialistes et communistes par la commission des Affaires culturelles, familiales et sociales, mais ne l'empêcha pas de conclure sur une nouvelle cascade de références historiques : « Après 1936, 1945, 1968, mai 1982 marquera aussi l'histoire du mouvement ouvrier[402] », affirma-t-il ainsi avant de quitter la tribune. L'aile gauche du PS put, de cette manière, faire entendre sa musique personnelle, sans pour autant décider de la partition. Lionel Jospin insista de son côté surtout sur la modération des réformes proposées à l'Assemblée nationale, le projet du gouvernement étant, selon lui, « raisonnable et plutôt

---
400. *Ibid.*, p. 2100.
401. *Ibid.*
402. *Ibid.*, p. 2103.

sage». Le premier secrétaire du PS défendit également le fait qu'il n'y avait pas contradiction entre progrès social et progrès économique et surtout s'employa à démontrer qu'il s'agissait de s'aligner sur les pays dont la législation sociale était la plus avancée, Suède, Allemagne et Italie[403]. Georges Marchais, dans la continuité des amendements présentés par les députés communistes devant la commission des Affaires sociales, réclama, quant à lui, le droit pour les CHSCT «d'interrompre tout processus de travail en cas de danger» ainsi que «le droit à la libre expression des opinions politiques» dans l'entreprise[404]. Au sein de la majorité, trois pôles se dessinaient donc : celui incarné par le gouvernement, tout en modération prudente et en pédagogie ; celui incarné par l'aile gauche du PS, au discours plus musclé, même si la plupart des choses étaient d'ores et déjà jouées ; celui enfin incarné par le PCF, relais des revendications cégétistes, mais relais au final guère écouté, nous le verrons.

L'opposition avait conservé jusqu'en mai 1982 un silence relatif sur le rapport Auroux puis sur les projets de loi, laissant à un certain nombre de partenaires sociaux le soin de mener la fronde. Elle n'éleva véritablement la voix que dans les jours précédant immédiatement le débat parlementaire : le RPR fit alors savoir que, selon lui, les projets Auroux favorisaient rien moins que «la déstabilisation des entreprises françaises par l'organisation de contre-pouvoirs, par la contestation de la hiérarchie et par le sabotage des expériences de participations déjà lancées». Nuisibles à la compétitivité de l'économie française, ces textes constituaient «une machine de guerre contre les entreprises[405]». L'UDF dénonça, quant à elle, le fait que la vie contractuelle était mise en «liberté surveillée» et que «le risque de politisation de l'entreprise [était] énorme[406]». Une certaine gêne se fit cependant sentir derrière leurs commentaires. Tout en tirant à boulets rouges sur les projets Auroux, RPR et UDF ne les rejetèrent en effet pas en bloc. Certaines dispositions «non négligeables [...] pourraient appeler des commentaires favorables» admit même le parti de Jacques Chirac, tandis que celui de Valéry Giscard d'Estaing reconnut qu'ils présentaient «des aspects positifs», tout en s'empressant de préciser qu'ils étaient «oblitérés par d'autres plus négatifs». Cette ambiguïté put mener à des prises de positions assez acrobatiques : «Ces textes sont dangereux non par ce qu'ils prévoient, mais par ce qu'ils risquent d'engendrer», déclara de cette façon Didier Bariani,

---

403. *Ibid.*, p. 2125.
404. *Ibid.*, p. 2132-2133.
405. *Le Monde* du 5 mai 1982.
406. *Le Monde* du 8 mai 1982.

président du Parti radical valoisien, une semaine avant le début des débats en séance publique[407]. L'exercice délicat consistant à désapprouver par avance les conséquences de mesures pourtant jugées positives eut aussi comme variante l'idée que certaines mesures Auroux pouvaient être approuvées, mais que l'ensemble formait un tout inacceptable. Cet angle d'attaque, qui était en réalité le même que celui qu'Yvon Chotard avait utilisé en février 1982, fut notamment employé par Philippe Séguin. Le député des Vosges, « gaulliste social » et chef de file de l'opposition au Palais-Bourbon sur le sujet, tant lors de la discussion générale du 13 mai que durant le reste des débats, déploya toute son éloquence pour démontrer qu'en matière de lois Auroux le tout était supérieur à la somme des parties :

> « Nous serons partagés, déclara-t-il ainsi à la tribune de l'Assemblée, entre le souhait de souscrire à certaines des mesures que vous suggérez et la volonté de ne pas adhérer au contexte dans lequel elles peuvent s'insérer, à la logique qui peut les sous-tendre, au système que progressivement, les choses étant ce qu'elles sont, elles pourraient imposer […].
>
> Et c'est bien une des caractéristiques essentielles du débat : isolées, vos propositions se discutent, peuvent même séduire ; mises en cohérence, éclairées par d'autres projets du gouvernement, elles peuvent être dangereuses[408]. »

En somme, résumait *Le Monde*, « vous avez peut-être raison, mais malgré vous, au bout du compte, vous aurez tort ». Le journal du soir, par ailleurs favorable aux projets du ministre du Travail, dans lesquels il voyait, comme le premier secrétaire du Parti socialiste, un alignement de la législation française sur celle de pays plus avancés[409], en conclut que « la thèse de M. Séguin se [tenait], mais [que c'était] largement une thèse d'anticipation et de subjectivité politique[410] ». Autrement dit, la position de Philippe Séguin, bien que fort subtile, ne l'exonérait pas totalement du reproche de mauvaise foi, ce que Lionel Jospin s'empressa d'ailleurs de relever lorsqu'il lui succéda à la tribune du Palais-Bourbon[411]. Ne reculant pas devant la provocation, pour le plus grand bonheur des parlementaires de l'opposition et le scandale de ceux de la majorité, le député des Vosges développa ensuite sa vision de l'entreprise, « à la fois un centre de production et une communauté d'hommes ». Il l'opposa à la « conception des rapports sociaux fondés sur

---

407. *Ibid.*
408. *Journal officiel*, p. 215.
409. *Le Monde*, éditorial du 12 mai 1982.
410. *Le Monde* du 15 mai 1982.
411. *Journal officiel*, p. 2124.

[le] vieux démon de la lutte des classes », et en profita pour se livrer à une longue et impeccable défense et illustration de la vieille idée gaulliste de participation, citation conclusive du général à l'appui.

Cependant, au-delà de la rhétorique et de la polémique, il sut également pointer les ambiguïtés des textes de loi, montrant par exemple l'équivoque qui planait sur la revendication de la liberté d'expression, à la signification très différente selon qu'elle venait du patronat, de la CGT ou de la CFDT. De même, sa présentation de l'origine intellectuelle et idéologique des projets de loi, si elle se voulait mordante, ne manquait pas d'acuité. « Pour parler net – ou pour parler cru – les textes Auroux, c'est du Delors, mais du Delors revu et corrigé, c'est-à-dire marqué par une forte inspiration "cédétiste" et surtout assorti de trop nombreuses concession à la CGT, avec un brin de démagogie, de-ci, de-là, car on ne se refait pas », railla-t-il[412]. Entachée d'une nette surestimation du rôle de la CGT (l'objectif politique d'une telle surestimation étant ici évident), cette phrase visait toutefois assez juste, nous l'avons vu.

Les autres orateurs de la droite prononcèrent, quant à eux, des discours de moindre envergure. Au nom de l'UDF, Jacques Barrot reconnut que les « ambitions » du ministre du Travail n'étaient « en elles-mêmes pas contestables », au contraire de sa « démarche » qui, pour lui, conduisait à considérer l'entreprise comme « le champ clos d'un rapport de forces et le lieu privilégié de la lutte des classes[413] ». Sa relative originalité fut d'insister plus sur la fragilité économique des PME, son argumentation reprenant pour le reste des idées déjà abondamment développées en dehors du Palais-Bourbon par les opposants aux réformes (négligence envers les cadres par exemple, ou bien dépérissement de la négociation collective en croyant l'encourager). Alain Madelin se déchaîna enfin contre « Auroux Gribouille » et contre « Auroux Valence qui a repris les positions révolutionnaires de ses amis[414] » en faisant allusion à la ville où s'était tenu le dernier congrès du Parti socialiste, lequel n'avait pas été exempt d'un certain triomphalisme. La virulence des propos du jeune député UDF le mena toutefois à s'éloigner quelque peu du contenu réel des textes débattus.

À l'issue de la discussion générale des 13 et 14 mai, les différents rôles étaient donc distribués ; ils ne devaient guère changer par la suite. Les débats sur les textes eux-mêmes commencèrent le 14 mai, l'ultime vote de l'Assemblée nationale n'intervenant cependant que le 18 décembre.

---

412. *Ibid.*, p. 2115.
413. *Ibid.*, p. 2128.
414. *Journal officiel de la République française*, compte rendu des débats de l'Assemblée nationale, 2ᵉ séance du 14 mai 1982, p. 2178.

La longueur de ce délai était la conséquence de l'obstruction systématique de l'opposition, tactique qu'elle avait d'ailleurs déjà employée lors des débats parlementaires relatifs à la loi de décentralisation et à la loi sur les nationalisations[415]. Sachant qu'ils ne pourraient empêcher l'adoption des lois Auroux, du fait de l'écrasante majorité dont disposait le Parti socialiste, les partis de droite choisirent cependant de tout faire pour la retarder le plus possible. La première lecture des quatre lois ne put même pas être menée à bien avant la fin de la session parlementaire de printemps, la première lecture de la loi relative aux CHSCT n'intervenant même qu'à la fin du mois de septembre 1982.

Le principal moyen utilisé dans leur entreprise par l'UDF et le RPR fut le dépôt massif d'amendements. Le groupe UDF, à lui seul, en déposa pas moins de 1 500 dès avant le début des débats parlementaires[416] ; l'opposition en déposa au total près de 3 500[417]. Par ailleurs, elle utilisa toutes les ressources mises à sa disposition pour faire durer les choses : suspensions de séance, rappels aux règlements, demandes de scrutin public s'accumulèrent, d'autant que « manquant parfois d'expérience quant aux rites de la procédure, [la majorité] privilégi[ait] le fond des textes à leur forme », comme l'observa le journal *Le Monde* à cette époque[418], et pouvait donc se laisser piéger. Le refus de l'opposition de prendre part aux débats de la commission des Affaires sociales, au motif qu'elle avait réclamé en vain la constitution d'une commission spéciale pour examiner les projets Auroux, avait également comme conséquence de rendre pour le moins laborieux et répétitifs les travaux d'examen des amendements effectués en séance publique, ce qui était bien sûr le but recherché. L'opposition voulait, en fait, obliger le gouvernement à passer en force pour abréger les travaux législatifs et à tirer parti de la crispation politique qui en résulterait. Chose rare dans ce genre de circonstances, Philippe Séguin l'admit même explicitement : « Si le gouvernement recourait à des procédures de type 49-3, cela ne nous déplairait pas », glissa-t-il à la fin du mois de mai dans les couloirs de l'Assemblée, désireux de pouvoir exploiter dans l'opinion « la faute politique » que cela constituerait[419]. Le député des Vosges, sans doute conscient d'avoir à cette occasion franchi un peu trop gaillardement la ligne de démarcation entre ce qui peut être dit dans les journaux et ce qui ne le peut pas, tenta par la suite de minimiser ses propos, et contre-attaqua. « Je mets

---

415. Jean Garrigues (dir.), *Histoire du Parlement de 1789 à nos jours*, Paris, Armand Colin, 2007, p. 471-478.
416. *Le Monde* du 8 mai 1982.
417. D'après le chiffre avancé par Jacques Le Goff, *art. cit.*, p. 32, par Philippe Bauchard, *La guerre des deux roses. Du rêve à la réalité, 1981-1985*, Paris, Grasset, 1986, p. 82, ainsi que par Pierre Favier et Michel Martin-Roland, *op. cit.*, p. 197.
418. *Le Monde* du 30-31 mai 1982.
419. *Idem*.

au défi quiconque de démontrer que nous chercherions à retarder systématiquement les débats par manœuvres de procédure », écrivit-il ainsi, non sans une certaine audace, dans une lettre adressée au journal *Le Monde*[420]. Il finit tout de même par convenir, quelques années plus tard, que « la discussion des lois Auroux [fut] l'occasion de vrais excès en matière d'obstruction[421] ».

Le gouvernement n'employa cependant pas les grands moyens et se contenta de la procédure de déclaration d'urgence, laquelle abrégeait quelque peu les navettes entre l'Assemblée et le Sénat, et avait été recommandée à Pierre Mauroy par son conseiller chargé des relations avec le Parlement[422]. Eut-il toutefois la tentation d'aller plus loin ? D'après Bernard Brunhes, la réponse à cette question est négative : « Il n'a jamais été question du 49-3 qui ne servait pas à grand-chose de toute façon parce qu'on était sûr que ça serait voté[423]. » Il semblerait qu'un débat se soit toutefois tenu à ce propos à l'hôtel Matignon dans les jours précédant la première lecture parlementaire, certains députés socialistes faisant pression pour une accélération du processus alors que Jean Auroux était, pour sa part, attaché à ce que la discussion ne soit pas amputée[424]. Au début du mois de juin, la menace du recours à une procédure expéditive planait dans les couloirs du Palais-Bourbon, tandis que Pierre Joxe évoquait la possibilité de réserver certains articles des projets restant en discussion « pour aller directement à l'essentiel[425] ». Mais, en tout état de cause, tout cela ne fut pas suivi d'effet. Dans un dernier baroud, le CNPF tenta, pour sa part, d'obtenir un report de l'application des lois jusqu'à juillet 1983, mais se heurta à une fin de non recevoir de Pierre Mauroy[426].

Dans la pratique, l'obstruction parlementaire contre les projets Auroux fut menée par un petit nombre de jeunes députés de l'opposition qui profitèrent de l'occasion pour se faire une renommée. Ils montèrent sabre au clair à l'assaut du ministre Auroux, lequel dut se résoudre à faire le dos rond face à l'orage. C'est à cette époque qu'émergèrent médiatiquement les Charles Millon, Michel Noir, Alain Madelin, Jacques Toubon, « tous les guerriers qui ont fait leur carrière sur mon dos », comme le constate aujourd'hui Jean Auroux avec un rien de

---

420. *Le Monde* du 2 juin 1982.
421. Philippe SÉGUIN, *Itinéraire dans la France d'en bas, d'en haut et d'ailleurs*, Paris, Seuil, 2003, p. 219.
422. CAS, carton « Durée du travail. Droits des travailleurs », note de Richard Gradel à Pierre Mauroy, 28 avril 1982.
423. Entretien avec Bernard Brunhes.
424. *Le Monde* du 30-31 mai 1982.
425. *Le Monde* du 3 juin 1982.
426. CAC 19850743 G375, lettre d'Yvon Gattaz à Pierre Mauroy, 7 juin 1982, et lettre de Pierre Mauroy à Yvon Gattaz, 10 août 1982.

dépit[427]. Les ténors de l'opposition laissèrent en effet les jeunes loups mener la bataille qui fut âpre et sans concessions, le contexte général n'incitant d'ailleurs pas à la sérénité. Les secousses sociales dans le secteur automobile, émaillés d'accès de violence, eurent ainsi des répliques au sein de l'Assemblée nationale. Ils furent abondamment utilisés par les jeunes loups de l'UDF et du RPR qui s'en servirent pour dramatiser les débats.

Pour illustrer cela, nous nous limiterons à l'exemple de la séance du 3 juin consacrée à la discussion de la loi relative aux institutions représentatives du personnel et qui fut très tendue. Jacques Toubon et Alain Madelin mirent ainsi à profit une interruption des débats demandée par le ministre du Travail qui voulait être mis au courant des dernières évolutions du conflit Talbot pour déclencher un violent incident de séance. Dans l'après-midi, la situation avait en effet dégénéré à Poissy. De violents affrontements entre grévistes et non-grévistes avaient fait une quarantaine de blessés, dont le directeur du personnel. Ce dernier avait auparavant harangué les opposants à la grève pour les inciter à libérer de force l'atelier B3 occupé depuis la veille par la CGT. Le service d'ordre de la CSL s'était ensuite lancé à l'assaut de l'atelier, mais avait été repoussé[428]. Peu avares de métaphores militaires, Jacques Toubon et Alain Madelin prirent argument de cet épisode musclé pour dénoncer la « livraison d'armes » à la CGT que constituaient, selon eux, les projets de loi relatifs aux droits nouveaux des travailleurs, ainsi que la « déstabilisation de l'économie française » à laquelle se livrait la centrale syndicale. « Il s'agit d'une véritable entreprise de guerre civile », tonna Alain Madelin. Essayant tant bien que mal de calmer le jeu, Jean Auroux condamna toutes les « provocations », d'où qu'elles viennent et rappela que son objectif était de favoriser « la paix dans toutes les collectivités de travail de France ». Il échoua toutefois à ramener la sérénité dans les débats. Le communiste Guy Ducoloné profita en effet de l'occasion pour rappeler le passé d'extrême-droite d'Alain Madelin, et son penchant d'alors pour la « démocratie de la matraque », tandis que le socialiste Jean-Michel Belorgey accusa Jacques Toubon d'être rien moins qu'un « subversif[429] ».

L'ambiance n'était toutefois pas toujours aussi tendue : « On finissait par boire des pots ensemble à la fin », se souvient ainsi Jean Auroux[430]. « Après s'être engueulés avec Séguin jusque tard dans la nuit, il n'était pas

---

427. Entretien avec Jean Auroux.
428. *Le Monde* du 5 juin 1982, Nicolas HATZFELD et Jean-Louis LOUBET, *art. cit.*, p. 151-152.
429. *Journal officiel de la République française*, compte rendu des débats de l'Assemblée nationale, 1ʳᵉ séance du 3 juin 1982, p. 2918-2920.
430. Entretien avec Jean Auroux.

rare qu'on se retrouve à 3 heures du matin pour boire un pot avec lui[431] », confirme Martine Aubry, qui assistait le ministre du Travail durant le marathon des discussions. Comme lors de la discussion générale des 13 et 14 mai, ce fut d'ailleurs la figure du député des Vosges qui émergea le plus nettement du côté de l'opposition. S'il ne dédaigna pas la polémique, s'investissant jour et nuit dans son travail d'opposant acharné, sa maîtrise des dossiers, sa capacité à débusquer les failles juridiques ou les imprécisions, mais aussi, de manière certes plus ponctuelle, sa faculté de proposer des améliorations, lui conférèrent une stature certaine tout au long du déroulement des débats. Michel Coffineau lui reconnaît ainsi « une bonne connaissance des choses et une argumentation solide[432] ». « Quand Séguin n'était pas là, on était désemparés. Les débats étaient beaucoup moins intéressants », témoigne quant à lui Gilles Bélier, le juriste qui assistait alors le ministre du Travail[433]. Il faut dire que les autres « mousquetaires » de l'opposition se préoccupèrent, par moments, beaucoup moins du fond des projets proposés par le ministre du Travail qu'ils ne se servirent des débats comme d'une tribune commode pour se faire connaître.

Des aménagements à la marge

En septembre 1982, Maurice Cohen, un juriste très proche de la CGT, se félicita de la tournure qu'avaient pris les débats parlementaires. « Plus de la moitié des innovations positives insérées au code du travail résultent des amendements introduits par les députés. L'Assemblée nationale n'est plus la chambre d'enregistrement que nous avons connue sous les précédents septennats », se réjouissait-il ainsi[434]. C'était malheureusement aller un peu vite en besogne. « Nous ne sommes pas fermés à l'expression parlementaire dans la limite de la cohérence de nos textes » : Jean Auroux avait en préambule des débats, clairement manifesté les limites du pouvoir d'amendement que le gouvernement était prêt à accorder aux députés[435]. Des aménagements étaient possibles, mais il n'était pas question de déroger aux principes essentiels des projets de loi. Le gouvernement avait montré avant le débat en séance publique sa détermination à empêcher le groupe socialiste à aller trop loin ; durant

---
431. Cité dans Paul Burel et Natacha Tatu, *Martine Aubry. Enquête sur une énigme politique*, Paris, Calmann-Lévy, 1997, p. 93.
432. Entretien avec Michel Coffineau.
433. Cité dans Paul Burel et Natacha Tatu, *op. cit.*, p. 93.
434. Maurice Cohen, « Réflexions sur les nouveaux droits votés », in *Revue pratique de droit social*, n° 449, septembre 1982, p. 93.
435. *Journal officiel de la République française*, compte rendu des débats de l'Assemblée nationale, 2ᵉ séance du 14 mai 1982, p. 2184.

celui-ci le ministre du Travail dut cependant naviguer entre une majorité encore tentée de durcir les textes, et une opposition très remontée.

Après l'abandon préalable par le groupe socialiste de la plupart de ses amendements sur lesquels le gouvernement était en désaccord, les débats en séance publique ne réservèrent cependant que peu de surprises. Même si çà et là des voix s'élevèrent au sein des socialistes pour regretter que l'on n'aille pas plus loin, et si le règlement de certains points fut plus délicat que d'autres, il n'y eut pas de véritable bras de fer. Les communistes se contentèrent de mettre en avant leurs revendications habituelles, sans insister outre mesure. Ils réclamèrent ainsi de nouveau la suppression du règlement intérieur, le droit d'expression politique dans l'entreprise, ou bien encore l'augmentation des moyens et des crédits d'heures accordés aux syndicats, dans une mesure supérieure à ce que le gouvernement était disposé à accepter. Bien que cette période vit poindre les premiers désaccords importants entre la CGT et la politique menée par Pierre Mauroy (à propos du blocage des prix et des salaires, annoncé le 13 juin) et que les conflits sociaux de l'automobile dans lesquels la centrale jouait un rôle très actif, ce qui rendait le contexte plus délicat, le PCF ne haussa pas véritablement le ton à propos des lois Auroux. Même s'il rencontra parfois l'approbation verbale du Parti socialiste, ou du moins d'une partie des membres de ce dernier, il ne réussit néanmoins pas à faire passer ses revendications majeures et n'en fit d'ailleurs pas un *casus belli*. L'aile gauche du Parti socialiste se contenta, quant à elle, de regretter certaines timidités et promit à l'occasion que l'on irait plus loin la prochaine fois, vœu pieux qui n'engageait pas à grand-chose.

Le débat qui s'instaura à propos de l'entrée de la politique dans l'entreprise est un bon exemple de ce mode de fonctionnement de l'Assemblée et des relations qui purent s'instaurer entre les différents groupes politiques, d'une part (y compris d'ailleurs ceux de l'opposition), et le gouvernement, d'autre part. Lors de la troisième séance du 17 mai 1982 consacrée à l'examen du projet de loi relatif aux libertés des travailleurs dans l'entreprise, le député communiste des Hauts-de-Seine, Jacques Brunhes, défendit ainsi un amendement de son groupe tendant à autoriser l'expression politique dans l'entreprise, ce qui était d'ailleurs déjà une position modérée. Le PCF, quant à lui, revendiqua le droit de mettre en place des sections politiques dans l'entreprise. « Il s'agit simplement de mettre en conformité le droit écrit avec le droit vécu[436] », déclara l'élu communiste à cette occasion, défendant l'idée que

---

436. *Journal officiel de la République française*, compte rendu des débats de l'Assemblée nationale, 3ᵉ séance du 17 mai 1982, p. 2331.

la politique était de toute façon une réalité déjà largement présente dans l'entreprise.

Il ne fut cependant pas suivi par le groupe socialiste qui, tout en l'approuvant sur le fond, déclara qu'il n'était pas encore temps de procéder à cette réforme. Après avoir affirmé que la commission des Affaires sociales n'était pas « opposée *a priori* » à l'idée défendue par les communistes, la rapporteur socialiste, Ghislaine Toutain, s'interrogea : « Fallait-il faire tout, tout de suite ? ». Invoquant le « réalisme », elle choisit de répondre négativement à cette question[437]. Michel Coffineau développa, quant à lui, une argumentation semblable : « Les parlementaires socialistes sont favorables à l'expression politique dans l'entreprise, déclara-t-il ; c'est conforme, à la fois au bon sens, au bon droit et à nos traditions. » Selon lui, on devait pour le moment limiter cette possibilité au secteur public, mais cela ne voulait pas dire un renoncement définitif à cette idée. « Le Gouvernement a souhaité passer avec les chefs d'entreprise une sorte de compromis [...] mais il s'agit bien pour le groupe socialiste [...] d'un compromis passager, provisoire, qui tient compte de la réalité des entreprises et de l'attitude des chefs d'entreprise », ajouta-t-il ainsi[438]. « Ça faisait partie des choses dont on nous avait fait comprendre que c'était trop, que c'était un "chiffon rouge" », explique aujourd'hui ce même Michel Coffineau[439]. Le ministre du Travail exposa en effet très clairement la position du gouvernement : si ce dernier était tout à fait disposé à accepter un amendement du groupe socialiste prohibant toute discrimination, il ne souhaitait pas « aller plus loin ». « La politique au sein de l'entreprise dans le secteur privé n'est pas à l'ordre du jour. L'entreprise [...] est un lieu de travail avant d'être un lieu de débat », déclara-t-il sous les applaudissements... de l'opposition[440]. Jacques Brunhes s'inclina et retira son amendement, souhaitant simplement que le « délai de réflexion » mis en avant par les socialistes ne soit pas trop long.

En définitive, le texte adopté par l'Assemblée disposa simplement qu'« aucun salarié ne peut être sanctionné ou licencié en raison de ses opinions politiques, de ses activités syndicales ou de ses convictions religieuses », formulation qui incluait d'ailleurs des améliorations de forme proposées par Philippe Séguin[441]. Même si la mise au point du ministre du Travail fut sans ambiguïté, le débat sur la politique dans l'entreprise ressurgit cependant quelques jours plus tard, au moment de décider si les comités d'entreprise pouvaient organiser des réunions en invitant des

---

437. *Journal officiel*, p. 2329.
438. *Ibid.*, p. 2330.
439. Entretien avec Michel Coffineau.
440. *Ibid.*, p. 2331.
441. *Ibid.*, p. 2330.

personnes extérieures. Les députés repoussèrent alors un amendement de Jacques Toubon tendant à interdire les réunions politiques dans l'entreprise[442], mais s'en tinrent pour le reste à la prudente formule de compromis qui avait été trouvée entre le groupe socialiste et le gouvernement. Le comité d'entreprise pouvait organiser dans le local mis à sa disposition des réunions d'information internes au personnel, portant notamment sur des problèmes d'actualité, mais l'accord du chef d'entreprise restait indispensable pour inviter des personnalités extérieures autres que syndicales[443].

Le dernier débat restant à trancher était donc celui relatif à l'arrêt des machines en cas de danger. La commission était parvenue, nous l'avons vu, à un compromis qui ne prévoyait pas le droit d'arrêter les machines, mais qui permettait à tout travailleur de se retirer de son poste de travail en cas de danger sans craindre de sanction, tandis que le Parti socialiste s'accrochait à la lettre de la proposition n° 61 du candidat François Mitterrand. Après les déclarations contradictoires de Pierre Mauroy et de Lionel Jospin devant la conférence nationale des sections et groupes socialistes d'entreprise, tenue à la fin du mois de mai, le flou continua de régner. Demanda-t-on à François Mitterrand de trancher en dernier ressort ? Le flottement en la matière suggère toutefois que le président de la République s'est gardé de trancher de manière aussi nette qu'il ne n'avait fait à l'été précédent à propos du droit de veto des comités d'entreprise sur les licenciements. Au cours des semaines (qui se transformèrent bientôt en mois du fait du retard pris par le calendrier parlementaire) précédant le passage en discussion publique du projet de loi relatif aux CHSCT, le ministère du Travail chercha désespérément à concilier le respect de la promesse présidentielle avec sa volonté d'éviter les effets pervers du droit d'arrêter les machines. Cela supposait une délicate gymnastique, comme en témoigne la tournure que prirent les débats. À la fin du mois de mai, Jean Auroux se félicita publiquement d'avoir trouvé la « formule miracle » susceptible de « réconcilier » les positions du Premier ministre, de la majorité, des chefs d'entreprise et des syndicats. Elle était cependant fort complexe. Le chef d'entreprise aurait la faculté de désigner un « certain nombre de personnes » habilitées à arrêter les machines en cas de danger. Parmi elles, les membres du comité d'hygiène et de sécurité, qui seraient choisis par les salariés, de même que des représentants de l'encadrement nommés par le chef d'entreprise. Cette solution, selon le ministre du Travail, « transcendait » les problèmes posés par les solutions précédentes et permettait de concilier arrêt des machines avec sauvegarde de la responsabilité pleine et

---

442. *Ibid.*, p. 2939.
443. CAC 19850743 G375, note de René Cessieux à Pierre Mauroy, 27 avril 1982.

entière du chef d'entreprise[444]. Elle ne fit toutefois pas long feu. Lors de l'examen du texte en première lecture qui n'eut lieu qu'au début de la session extraordinaire de septembre du fait de l'accumulation des retards, les termes du débat furent en effet peu ou prou ceux qui avaient prévalu au début du mois de mai, lorsque la commission des Affaires sociales s'était penchée sur ce problème. La « solution miracle » du ministre du Travail avait entre temps disparu.

Ainsi, le rapporteur communiste de la loi sur les CHSCT, Jacqueline Fraysse-Cazalis, rappela encore une fois, en introduction de la première lecture qui débuta le 21 septembre, qu'elle souhaitait que le comité d'hygiène et de sécurité se voie reconnaître le droit d'arrêter temporairement les machines[445]. Michel Coffineau défendit, quant à lui, le droit de retrait, tel qu'il avait été accepté par la commission des Affaires sociales quelques mois plus tôt, tout comme Jean Auroux[446]. Aucun orateur socialiste ne défendit l'arrêt des machines ce jour-là. Ce point était-il encore à cette date à l'origine de difficultés politiques ? La réponse à cette question est difficile à apporter. Notons simplement que l'examen des articles en question ne se fit qu'à l'ultime moment, après une demande de réserve faite par le gouvernement. Il fut donc renvoyé au lendemain, et constitua l'ultime débat de la première lecture des textes de loi. D'après le ministre délégué chargé du travail, il s'agissait, en demandant la réserve, de procéder aux ultimes vérifications susceptibles de donner « toutes les garanties sur les plans rédactionnel et juridique[447] ». Y avait-il d'ultimes dissensions à régler, d'ultimes députés à convaincre ? La teneur des débats du jour suivant ne le suggère pas, mais on voit mal alors pourquoi la réserve des articles aurait été demandée. Lors de l'examen de ces derniers, le seul orateur qui demanda le droit d'arrêter les machines fut le communiste Joseph Legrand. Jean Auroux expliqua de nouveau qu'il convenait de laisser la pleine et entière responsabilité de l'arrêt des machines au chef d'entreprise, pour éviter que les représentants du personnel ne soient poursuivis si un accident se produisait sans qu'ils aient signalé un risque au préalable[448]. La solution finalement adoptée correspondit mot pour mot au compromis issu de la délibération de la commission des Affaires sociales du mois d'avril : droit de retrait du salarié en cas de danger « imminent et grave » sans qu'il puisse être sanctionné, et faute inexcusable de l'employeur si un accident survenait après qu'un danger lui eut été signalé. *Le Monde* en

---

444. *Le Monde* du 30-31 mai 1982.
445. *Journal officiel de la République française*. Débats parlementaires. Assemblée nationale, 1982, n° 89, 1re séance du 21 septembre 1982, p. 4996.
446. *Ibid.*, p. 4997.
447. *Ibid.*, p. 5000.
448. *Ibid.*, p. 5086.

concluait que le Parti socialiste avait enfin parcouru le chemin qui mène « de la théorie à l'expérimentation sociale[449] ». Notons pour finir que cette loi, la plus technique des quatre (ce qui ne veut pas dire la moins importante), fut aussi celle dont l'adoption fut le moins l'objet de polémiques : même si l'opposition ne se risqua pas à l'approuver formellement, le groupe RPR choisit de ne pas s'y opposer, préférant s'abstenir. Seule l'UDF vota contre le projet.

L'essentiel des débats reproduisit peu ou prou ce schéma. Les députés communistes, à un certain nombre de reprises, proposèrent de muscler les textes, mais ils ne furent pas suivis, même si, à l'occasion, un certain nombre de socialistes purent se montrer sensibles à leurs arguments. Le groupe socialiste fut en effet discipliné et se conforma, sauf à de rares moments, aux arbitrages rendus au mois d'avril. Il ne contredit ainsi jamais le gouvernement sur des points essentiels. Le ministre du Travail fut cependant ponctuellement débordé par l'Assemblée qui vota un certain nombre de dispositions auxquelles il s'était opposé, ou bien refusa des amendements gouvernementaux. Ce fut ainsi le cas le 17 mai, lorsque socialistes et communistes votèrent contre un amendement défendu par Jean Auroux qui tendait à limiter quelque peu les possibilités de recours aux prud'hommes en cas de sanction jugée disproportionnée par le salarié[450]. Le gouvernement fut également surpris le 24 mai par l'alliance conjoncturelle du PC et du RPR à propos de la création de syndicats de retraités, disposition que le ministre du Travail avait refusée, craignant « un éclatement corporatiste » des syndicats que le groupe socialiste avait renoncé à défendre au dernier moment[451]. Dernier exemple : le 11 juin, le groupe socialiste (auquel s'associèrent d'ailleurs tous les autres groupes parlementaires) s'obstina à voter une disposition de la loi sur la négociation collective prévoyant que les informations fournies aux syndicats, en prélude à la négociation annuelle obligatoire, devaient comporter « une analyse comparée de la situation des hommes et des femmes » dans l'entreprise, afin de lutter contre les discriminations sexistes. Jean Auroux s'y opposa, appuyé par le président de la commission des Affaires sociales Claude Évin, ainsi que par la ministre des Droits de la femme, Yvette Roudy, mobilisée pour l'occasion. Leur opposition ne portait pas sur le fond, mais était motivée par une question d'opportunité : il s'agissait de ne pas « vider d'un peu de

---

449. *Le Monde* du 24 septembre 1982.
450. *Journal officiel de la République française*, compte rendu des débats de l'Assemblée nationale, 3ᵉ séance du 17 mai 1982, p. 2324-2326.
451. *Journal officiel de la République française*, compte rendu des débats de l'Assemblée nationale, 1ʳᵉ séance du 24 mai 1982, p. 2477, et *Le Monde* du 26 mai 1982.

sa substance » le texte de loi préparé au même moment par la ministre à propos de l'égalité des sexes dans l'entreprise. Après une longue hésitation des députés socialistes, l'amendement fut toutefois adopté à l'unanimité[452].

On le voit, les points sur lesquels la majorité passa outre l'avis du gouvernement ne remettaient pas en cause le cœur du projet du ministre du Travail, mais étaient, au contraire, des aspects secondaires. En règle générale ce fut plutôt le gouvernement qui réfréna avec succès les ardeurs de sa majorité. Nous nous limiterons, pour illustrer cet état de fait, à l'exemple de la séance du 24 mai. Le ministre du Travail échoua, certes, au cours de cette séance à empêcher la création de syndicats de retraités, mais, dans le même temps, il s'opposa avec succès aux communistes à propos de l'extension de la définition juridique du syndicat professionnel, et à propos du détachement des syndicalistes[453]. Il parvint également à imposer un mode de calcul des effectifs des entreprises aux conséquences plus restrictives pour les syndicats que celui que les deux partis de la majorité avaient initialement défendu[454]. De manière générale, le gouvernement fit bon accueil à un certain nombre d'amendements de détail présentés par les députés socialistes, mais s'attacha toujours à ce que les textes finalement adoptés ne soient pas transformés trop en profondeur par leur passage devant l'Assemblée nationale. La deuxième lecture par l'Assemblée nationale fut même parfois l'occasion d'un retour aux dispositions du gouvernement, ou du moins d'un compromis, comme ce fut finalement le cas à propos du remplacement des syndicats de retraités par la possibilité donnée aux retraités d'adhérer « à un syndicat professionnel de leur choix[455] ».

Les critiques de gauche contre l'insuffisance des réformes entreprises ne vinrent donc pas de manière privilégiée de l'intérieur du Palais-Bourbon où la majorité suivit son ministre sans faire trop de difficultés. Elles purent, à l'occasion, être beaucoup plus vives dans les rangs du PS, et notammment au sein du secrétariat national aux entreprises de Jean-Paul Bachy. René Cessieux s'en irrita fortement à l'occasion. « Je suis pour le moins étonné et franchement choqué par le ton extrêmement négatif utilisé dans les bulletins du Parti socialiste concernant les lois Auroux », écrivit-il ainsi à Michel Delebarre, directeur de cabinet de

---

452. *Journal officiel de la République française,* compte rendu des débats de l'Assemblée nationale, 3ᵉ séance du 11 juin 1982, p. 3306-3308, et *Le Monde* du 13-14 juin 1982.
453. *Journal officiel de la République française,* compte rendu des débats de l'Assemblée nationale, 1ʳᵉ séance du 24 mai 1982, p. 2464-2468 et 2470-2471.
454. *Journal officiel de la République française,* compte rendu des débats de l'Assemblée nationale, 2ᵉ séance du 24 mai 1982, p. 2494-2503
455. *Journal officiel de la République française,* compte rendu des débats de l'Assemblée nationale, 2ᵉ séance du 1ᵉʳ octobre 1982, p. 5324-5326.

Pierre Mauroy, au début de juin 1982[456]. Critiquant deux extraits récents de publications socialistes traitant des réformes en cours[457], il mit en avant le fait que le premier « n'insist[ait] que sur les "limites" des lois Auroux sans en souligner au préalable les mérites et les avancées ». Quant au second, il atteignait pour lui « un degré de démolition de l'action gouvernementale que l'on s'étonne de voir orchestrer par le parti au pouvoir ». Il s'agissait d'une lettre envoyée à Jean-Paul Bachy dans laquelle l'auteur tirait à boulets rouges sur les projets du ministre du Travail, car ils ne « repren[aient] aucun des thèmes politiques que le parti [avait] développé depuis 1971 ». Ce en quoi il n'avait d'ailleurs pas tort... « Si ça continue, il n'y aura vraiment plus que le RPR et M. Séguin pour défendre les projets de loi Auroux », constata René Cessieux dans sa lettre, non sans une certaine amertume et aussi une certaine injustice, au vu de la discipline des députés socialistes. Mais il est vrai que ceux-ci ne firent pas non plus outre mesure preuve d'un enthousiasme débordant au moment de porter les projets Auroux sur les fonts baptismaux.

Ainsi, mis à part les quelques moments de tension déjà évoqués plus haut, les débats de l'Assemblée nationale ne furent en définitive guère passionnés. Aussi longs que techniques, ils furent menés pour l'essentiel par un très petit nombre de députés. « C'est vrai que les gens trouvaient que c'était long, et puis le débat était souvent phagocyté par les spécialistes », se souvient ainsi Jean Auroux[458]. De fait, les rangs de l'Assemblée ne furent en général que fort peu garnis, fait d'ailleurs visible dès la discussion générale des 13 et 14 mai, laquelle fut loin de faire le plein[459]. En réalité, la masse des députés ne se déplaça guère que pour les scrutins publics, d'ailleurs fort nombreux tout au long des 22 jours que requit la première lecture. Un seul épisode provoqua un réel déchaînement des passions, et encore cela n'était-il pas à propos d'un chapitre fondamental des textes de loi. Il surgit en effet lorsque l'Assemblée entama l'examen des dispositions supprimant l'obligation jusqu'alors faite aux salariés de s'exprimer en français pour pouvoir être éligibles aux fonctions de délégué du personnel et au comité d'entreprise. Dès avant l'examen de la loi, des protestations s'étaient élevées à ce sujet. Le secrétaire général du Haut comité de la langue française,

---

456. CAC 19850743 G375, note de René Cessieux au directeur de cabinet, 7 juin 1982.
457. *Note Travail-emploi information* du Parti socialiste, n° 41, mai 1982, éditée par le secrétariat national aux Entreprises ; bulletin de la Fédération socialiste du Val-d'Oise, *Agir Unir*, « Spécial entreprises » n° 3, supplément au n° 65, 30 avril 1982.
458. Entretien avec Jean Auroux.
459. *Journal de 20 heures*, Antenne 2, 13 mai 1982.

Stélio Farandjis, s'inquiéta ainsi de cette disposition et s'en ouvrit au gouvernement en ces termes :

> « Il semble que M. François Autain, secrétaire d'État chargé des immigrés, ait voulu se préoccuper des travailleurs étrangers ne maîtrisant pas suffisamment la langue française. Cette légitime préoccupation risque de nous entraîner dans une catastrophe : la langue anglaise ou plus exactement un jargon technico-américain déjà fort en usage dans certains milieux professionnels, pourrait devenir librement cette fois et légalement, pratique courante, voire exclusive.
>
> On peut très bien envisager des clauses dérogatoires pour les travailleurs immigrés en particulier, offrant une éventualité de bilinguisme spécifié, mais il faut absolument amender ce projet de loi en supprimant l'article 11, point 4, puisque, je le répète, il ouvre véritablement la porte à la destruction de l'identité culturelle française dans les relations de travail[460]. »

Cette amère complainte ne trouva semble-t-il pas d'échos favorables au sein du gouvernement. François Autain défendit son projet devant le Premier ministre en expliquant qu'il s'agissait « des règles définissant l'éligibilité et non pas de celles définissant le fonctionnement des comités d'entreprise » et, qu'en conséquence, la crainte d'un déferlement de « jargon technico-américain » était injustifiée. Pour lui, il ne fallait pas introduire des mesures dérogatoires, « par nature discriminatoires en faveur des travailleurs immigrés », mais il fallait simplement assurer que « tous les travailleurs soient réellement représentés, en particulier ceux dont les conditions de travail sont parmi les plus pénibles et les salaires parmi les plus faibles[461] ».

Cette question qui était donc liée à celle de l'immigration, se révéla brûlante une fois arrivée dans l'hémicycle. L'opposition se saisit de l'occasion pour déposer pas moins de neuf amendements très semblables, dont six exactement identiques, visant tous à rétablir l'ancienne obligation[462]. Après les interventions somme toute classiques dans leur forme de Charles Millon et d'Alain Madelin qui expliquèrent que cette mesure allait susciter des difficultés pratiques insurmontables, la discussion bascula dans un étrange surréalisme lorsque le RPR Serge Charles prononça son intervention… en allemand. Jacques Toubon l'imita, mais en choisissant le nanjere, dialecte tchadien, alors que Jean de Lipkowski

---

460. CAC 19850743 G 375, note du secrétaire général du Haut comité de la langue française à Marceau Long (secrétaire général du gouvernement), 21 avril 1982.
461. CAC 19850743 G375, lettre de François Autain à Pierre Mauroy, 14 mai 1982.
462. *Journal officiel de la République française*, compte rendu des débats de l'Assemblée nationale, 2ᵉ séance du 1ᵉʳ juin 1982, p. 2793.

opta pour l'espagnol. La palme de l'outrance revint cependant au RPR Jean-Paul Charié qui considéra tout bonnement que c'était « déconsidérer la France que de donner à des étrangers ne parlant pas français autant de pouvoirs législatifs qu'aux Français » et qu'il suffisait désormais « qu'un étranger ne parlant pas français soit membre d'un syndicat pour que dans son entreprise il lui soit accordé une représentativité plus grande qu'au Français libre et indépendant[463] ».

En réaction à ces propos, la majorité cria immédiatement au racisme et à la xénophobie. Le communiste Jacques Brunhes se montra le plus virulent à ce propos ; les députés de droite répliquèrent en rappelant l'attitude pour le moins peu cordiale que le maire communiste de Vitry-sur-Seine avait pu avoir quelques temps auparavant envers un foyer de travailleurs immigrés situé sur sa commune. Le sang-froid quitta dès lors l'hémicycle. Le gaulliste Serges Charles alla jusqu'à affirmer que la suppression de l'obligation de s'exprimer en français était destinée à contrecarrer la baisse des effectifs de la CGT. Les immigrés « qui ne sont pas en mesure de se défendre tout seuls » sont vulnérables, expliqua-t-il, au « bourrage de crâne [et au] lavage de cerveau car ils n'ont pas, comme nous, conscience des réalités et des risques qu'ils encourent[464] », phrase qui informait d'ailleurs sans doute beaucoup plus sur une certaine vision de l'immigration propre à celui qui la prononçait que sur les immigrés eux-mêmes. À l'inverse, le socialiste Freddy Deschaux-Beaume poussa le zèle jusqu'à s'exprimer en sabir : « J'ti remercie, car grâce à toi, monsieur le ministre, on va bien travailler pour les entreprises françaises[465] », lança-t-il à l'adresse de Jean Auroux, sans craindre la caricature. Le ministre du Travail conclut enfin ce houleux débat en affirmant qu'on « ne [pouvait] pas ouvrir le dialogue en demandant à certains de commencer par se taire[466] ». « Débat assez honteux » que celui-ci, observa *Le Monde* le lendemain[467], débat qui était au fond surtout révélateur du caractère devenu éminemment sensible de toutes les questions liées de près ou de loin à l'immigration.

Une fois adoptés par l'Assemblée nationale, il restait encore aux projets de loi à passer l'obstacle du Sénat où l'opposition était majoritaire. La Chambre haute choisit de créer une commission spéciale pour examiner chacun des textes Auroux, alors que la commission des Affaires sociales avait pourtant déjà commencé à procéder à l'audition

---

463. *Ibid.*, p. 2795.
464. *Ibid.*, p. 2798.
465. *Ibid.*, p. 2801.
466. *Ibid.*, p. 2801-2802.
467. *Le Monde* du 3 février 1982.

des partenaires sociaux, ce qui provoqua un petit incident avec la gauche[468]. La tonalité des débats de ces commissions spéciales fut uniformément négative à l'égard des projets de loi : la liste des personnalités auditionnées était d'ailleurs sans ambiguïté à ce propos. Deux de ces commissions prirent ainsi conjointement l'initiative – ce que la commission des Affaires sociales de l'Assemblée nationale s'était évidemment auparavant bien gardée de faire – d'inviter une délégation de la CSL à s'exprimer devant elle le 30 juin[469]. Alors que le conflit Citroën venait à peine de se refermer et que le conflit Talbot n'était pas encore réglé, cette invitation était lourde de signification. Pour les sénateurs, il s'agissait ainsi de manifester leur opposition à ce qu'ils affirmaient être une opération de mainmise de la CGT, appuyée, d'après eux, par le gouvernement.

Jean Auroux ne ménagea pourtant pas sa peine pour rassurer les sénateurs sur la teneur des projets de loi, venant s'expliquer de nombreuses fois devant les commissions spéciales de la Chambre haute. Les entreprises doivent « garder leur vocation spécifique qui est de produire des biens et des services et de dispenser de l'emploi et des rémunérations aux travailleurs », leur déclara-t-il ainsi, tandis que « les chefs d'entreprise doivent garder la plénitude de leurs attributions de direction[470] ». Il ne réussit cependant pas à désarmer les sénateurs des partis de droite qui, dans les débats en commission, comme lors de l'examen des textes en séance publique, mobilisèrent sensiblement les mêmes arguments que leurs collègues députés. Le président de la commission spéciale chargée d'examiner le projet de loi relatif aux libertés des travailleurs dans l'entreprise, André Fosset (centriste), les résuma en préalable à la première lecture de ce texte, en expliquant que si celui-ci n'était pas « contestable dans ses finalités », il n'en était pas moins « irréaliste dans ses modalités »[471]. S'il y eut une relative originalité dans la tonalité des débats menés au Sénat, elle résida dans la véritable obsession du pouvoir syndical qui hanta les sénateurs. Lors du débat portant sur le premier des projets de loi, les sénateurs de droite dénoncèrent ainsi à tour de rôle le fait que l'expression des salariés risquait d'être « confisquée » par les syndicats[472], l'instauration d'une « toute-puissance » syndicale[473], ainsi que la mise en place de « privilèges

---

468. *Bulletin des commissions du Sénat*, seconde session ordinaire de 1981-1982, n° 30 du 22 juin 1982, p. 1263 ; n° 31 du 29 juin 1982, p. 1295-1296.
469. *Bulletin des commissions du Sénat*, n° 32 du 6 juillet 1982, p. 1380.
470. *Ibid.*, p. 1370.
471. *Journal officiel de la République française*, compte rendu des débats du Sénat, séance du 19 juillet 1982, p. 3588.
472. D'après Georges Mouly (gauche démocratique). *Ibid.*, p. 3604.
473. Selon Louis Boyer (RI). *Ibid.*, p. 3609.

L'œuvre parlementaire

syndicaux[474] ». Lors du débat relatif à la loi sur les institutions représentatives du personnel, ce fut « le rôle disproportionné accordé aux syndicats » qui fut dénoncé[475]. « Le gouvernement remet à la CGT les clés du pouvoir dans l'entreprise », lança même le centriste Louis Virapoullé[476]. Le sommet en la matière fut toutefois atteint lors de la deuxième lecture du projet de loi relatif aux CHSCT, lorsque le rapporteur André Fosset jugea que ce dernier ouvrait la voie à rien moins que la « dictature syndicale » dans l'entreprise[477].

Pour le reste, les débats sénatoriaux ne s'écartèrent pas réellement, sur le fond des arguments avancés, de ceux qui avaient été tenus à l'Assemblée nationale auparavant. La majorité sénatoriale se distingua surtout en renonçant à adopter une tactique d'obstruction semblable à celle choisie par les députés du RPR et de l'UDF. Certaines des quatre lois furent examinées en détail, mais pour être vidées de leur substance. Ce fut ainsi le cas du texte sur les libertés des travailleurs dans l'entreprise, texte « amputé et informe[478] » après avoir été amendé en première lecture par la Chambre haute. Il fut finalement repoussé à l'unanimité après deux jours de débat. La loi sur les CHSCT subit également le même sort. La majorité sénatoriale choisit cependant, la plupart du temps, de repousser d'un bloc les textes qui lui étaient proposés, au moyen de l'adoption d'une question préalable. De ce fait, les navettes entre les deux chambres en furent accélérées. Seule la loi sur les libertés des travailleurs dans l'entreprise put cependant être adoptée avant les vacances parlementaires de l'été. Définitivement votée par l'Assemblée nationale le 27 juillet, elle fut promulguée le 4 août, date dont l'épaisseur historique ne manqua pas d'être mise en avant par le gouvernement.

La loi sur les institutions représentatives du personnel et celle sur la négociation collective, adoptées respectivement les 6 et 15 octobre, firent, quant à elles, l'objet d'un recours au Conseil constitutionnel déposé par les parlementaires RPR et UDF. Celui-ci censura l'article 8 de la loi relative aux institutions représentatives du personnel qui interdisait toute action en justice contre des salariés ou des syndicats de salariés pour des dommages causés par un conflit collectif du travail, à la seule exception de ceux résultant de faits punis pénalement ou manifestement dépourvus de tout lien avec l'exercice du droit de grève ou du droit syndical. Cet article répondait à une demande insistante de la CGT qui, au cours des années précédentes, avait été attaquée au civil

---

474. Selon Pierre Louvot (RI). *Ibid*, p. 3614.
475. Par Daniel Hoeffel (centriste), rapporteur du projet de loi. *Journal officiel*, compte rendu des débats du Sénat, séance du 28 septembre 1982, p. 4179.
476. *Ibid.*, p. 4187.
477. *Journal officiel*, compte rendu des débats du Sénat, séance du 16 décembre 1982, p. 6953.
478. Selon le jugement du journal *Le Monde* du 22 juillet 1981.

à la suite d'actions de grèves. Après un mouvement social à l'usine du Mans, la régie Renault avait de cette manière demandé 30 millions de francs de dommages et intérêts à la CGT et avait obtenu gain de cause en première instance et en appel. Du fait de l'ampleur des sommes en jeu, de telles poursuites risquaient purement et simplement de ruiner la CGT. Au début de l'année 1982, l'affaire était sur le point d'être examinée par la Cour de cassation. À la suite d'une lettre envoyée par la CGT à François Mitterrand, le gouvernement accepta d'insérer un article interdisant de telles poursuites. L'affaire était embarrassante pour le pouvoir, car le PDG de Renault qui avait poursuivi la CGT devant les tribunaux n'était autre que Pierre Dreyfus, devenu depuis ministre de l'Industrie dans le gouvernement Mauroy (mai 1981 – juin 1982)[479]. Le Conseil constitutionnel fit cependant obstacle à la solution imaginée par le pouvoir exécutif en considérant que l'article en question violait le principe d'égalité : le législateur ne pouvait étendre le droit de grève par une disposition qui privait les personnes lésées de toute possibilité de réparation[480]. La loi fut donc promulguée le 28 octobre en étant amputée des dispositions précitées. Quant à la loi sur la négociation collective, elle fut déclarée conforme à la Constitution[481] et promulguée le 13 novembre. Enfin, la loi sur les CHSCT, votée le 18 décembre, fut promulguée le 23 du même mois.

Précisons, pour finir, que les lois Auroux n'occupèrent en définitive que brièvement le devant de la scène politique et médiatique. Les journaux télévisés s'y intéressèrent les 13 et 14 mai lors de la discussion générale des projets de loi, puis le sujet disparut presque totalement de l'antenne. L'actualité politico-sociale fut dominée par le virage économique du gouvernement : après l'annonce d'une nouvelle dévaluation, celui-ci annonça ainsi le 13 juin le blocage des prix et des salaires pour quatre mois, mesures d'accompagnement prises afin de juguler l'inflation. Ce virage fut, par ailleurs, accompagné deux semaines plus tard par un mini remaniement ministériel, qui manifestait l'existence de nouvelles priorités en matière sociale pour le gouvernement. Ce remaniement concerna, en effet, avant tout, le domaine social. Nicole Questiaux, qui n'avait pas voulu être la « ministre des Comptes », fut remerciée de son poste de ministre de la Solidarité nationale. Elle fut remplacée par Pierre Bérégovoy qui quitta son poste de secrétaire général de l'Élysée pour prendre la tête d'un grand ministère des Affaires sociales

---

479. CAC 19850743 G375, note de Louis Joinet à Bernard Brunhes, 4 février 1982 ; lettre de Henri Krasucki et de Gérard Gaumé à François Mitterrand, 5 février 1982 ; réponse de Pierre Bérégovoy, 23 février 1982 ; note de Jacques Fournier à Bernard Brunhes, 24 février 1982.
480. *Le Monde* du 24-25 octobre 1982.
481. *Le Monde* du 12 novembre 1982.

et de la Solidarité nationale. Jean Auroux perdit, à l'occasion, son statut de ministre de plein exercice, n'étant plus qu'un simple ministre délégué au Travail, l'Emploi lui étant retiré pour être confié à Jean Le Garrec[482]. Le maire de Roanne était donc placé sous la tutelle de Pierre Bérégovoy mais, d'après son témoignage, cela n'influa pas la fin du processus législatif : « La machine était lancée », explique-t-il ainsi[483]. Bérégovoy, lui-même, déclara devant la commission du Sénat chargée d'examiner la loi relative aux libertés des travailleurs dans l'entreprise, « qu'il s'en tenait rigoureusement aux positions défendues jusqu'alors par le gouvernement et qu'il laissait pleine responsabilité dans la poursuite du débat législatif au ministre délégué chargé du travail[484] ». De fait, le nouveau ministre des Affaires sociales consacra l'essentiel de son énergie au rééquilibrage des comptes sociaux, thème qui occupa d'ailleurs la majeure partie des débats politico-sociaux de l'automne 1982. Dans les préoccupations des socialistes d'alors, le déficit de l'UNEDIC avait éclipsé les droits nouveaux des travailleurs.

---

482. *Le Monde* du 1er juillet 1982.
483. Entretien avec Jean Auroux.
484. *Bulletin des commissions du Sénat*, n° 34 du 20 juillet 1982, p. 1436.

Conclusion

Après des débats marathon, les lois Auroux étaient donc à la fin de 1982 toutes les quatre adoptées et promulguées. Elles consacraient les efforts déployés depuis les années 1960 par un courant idéologique et politique «moderniste» pour réformer et fluidifier les relations sociales françaises. Elles étaient, en effet, avant tout, l'œuvre de technocrates aux conceptions profondément modérées, bien plus que de l'aile gauche du Parti socialiste qui en avait rédigé les programmes électoraux durant les années 1970. Cette aile gauche qui avait su occuper les places stratégiques à l'intérieur du parti lorsque celui-ci était dans l'opposition, et y assurer de cette manière sa prégnance idéologique en matière de réforme du travail, fut à l'inverse évincée des postes clé une fois la gauche au pouvoir. Les ministères en charge de la l'élaboration de la nouvelle législation, Matignon et rue de Grenelle surtout (sans parler du ministère des Finances tenu par Jacques Delors), furent, en effet, peuplés de membres de la deuxième gauche, très fortement attachés à une approche qui se voulait tout à la fois réformiste et prudente, ambitieuse et pragmatique. Ils élaborèrent des projets de lois qui étaient étrangers à toute notion de contrôle ouvrier et qui se gardaient donc bien de porter atteinte au pouvoir et à la responsabilité du chef d'entreprise. Au contraire, ils reprirent des éléments qui, loin d'être révolutionnaires, faisaient au contraire partie de l'air du temps. Le meilleur exemple en est, sans doute, le droit d'expression, que, dès 1975, la commission Sudreau avait proposé d'expérimenter et qu'un certain nombre d'entreprises socialement avancées avaient par la suite déjà commencé à mettre en œuvre, sans attendre le vote d'une loi. Le cœur du projet Auroux avait donc été mûri durant les années 1970 dans des administrations comme le Commissariat général du Plan, dans des syndicats comme la CFDT, ainsi que dans des groupes de réflexion situés relativement à la marge du Parti socialiste, comme le club *Échange et projets*. Le Parti socialiste suivit dans le même temps son cheminement propre sans que les échanges entre ces deux courants de pensée ne soient très forts.

Ceux-ci ne se rencontrèrent, au fond, qu'une fois la gauche arrivée au pouvoir. La confrontation qui en résulta explique, en grande partie, les désaccords sui purent surgir à l'occasion entre le gouvernement et sa majorité parlementaire. Le ministère du Travail et Matignon défendirent ainsi une vision de la réforme qui n'avait que peu à voir avec ce que le Parti socialiste avait pu précédemment imaginer mettre en place. En définitive, les revendications les plus emblématiques de ce dernier, pourtant gravées dans le marbre des 110 propositions, furent toutes écartées : ni le droit de veto du comité d'entreprise sur les licenciements, ni le droit pour le comité d'hygiène et de sécurité d'arrêter les machines dangereuses ne furent repris dans les lois Auroux. On comprend mieux les résistances d'un certain nombre de parlementaires au moment de voter un projet qui ne ressemblait guère à ce qu'ils pensaient retrouver. La déception fut vive et perdura un moment dans les rangs socialistes. En décembre 1983, la revue de réflexion du parti publia ainsi une «analyse économico-politique des lois Auroux[485]» qui affirma qu'elles étaient «plus marquante[s] par [leur] volume que par [leur] nature». Après avoir présenté une liste des avancées qu'elles contenaient et souligné au passage leurs importantes limites, et notamment le fait qu'elles n'entamaient en rien le pouvoir du chef d'entreprise, l'auteur, Jacques Dubois, concluait significativement que «[cela] ne signifie pas que les lois Auroux ont une portée insignifiante ; elles sont positives, mais elles ne révolutionnent rien». Même s'il prenait soin, par la suite, de les défendre et d'affirmer en substance qu'on ne pouvait pas aller plus loin, sauf à changer de régime économique, l'enthousiasme était donc ici très loin d'être de mise.

Le Parti socialiste ne sut donc pas réellement influer sur l'élaboration de ces lois, pas plus d'ailleurs que le Parlement ne leur imprima profondément sa marque. Le Sénat refusa de lui-même de se saisir de la question et préféra rejeter en bloc l'ensemble du projet. L'Assemblée nationale put, quant à elle, imposer quelques modifications, mais jamais

---

485. Jacques Dubois, *art. cit.*

sur des aspects véritablement essentiels : le gouvernement prit en effet soin de sévèrement limiter la marge de manœuvre de sa majorité qui, en retour, ne se révolta guère. L'Assemblée fut-elle, pour autant, une chambre d'enregistrement ? On pourrait être tenté de répondre à cette question par la négative au motif que le RPR et l'UDF firent preuve d'une opposition farouche. Leur obstruction tactique n'eut cependant finalement guère de conséquences et se résuma en fait à quelques coups d'éclat souvent sans rapports directs avec le fond même du projet Auroux. Mais répondre positivement ne correspondrait pas non plus totalement à la réalité. Dans la mise en place d'un droit de retrait pour les travailleurs en cas de danger, la majorité joua ainsi un rôle non négligeable, quoique, au fond, indirect. Ce fut ainsi la pression des parlementaires socialistes, voulant absolument transcrire dans le droit positif la proposition n° 61 du candidat François Mitterrand qui força le ministère du Travail à élaborer un compromis innovant. Ce droit de retrait doit donc paradoxalement beaucoup aux députés, même si ce ne fut pas eux qui le proposèrent et même s'ils auraient préféré une autre formule.

Les lois Auroux doivent en revanche beaucoup plus aux partenaires sociaux et tout particulièrement à la CFDT. La centrale syndicale se tint au premier rang durant toute la phase d'élaboration du rapport, puis durant la rédaction des lois. C'est encore la CFDT qui, par la plume de Edmond Maire, les défendit jusqu'au bout, continuant à affirmer qu'elles constituaient le pilier des nouvelles relations sociales et « l'investissement le plus urgent » pour faire face à la crise[486]. Ce même Edmond Maire estime aujourd'hui que cette réforme fut un « paquet-cadeau » du gouvernement à son syndicat, tant elle fut proche dans son esprit comme dans son contenu de ses revendications précédentes[487]. Cette proximité ne doit d'ailleurs pas nous étonner : les membres des cabinets de Jean Auroux et de Pierre Mauroy avaient à ce point baigné dans la sphère d'influence de la CFDT que les idées de ce dernier étaient, depuis longtemps déjà, les leurs. Or, ce sont précisément le ministère du Travail et Matignon qui eurent le rôle le plus important : ils ne durent en effet compter que très marginalement avec le poids de la présidence de la République qui ne s'impliqua guère dans ce sujet, tandis que les parlementaires, nous l'avons vu, ne se risquèrent pas à la dissidence ouverte. Ainsi s'explique la prépondérance cédétiste dans la genèse des lois Auroux : la CFDT a profité dans cette affaire de l'occupation des postes gouvernementaux clé par un réseau de personnes qui lui était étroitement lié. Elle bénéficia ainsi d'un accès tout à fait privilégié aux pôles principaux de ce réseau (Michel Praderie et Martine

---

486. *Le Monde* du 19 août 1982.
487. Entretien avec Edmond Maire.

Aubry rue de Grenelle, Bernard Brunhes à Matignon), c'est-à-dire aux personnes susceptibles de peser le plus directement sur les décisions prises par Jean Auroux et Pierre Mauroy. Ces derniers, qui étaient plutôt réceptifs à la manière dont la CFDT envisageait la transformation sociale, appuyèrent d'ailleurs globalement leurs conseillers. Notons au passage que cette situation ne garantissait pas pour autant à cette centrale syndicale le triomphe automatique de son point de vue sur tous les dossiers. L'exemple des 39 heures qui vit François Mitterrand décider, contre l'avis de son ministre du Travail et de son Premier ministre, de ne pas accompagner la baisse du temps de travail d'une baisse correspondante des salaires, en témoigne. L'axe gouvernement – CFDT pouvait être rendu inefficace si l'Élysée était d'avis contraire, mais ce ne fut pas le cas pour les lois Auroux.

Les autres partenaires sociaux ne bénéficièrent pas de cette liaison privilégiée avec le pouvoir. La CGT bénéficia d'un réseau et de relais beaucoup moins efficaces que sa concurrente. Elle s'appuya d'abord sur les ministres communistes, puis sur les parlementaires, communistes comme socialistes. Son influence fut loin d'être nulle, mais elle ne réussit pas à imprimer réellement sa marque sur les réformes. Étant par ailleurs nettement favorisée par certaines mesures (l'attribution au comité d'entreprise d'un budget de 0,2 % de la masse salariale brute de l'entreprise bénéficiait, par exemple, mécaniquement, au premier syndicat de France), elle choisit de ne pas entrer en conflit ouvert avec le gouvernement sur ce sujet. Les vrais affrontements commencèrent plus tard, avec le changement de politique économique amorcé par le blocage des prix et de salaires de juin 1982 et, surtout, à propos de la reconversion de la sidérurgie lorraine quelque temps plus tard. Les autres syndicats, s'ils furent écoutés et reçus par les pouvoirs publics, ne disposèrent jamais d'appuis semblables à ceux de la CFDT et de la CGT pour faire valoir leurs vues. Quant au CNPF, il choisit à travers son chef Yvon Gattaz de privilégier le niveau présidentiel : le patron des patrons fit ainsi le siège de l'Élysée durant toute l'année 1982, mais sans grand résultat à propos des droits nouveaux. Si François Mitterrand s'investit somme toute assez peu dans la réforme Auroux, il refusa de la freiner, rendant vaine la démarche du président du CNPF. Le patronat ne s'estima pas vaincu pour autant : il chercha au cours des années suivantes à limiter le plus strictement possible les conséquences de la nouvelle législation et tenta même de la contourner quand cela se révéla possible.

La mise en application des lois fut ainsi délicate. Le CNPF essaya immédiatement de « détourner » le droit d'expression, afin notamment de s'en servir pour court-circuiter les syndicats[488]. À l'opposé du champ social français, la CGT manifesta bruyamment son mécontentement. Effectuée durant le premier semestre 1983, au moment où la « rigueur » s'installait définitivement, l'élaboration des avant-projets de décrets d'application des lois Auroux fut l'occasion d'une passe d'armes entre la centrale syndicale et le gouvernement socialiste. Ces décrets étaient très importants, puisqu'ils devaient notamment fixer le nombre de représentants du personnel autorisés selon la taille des entreprises. Le ministère du Travail, pour limiter les coûts supplémentaires induits par la mise en place de la loi relative aux institutions représentatives du personnel, envisagea de réduire le nombre de délégués du personnel dans les firmes les plus modestes. Le nombre de délégués à la sécurité étant par ailleurs augmentés, l'objectif était de parvenir au final à une « opération blanche » du point de vue de l'ensemble de la représentation des salariés[489]. La CGT, par la voix de Henri Krasucki, s'indigna vivement de cet avant-projet, affirmant qu'il se traduisait par la disparition de 25 000 délégués du personnel et de 20 000 délégués des comités d'entreprise[490]. Pierre Mauroy lui répondit que de tels chiffres étaient « surestimés » et surtout, que « le président de la République a demandé au gouvernement de veiller à ne pas accroître les charges des entreprises ». Tout « alourdissement excessif des coûts » devait être évité, afin que les effets de seuil ne jouent pas un rôle de « frein à l'emploi ». On voit donc ici clairement l'impératif de lutte contre le chômage prendre le pas sur celui de l'amélioration des droits de ceux qui avaient déjà un emploi, même si le Premier ministre prenait soin de promettre que Jean Auroux ferait de « nouvelles propositions » avant de finaliser son décret[491]. Ces « nouvelles propositions » furent jugées « acceptables » par Matignon puisqu'elles épargnaient les entreprises de moins de 100 salariés et que la baisse du nombre global de délégués du personnel (chiffrée à 3 600) était plus que compensée par l'augmentation des représentants dans les comités d'entreprise (estimée à 8 000)[492]. La CGT, par la suite, revint à la charge, transmettant un certain nombre de propositions d'amendements au texte du décret qui avaient tous pour conséquence d'augmenter le nombre de représentants du personnel[493]. Le contenu du décret qui parut finalement en juin et qui fut signé par Pierre Bérégovoy, Jean Auroux n'étant plus à cette date

---

488. Henri WEBER, *op. cit*, p. 347-351.
489. CAC 19850783 G456, note manuscrite de René Cessieux, sans date.
490. Institut d'histoire sociale-CGT (IHS-CGT), 7 CFD 139, lettre de Henri Krasucki à Pierre Mauroy, 12 janvier 1983.
491. IHS-CGT, 7 CFD 139, lettre de Pierre Mauroy à Henri Krasucki, 9 février 1983.
492. CAC 19850783 G456, note de René Cessieux à Pierre Mauroy, 24 janvier 1983.
493. CAC 19850783 G456, « Propositions de la CGT sur le projet de décret concernant les institutions représentatives du personnel », mars 1983.

Conclusion

que Secrétaire d'État à l'Énergie, montre cependant que ces amendements ne furent pas repris[494].

Par la suite, la CGT se plaignit également vigoureusement de ce que le ministère du Travail ne faisait pas absolument tout pour favoriser une application loyale des textes de loi, bien au contraire. En octobre 1984, son secrétaire général Henri Krasucki, à la tribune de la conférence nationale des comités d'entreprise CGT qui se tenait à Nanterre, dénonça, par exemple, « l'obstruction » dont se seraient rendus coupables certains « milieux de l'État ». Il accusa même explicitement le directeur de cabinet de Jean Auroux, Michel Praderie, d'avoir passé son temps, lorsqu'il était le bras droit du ministre, « à faire la tournée des "popotes", des chambres patronales de toute la France pour leur expliquer comment il fallait se servir de ces lois contre les syndicats et surtout contre la CGT. [...] Et après, on s'étonne de ne pas voir les droits nouveaux dans la vie ». Cette critique acerbe ne l'empêcha cependant pas aussi de qualifier le droit de retrait d'« immense conquête » et de prononcer l'apologie du droit d'expression, dont il ne fallait pas « avoir peur », puisqu'il ne remplaçait pas le comité d'entreprise, mais au contraire « y ajoutait quelque chose ». Les groupes d'expression, bien utilisés, pouvaient ainsi véritablement parvenir à remplir leurs objectifs. « Ça peut être un moyen de dévoyer les travailleurs contre les syndicats comme cherche à le faire le CNPF et comme l'y encourageait ce Monsieur Praderie [...] mais cela peut être aussi un moyen pour les travailleurs de s'exprimer. C'est formidable lorsqu'une vingtaine de personnes, quelques fois plus, qui travaillent ensemble et d'habitude ne se parlent pas, [...] se retrouvent et prennent le culot de déclarer "j'ai quelque chose à dire" et qui le disent. On devient un autre homme ou une autre femme[495] ». Lorsque l'on connaît l'origine éminemment cédétiste du droit d'expression, on mesure mieux la portée de l'hommage rendu ici par Henri Krasucki.

Plus de vingt-cinq ans après cette difficile mise en application, que reste-t-il des lois Auroux ? Faut-il suivre Jacques Dubois lorsqu'il sous-entend que la montagne législative a accouché d'une souris ? Des bilans ont été dressés : ils sont souvent mitigés. Moins de quatre ans après sa mise en place, la CFDT se sentit par exemple obligée de remédier au « risque de dépérissement » du droit d'expression en organisant un colloque à son sujet. Edmond Maire tenta, à cette occasion, de remobiliser ses

---

494. Décret n° 83-470 du 8 juin 1983, paru au *Journal officiel* du 11 juin 1983.
495. IHS-CGT, 7 CFD 115, « Conclusions d'Henri Krasucki à la Conférence nationale des comités d'entreprise », 26 octobre 1984.

Conclusion

troupes[496]. « La loi du 4 août 1982 [...] marque la fin du "travaille et tais-toi" et symbolise le passage historique du silence du salarié-serf à la parole du producteur-citoyen », proclama-t-il ainsi à la tribune. Mais, dans le même temps, il était obligé de reconnaître que le bilan qui pouvait alors être dressé à son endroit était « mitigé » et les situations où le droit d'expression ne répondait pas aux attentes de la CFDT restaient encore les plus répandues. Pis, les causes de cette situation étaient certes à chercher du côté de la « réserve » ou de « l'opposition » patronale, mais aussi de celui de « l'indifférence » syndicale... La confiance placée dans la sacro-sainte autonomie des acteurs aurait-elle été illusoire ? Que la CFDT elle-même, moins de quatre ans après son inscription dans la loi, ait été obligée de promouvoir en interne la pratique du droit d'expression, en dit long sur les difficultés que ce dernier dut rencontrer pour s'imposer sur le terrain.

De son côté, Michel Coffineau fut chargé, dix ans après leur promulgation, de dresser un état des lieux complet des changements induits par les lois, devoir dont il s'acquitta sous la forme d'un rapport rendu au Premier ministre d'alors, Pierre Bérégovoy[497]. Si le député du Val d'Oise notait un certain renouveau de la négociation sociale après 1982, il devait admettre l'échec de la mise en place du droit d'expression : celui-ci « ne figure plus dans les préoccupations marquantes des acteurs sociaux », écrivait-il ainsi. L'ancien rapporteur du projet de loi relatif aux institutions représentatives du personnel pointait l'« essoufflement rapide », après un premier envol, du dispositif mis en place par la loi de 1982. L'obligation annuelle de négocier dans l'entreprise avait connu, quant à elle, un meilleur sort, au point que Michel Coffineau pouvait relever que, de l'avis général, elle était « entrée dans les mœurs », malgré un contenu souvent pauvre et formel. La loi sur les institutions représentatives du personnel avait eu, quant à elle, des effets contrastés : si l'évolution des comités d'entreprise répondait aux espoirs du législateur de 1982 et si « la greffe des comités de groupe » avait pris, l'échec de l'institution des délégués de site devant permettre une représentation du personnel interentreprises, était patent. Surtout, alors que les lois Auroux avaient comme objectif prioritaire de renforcer l'influence des syndicats, ceux-ci avaient traversé une très grave crise au cours des années 1980, décennie au cours de laquelle leurs effectifs avaient fondu au point de passer sous la barre des 10 % des salariés. « Le syndicalisme a gagné, certes, dans les capacités de représentation, mais en s'institutionnalisant, il s'est affaibli en nombre d'adhérents et a semblé être

---

496. CFDT, 15 P 58, intervention d'Edmond Maire au colloque « Droit d'expression », 19-20 février 1986.
497. Michel COFFINEAU, *Les lois Auroux, dix ans après. Rapport au Premier ministre*, Paris, La Documentation française, 1993, 181 p.

moins en prise avec les diverses situations que vivent les travailleurs », observait ainsi le député du Val-d'Oise. C'est le grand paradoxe sur lequel est venu se briser l'élan réformateur manifesté en 1981-1982.

Avec un peu plus de recul, d'autres que Michel Coffineau ont cependant été plus optimistes : Jacques Le Goff, en bon héritier des modernistes de ces années-là, a ainsi expliqué lors du colloque anniversaire organisé à Brest en 2007, que les lois Auroux ont été le point de départ d'une véritable « révolution culturelle » dans le paysage social français, même si, concédait-il, elle reste fondamentalement « inaboutie », la « culture du compromis » formant la colonne vertébrale des lois votées en 1982 restant encore en France dans les limbes[498]. Mais, lors de ce même colloque, Jean-Pierre Le Crom a pu, quant à lui, pointer le fait que l'objectif de diffusion des organes de représentation du personnel, notamment dans les PME, était resté durant la décennie suivante « largement inabouti » et a souligné le faible impact du meilleur accès à l'information économique des comités d'entreprise, malgré des « améliorations réelles[499] ».

On touche ici du doigt la contradiction profonde qui caractérise la genèse des lois Auroux. Alors qu'elles avaient comme ambition de fluidifier les rapports entre les acteurs sociaux français, elles témoignent en réalité elles-mêmes du blocage fondamental qui les caractérisaient. Il est ainsi frappant de constater que la majorité des innovations mises en place en 1982 avaient été proposées depuis de nombreuses années et n'étaient, en fait, pas si neuves. Au fond, les lois Auroux se rattachent à une certaine tradition française qui, en matière sociale, privilégie les grands bonds en avant volontaristes aux petits pas prudents. C'est peut-être surtout par le retard accumulé durant les décennies précédentes que l'on peut expliquer l'énormité soudaine de la masse législative mise sur le chantier en 1982. Aurait-il eu de si monumentales lois Auroux si Valéry Giscard d'Estaing avait eu le courage politique de passer outre les résistances et de concrétiser les recommandations du rapport Sudreau, ou bien si Raymond Barre avait conduit à leur terme les initiatives prises par Robert Boulin ? De fait, les lois Auroux eurent surtout comme effet d'aligner la législation française sur les normes des pays les plus avancés socialement, comme le relevèrent dès cette époque un certain nombre d'observateurs[500].

---

498. Jacques Le Goff, « La loi du 13 novembre 1982 sur la négociation collective. Une révolution culturelle inaboutie », in Jacques Le Goff (dir.), *op. cit.*, p. 137-152.
499. Jean-Pierre Le Crom, « La loi du 28 octobre 1982 sur le développement des institutions représentatives du personnel. Les travailleurs, acteurs du changement dans l'entreprise ? », in Jacques Le Goff (dir.), *op. cit.*, p. 103-118.
500. Par exemple, Michel Castaing dans *Le Monde* du 14-15 mars 1982.

Sont-elles pourtant réductibles à cette seule dimension ? L'ambition qui animait les hommes et les femmes qui conduisirent cette réforme était pourtant bien plus large : il ne s'agissait pas seulement pour eux de rattraper un retard dans la législation. Il s'agissait aussi et surtout de changer les comportements des acteurs, de transformer en profondeur le mode de relation entre les partenaires sociaux, pour les faire passer d'une culture de l'affrontement frontal à une culture de la discussion constructive. C'est ce qu'avait explicitement déclaré Jean Auroux en mai 1982 à la tribune de l'Assemblée : le ministre du Travail y avait affirmé vouloir « introduire une rupture, non pas tant au niveau institutionnel que dans certains comportements fermés *a priori* à tout dialogue social[501] ». Le cœur du projet Auroux était donc constitué par un pari risqué qui consistait à croire que la loi pouvait tout à la fois changer les comportements et ne pas se transformer en cadre sclérosant. C'était là tout son irréductible réalisme ; c'était manifestement aussi sa part d'utopie.

---

501. *Journal officiel de la République française*, compte rendu des débats de l'Assemblée nationale, 1re séance du 13 mai 1982, p. 2092.

Annexes

Parcours antérieur à mai 1981 des principaux membres des cabinets ministériels en charge de la réforme du droit du travail

	Bernard Brunhes[502]	René Cessieux[503]	Michel Praderie[504]	Martine Aubry[505]	Pierre-Louis Rémy[506]	Jeannette Laot[507]
CFDT	X		X	X		X
PS	X		X	X		
Ministère du Travail			X	X	X	
Commissariat général du Plan	X	X	X	X (comme membre du ministère du Travail)	X (comme membre du ministère du Travail)	
Échange et projets			X	X	X	
Groupes de travail Boulin	X	X	X	X		

Principales dispositions contenues dans les lois Auroux

Loi du 4 août 1982 (libertés des travailleurs dans l'entreprise)

Le règlement intérieur doit être limité aux règles générales et permanentes relatives à la discipline, ainsi qu'à l'hygiène et à la sécurité dans l'entreprise.

Il est interdit d'y insérer toute clause contraire aux lois, règlements et conventions collectives applicables, de même que toute clause apportant aux droits des personnes et aux libertés individuelles et collectives des restrictions non justifiées par la nature de la tâche à accomplir ou non proportionnées au but recherché.

Entretien obligatoire avant toute sanction. Le conseil de prud'hommes peut désormais annuler une sanction irrégulière ou disproportionnée.

Droit d'expression directe et collective des salariés sur le contenu et l'organisation de leur travail, ainsi que sur l'amélioration des conditions de travail.

Dans les entreprises d'au moins 200 salariés, les modalités pratiques de ce droit sont fixées par négociation entre l'employeur et les organisations syndicales. En dessous de 200 salariés, la négociation est facultative.

502. Conseiller du Premier ministre pour les affaires sociales.
503. Chargé de mission à Matignon, en charge du dossier des droits nouveaux des travailleurs.
504. Directeur de cabinet du ministre du Travail.
505. Conseillère technique puis directrice adjointe de cabinet du ministre du Travail.
506. Directeur adjoint de cabinet du ministre du Travail.
507. Conseillère de François Mitterrand chargée du travail et de l'emploi.

Loi du 28 octobre 1982 (institutions représentatives du personnel)
Comité d'entreprise (CE)
Obligatoire dans les entreprises de 50 salariés et plus. Au-dessous, possibilité pour les délégués du personnel (DP) d'exercer temporairement les attributions économiques du CE.

Est obligatoirement informé et consulté sur les questions intéressant l'organisation, la gestion et la marche générale de l'entreprise (prise de participation dans une autre société, introduction de nouvelles technologies, etc.).

Possibilité de réunions d'information internes au personnel, dans ses locaux, en dehors du temps de travail (accord de l'employeur non requis). Possibilité d'inviter des personnalités extérieures à l'entreprise.

Possibilité de recourir chaque année à un expert-comptable rémunéré par l'entreprise ; à tout expert lors de l'introduction de nouvelles technologies.

Subvention de fonctionnement de 0,2 % de la masse salariale brute. Crédit de 20 heures de délégation pour les membres titulaires du CE. Formation économique financée par l'entreprise pour ces derniers.

Commission économique obligatoire dans les entreprises de 1 000 salariés et plus.

Institution de comités de groupe
Droits syndicaux

Définition du syndicat : « Étude et défense de droits ainsi que des intérêts matériels et moraux, tant collectifs qu'individuels des personnes visées par leurs statuts ». (Auparavant : défense des intérêts économiques uniquement).

Possibilité de créer une section syndicale dans les entreprises de moins de 50 salariés.

Facilités renforcées pour disposer de locaux syndicaux.

Possibilité d'inviter des personnalités syndicales extérieures, dans les locaux syndicaux sans l'accord du chef d'entreprise avec son accord dans les autres types de locaux. Possibilité d'inviter des personnalités extérieures non syndicales avec l'accord du chef d'entreprise.

Délégués syndicaux (DS) : peuvent être désignés uniquement dans les entreprises de plus de 50 salariés. Dans les entreprises de moins de 50 salariés un DP peut remplir les fonctions de DS.

Dans les entreprises de plus de 500 salariés, possibilité d'un délégué syndical supplémentaire par tout syndicat représentatif qui a obtenu, lors des élections au CE, un ou plusieurs élus dans le collège « ouvriers et employés » et un élu dans l'un des deux autres collèges.

Possibilité de désigner un délégué syndical central dans les entreprises d'au moins 2 000 salariés.

Crédits d'heures aux DS augmentés.

Délégués du personnel

Seuil maintenu : entreprises de plus de 10 personnes. Possibilité pour le directeur départemental du travail d'imposer l'élection de délégués de site là où se regroupent des organismes de moins de 11 salariés, totalisant au moins 50 salariés.

Présentent à l'employeur toutes réclamations individuelles ou collectives relatives aux salaires et à l'application des lois et règlements.

Dispositions communes

Aménagement des seuils d'effectifs déclenchant la mise en place des institutions représentatives du personnel ainsi que du mode d'intégration des salariés à temps partiel au calcul des seuils. Liberté de déplacement dans l'entreprise.

Protection accrue des représentants du personnel et de certaines catégories de personnel.

Aménagement des procédures réglant les élections des DP et des membres des CE.

Loi du 13 novembre 1982 (négociation collective et règlement des conflits collectifs de travail)
Aménagement de la définition des conventions collectives et des procédures de dénonciation.
   Possibilité pour les organisations syndicales ayant recueilli les voix de plus de la moitié des inscrits aux dernières élections du CE de s'opposer à une convention ou accord d'entreprise comportant des clauses dérogeant à des dispositions législatives ou réglementaires.
   Obligation annuelle de négocier sur les salaires, la durée et l'organisation du temps de travail dans les entreprises où sont constituées une ou plusieurs sections syndicales.
   Possibilité pour les petites entreprises de se regrouper en des commissions paritaires professionnelles ou interprofessionnelles.
   Aménagement des procédures de règlement des conflits collectifs de travail.

Loi du 23 décembre 1982 (comités d'hygiène, de sécurité et des conditions de travail)
CHSCT obligatoire dans tous les établissements de plus de 50 salariés, et de plus de 300 dans le bâtiment (dans ce secteur, entre 50 et 299 salariés, le directeur régional du travail peut imposer la création d'un comité).
   Possibilité de recours à un expert rémunéré par l'employeur en cas de risque grave.
   Le CHSCT comprend le chef d'établissement et une délégation du personnel.
   Droit pour tout salarié d'alerter l'employeur et de se retirer d'une situation de travail dont il a « un motif raisonnable de penser qu'elle présente un danger grave et imminent » pour sa vie, sans qu'aucune sanction ni retenue de salaire ne puisse être prise à son encontre.
   Le bénéfice de la faute inexcusable de l'employeur est de droit pour le salarié qui serait victime d'un accident du travail après avoir signalé le danger à l'employeur.
   Si un membre du CHSCT avise l'employeur d'une cause de danger grave et imminent, ce dernier est tenu de procéder sur le champ à une enquête et à prendre les dispositions nécessaires pour y remédier.

D'après *Le rapport et les lois Auroux*, Paris, Liaisons sociales, 1984, p. 5-10.

Première esquisse du rapport Auroux par Martine Aubry (juillet 1981)

Ministère du Travail. Cabinet du ministre. Le conseiller technique.

MA/FM

Paris, le 15 juillet 1981

Note

OBJET : Droits des travailleurs.

Le dossier sur les droits des travailleurs doit permettre de remplir un certain nombre d'objectifs communs à d'autres domaines : le renforcement de la démocratie, la décentralisation des décisions, la lutte contre les inégalités... Mais il poursuit, à titre principal, d'autres objectifs qui lui sont propres : le refus d'une société duale et la recherche d'une citoyenneté dans l'entreprise.

Avant d'accroître les droits des travailleurs, il convient, en effet, en premier lieu, de rejeter les fondements et les manifestations d'une société duale en état de constitution. Un mouvement général de segmentation des travailleurs se fait jour ces dernières années par le biais, soit du marché du travail où les salariés sont divisés en catégories bien délimitées (marché primaire et marché secondaire de l'emploi), soit du contrat de travail (fleurissement de contrats de types divers : contrats à durée déterminée, contrats de travail temporaire, sous-traitance, entreprises extérieures), soit des avantages différenciés donnés aux salariés (par exemple, exclusion d'un certain nombre d'entre eux du champ d'application des conventions collectives, octroi de congés pour travailleurs non absents...).

Il convient de lutter contre ce mouvement car il est créateur d'inégalités et va à l'encontre du progrès social qui, en France, a toujours été collectif soit par la protection minimale accordée par la loi, soit par les avantages sociaux obtenus par les droits conventionnels.

Il apparaît donc que le droit des travailleurs passe par une réunification de la collectivité du travail et le refus de la précarité de l'emploi dans toutes ses manifestations.

L'entreprise dans laquelle les salariés passent la majorité de leur temps éveillé doit être le lieu d'une réelle citoyenneté. Pour ce faire, tout d'abord, les libertés publiques doivent entrer en son sein : les décisions unilatérales du chef d'entreprise, notamment par la fixation d'un règlement intérieur, doivent être réduites. Les salariés doivent obtenir un droit d'expression réel sur les conditions de travail qui sont les leurs. Ils doivent aussi avoir la liberté de s'organiser collectivement (droit syndical) quelle que soit la taille de l'entreprise (problème des PME) et à tous niveaux où sont prises les décisions (représentation au niveau du groupe et du site).

Parallèlement, les institutions représentatives du personnel (comité d'entreprise et délégués du personnel) doivent avoir les moyens de remplir les missions qui leur sont d'ores et déjà dévolues.

Enfin et surtout, doit être privilégiée la négociation à tous niveaux mais principalement dans l'entreprise.

Il convient de choisir de privilégier le syndicat par rapport aux institutions représentatives pour diverses raisons : c'est le syndicat qui permet aux travailleurs de s'organiser collectivement dans l'entreprise et à l'extérieur de celles-ci ; c'est lui qui leur permet de s'exprimer ensemble et librement sur leurs besoins, leurs aspirations et les changements qui doivent être apportés à leur situation ; c'est lui qui, notamment grâce au pluralisme syndical existant dans notre pays, garantit l'élaboration démocratique des décisions prises et des actions menées.

Le rapport sur les droits des travailleurs pourrait, dans cette optique, comprendre quatre grandes parties qui sont quatre objectifs premiers à remplir :
- réunifier la collectivité de travail ;
- permettre une pleine effectivité des institutions représentatives du personnel existantes ;
- relancer la négociation collective ;
- faire des conditions de travail le domaine privilégié d'intervention des travailleurs.

1. Réunifier la collectivité de travail

Un double but est ici poursuivi :
- faire en sorte que l'entreprise n'ait recours à des formes primaires d'emploi que pour des motifs économiques précis et d'ailleurs peu nombreux ;
- donner aux salariés titulaires d'emplois précaires les garanties des autres salariés et des compensations pour l'insécurité de leur emploi. Seront dans cette partie analysés les problèmes posés par la sous-traitance et le contrat à durée déterminée et les modalités de réforme du travail temporaire.

2. Permettre une pleine effectivité des institutions représentatives du personnel existantes

Il est nécessaire de donner aux institutions représentatives du personnel (comité d'entreprise, délégués du personnel, sections syndicales) les moyens de remplir leur mission, qu'elle soit revendicative, de consultation ou de négociation. En premier lieu, il conviendra de les rendre présentes partout où elles devraient l'être (problèmes du constat de carence, des petites et moyennes entreprises et de la protection de leurs membres). Il conviendra aussi de les créer au niveau nécessaire pour peser sur les décisions de l'entreprise (comité de groupe et de site).
Le bon fonctionnement de ces institutions passe par un renforcement de leurs moyens. À cet égard, il s'agit de revoir par taille d'entreprise le nombre des représentants et des crédits d'heure qui leur sont accordés. Les informations, tant économiques que sociales qui leur sont fournies devront être complétées et précisées. Des moyens financiers doivent enfin leur être donnés, notamment pour permettre une réelle formation de leurs membres et la possibilité de faire appel à des experts dans des situations données. Enfin sera recherchée la possibilité, pour le comité d'entreprise, organe de consultation, de réaliser des contre-propositions dans un certain nombre de domaines et ainsi d'influencer les décisions qui seront prises.

3. Relancer la négociation collective

La réglementation actuelle sur les conventions collectives doit être revue : des règles de représentativité des syndicats signataires doivent être étudiées. Des modalités précises de fixation des conventions collectives doivent être élaborées. Des sanctions pour non- application doivent être prévues.
Le ministre du Travail doit, parallèlement, intervenir de façon volontariste pour rendre effective la négociation collective en France. Il doit ainsi agir pour combler les vides conventionnels grâce à des réunions de commissions mixtes ou à l'utilisation des procédures d'extension et d'élargissement. Il aura auprès de lui une instance consultative liée à la commission supérieure des conventions collectives qui jouera un rôle d'information et d'animation des partenaires à la négociation collective, donnera des avis au ministre ou le saisira de problèmes en ce domaine et rédigera un rapport annuel sur la situation de la négociation en France.
Le droit à la négociation dans l'entreprise doit être institué qui se traduira par une obligation de moyen (rencontre annuelle des syndicats et des employeurs notamment sur les salaires réels, l'organisation du temps de travail...).

4.- Faire des conditions de travail le domaine privilégié d'intervention des travailleurs

L'intervention directe des travailleurs sur leurs conditions de travail doit être organisée par l'intermédiaire d'un droit de l'expression qui doit rester souple et, dans mesure possible, négocié. L'intervention indirecte par le biais du CHS et la CACT doit être renforcée. Le lien avec la médecine du travail doit être réalisée.

Les désaccords entre le gouvernement et le Parti socialiste (avril 1982)

Premier ministre
Le chargé de mission
CAB.1.3.
Paris, le 27 avril 1982

NOTE
À l'attention de Monsieur le Premier ministre
OBJET : accord entre le gouvernement et le groupe socialiste sur les amendements restant en discussion.

Le groupe socialiste avait adopté le jeudi 22 avril des amendements sur lesquels le ministre du Travail et vous-même aviez manifesté votre désaccord.

Le mardi 27 avril, une réunion de travail s'est déroulée avec le ministre du Travail, les rapporteurs et les représentants de l'Élysée et de Matignon.

Le groupe socialiste s'est réuni le mardi 27 avril à 14 heures.

1° Il a accepté, sur la proposition de Pierre Joxe, de se ranger à la position du gouvernement.
Dès lors, les propositions d'amendement figurant dans la liste jointe n° 1 ne seront pas présentées par le groupe.

Les amendements figurant dans la liste n° 2 seront présentés par le groupe. Ils sont le fruit de la coopération entre le groupe et le gouvernement.

2° Le président du groupe socialiste a toutefois réservé le point suivant : possibilité pour le comité d'hygiène et de sécurité d'arrêter les machines. Ce point est la proposition n° 61 des 110 propositions pour la France.

Un amendement du ministre du Travail a été accepté par les rapporteurs et retenu par la commission des Affaires sociales.

Le groupe socialiste a néanmoins décidé que cette question sera soumise au bureau exécutif du Parti socialiste le mercredi 28 avril, afin de trancher entre les deux propositions.

La fiche n° 3 argumente la position du gouvernement. Le ministre du Travail demandera à être entendu par le bureau.

3° L'ordre du jour de la session parlementaire étant extrêmement chargé, le ministre chargé des relations avec le Parlement et le ministre du Travail seraient d'accord pour vous proposer que les 4 projets de loi sur les droits des travailleurs soient examinés en urgence. Ceci éviterait une deuxième lecture qui sera vraisemblablement longue.

René Cessieux.

Liste n° 1
AMENDEMENTS REJETÉS EN ACCORD AVEC LE GOUVERNEMENT ET LE GROUPE SOCIALISTE
Institutions représentatives
Crédit d'heure global supplémentaire pour les sections syndicales, proportionnel au nombre de salariés et réparti entre les sections ;
L'heure trimestrielle d'information syndicale ;

Abaissement de certains seuils ou augmentation de crédits pour les élus ;
Définition de la mission des syndicats dépassant la défense des intérêts professionnels ;
Liberté de rédaction des tracts et affiches pour les organisations syndicales, s'étendant au domaine politique ;
Protection contre le licenciement des élus politiques dans l'entreprise : problème renvoyé à la loi sur le statut des élus.

Négociation collective
Validité des accords si non opposition de syndicats représentant 50 % des votants (le gouvernement maintient 50 % des inscrits) ;
Suppression de l'agrément ministériel pour les accords du secteur sanitaire et social.

Règlement intérieur et droit disciplinaire
Limitation de la durée maximale de la mise à pied (effets pervers très importants) ;
Nécessité pour un simple avertissement d'organiser un entretien préalable (procédure trop lourde, effets pervers) ;
Suppression du seuil de 200 salariés pour l'obligation de négocier les modalités du droit d'expression ;
Crédit d'heures obligatoire défini dans la loi pour le droit d'expression.

Liste n° 2
AMENDEMENTS SUR LESQUELS UN ACCORD A ÉTÉ TROUVÉ
1°. Création de sections syndicales dans les entreprises de moins de 50 salariés ;
2°. Suppression du seuil de 50 salariés pour l'obligation de négocier dès lors qu'il existe une section syndicale ;
3°. Institution d'un budget minimum de fonctionnement du comité d'entreprise incluant les dépenses de secrétariat et égal à au moins 0,2 % de la masse salariale, au-delà des dépenses habituelles en matière d'œuvres sociales ;
4°. À l'amendement interdisant toute sanction disciplinaire pour fait de grève (problème examiné dans une future loi) est substitué l'amendement suivant :
« Aucune action en justice ne peut être intentée par l'employeur en vue d'obtenir réparation du préjudice occasionné par une cessation concertée du travail ou à l'occasion de celle-ci, si ce n'est devant la juridiction pénale. » ;
5°. Ont été exclus les amendements tendant à supprimer les effets d'une dénonciation des conventions collectives. Est toutefois proposé d'ajouter à l'article L. 132-8 du code du travail un alinéa 6 ainsi rédigé :
« Lorsqu'une convention collective ou un accord a été dénoncé par la totalité ou une partie des signataires employeurs, une nouvelle négociation doit avoir lieu dans les six mois suivant la date de dénonciation. » ;
6°. Aux amendements tendant à permettre l'entrée de personnalités extérieures dans l'entreprise, il est substitué les amendements suivants :
a) le comité d'entreprise peut organiser dans le local mis à sa disposition des réunions d'information internes au personnel portant notamment sur des problèmes d'actualité ;
b) le comité d'entreprise ou les sections syndicales peuvent inviter des personnalités syndicales extérieures à l'entreprise à participer à des réunions organisées par eux dans les locaux qui leur son affectés, ou avec l'accord du chef d'entreprise, dans les locaux mis à leur disposition ;
c) des personnalités extérieures autres que syndicales peuvent être invitées sous réserve de l'accord du chef d'entreprise par le comité d'entreprise ou les sections syndicales à participer à une réunion ;

d) compléter l'article L. 461-3 par l'alinéa suivant :
e) dans les entreprises de moins de 200 salariés, à défaut de négociations, le chef d'entreprise doit obligatoirement consulter le CE ou à défaut les délégués du personnel et, le cas échéant, les organisations syndicales sur les modalités d'exercice du droit d'expression des salariés.

Liste n°3
ARRÊT DES MACHINES PAR LE COMITÉ D'HYGIENE ET DE SECURITÉ

Proposition n° 61 (110 propositions pour la France)
« Le comité d'hygiène et de sécurité aura le pouvoir d'arrêter un atelier ou un chantier pour raison de sécurité. »

La proposition d'amendement du ministre du Travail
- tout salarié qui se considère en danger peut se retirer de son poste de travail ;
- le CHS a un droit d'appel auprès du chef d'entreprise pour arrêter une machine ;
- le chef d'entreprise doit motiver son refus d'arrêter la machine ;
- en cas d'accident, si le CHS avait demandé l'arrêt de la machine, il y a présomption de faute inexcusable à l'égard du chef d'entreprise.

Arguments du gouvernement
- le droit d'arrêter les machines confiées au CHS risque de conduire le chef d'entreprise à se défausser sur le CHS de sa responsabilité à l'égard de la sécurité ;
- la responsabilité du chef d'entreprise sur la sécurité doit être totale.

Sources

Archives

Centre des archives contemporaines (Fontainebleau)
Versement 19850743 : archives de Matignon (fonds Pierre Mauroy)
Dossiers G 33 (papiers de Robert Métais), G 374 à 377 (papiers de Bernard Brunhes),
G 456 (papiers de René Cessieux).
Les dérogations demandées pour les papiers des directeurs de cabinet du Premier ministre (Robert Lion puis Michel Delebarre) n'ont pas été accordées (absence de réponse).

Versement 20060603 : procès-verbaux des commissions de la VIIe législature
(2 juillet 1981-1er avril 1986).
Articles 2 et 3 : archives de la commission des Affaires culturelles, familiales et sociales.

Centre historique des Archives nationales (Paris)
5AG4 : Fonds François Mitterrand.
Ce fonds, qui comprend plus de 14 000 cartons, n'a pas encore été inventorié dans sa totalité. Le repérage des cotes en a été rendu difficile et tâtonnant, malgré l'aide efficace fournie par Pascal Geneste. Les cartons indiqués ci-après ont été consultés, mais se sont révélés finalement vides d'information sur la genèse des lois Auroux.
GE 13, dossiers 21 et 24 (archives de Georgette Elgey) ; 2200 (Yannick Moreau) ; 2480, 2481, 2484, 2485 (Jeannette Laot).
Les dérogations demandées pour les cartons correspondant aux notes écrites par Yannick Moreau et Jeannette Laot au président de la République n'ont pas été accordées.

Centre d'archives socialistes (Paris)
Archives de Pierre Mauroy
Cartons « Durée du travail. Droits des travailleurs » ; « Ordonnances, retraite à 60 ans, jeunes 16-18 ans, mesures d'ordre social, durée du travail, loi Auroux » ; « Inflation économie prix et finances 2 » ; « Budget 1982 ».
Ce fonds vient compléter à la marge le fonds Mauroy du CAC.

Fonds Marie-France Lavarini (6FP)
Articles 12 à 15 : notes prises par Marie-France Lavarini pendant les réunions du bureau exécutif du Parti socialiste (avril-juin 1982).

Institut d'histoire sociale-CGT
Fonds Henri Krasucki (7CFD)
Ont été utilisés en particulier les cartons n° 115 (comités d'entreprise), et 138 à 140 (relations avec le pouvoir exécutif).

Archives confédérales de la CFDT
Fonds Edmond Maire (15 P)
Articles 57 (politique sur les droits syndicaux), 58 (droit d'expression des travailleurs) et 104 (relations avec le gouvernement).
Secrétariat général (8 H)
Article 62 : droit d'expression des travailleurs.

Archives privées
Archives de René Cessieux
René Cessieux a conservé un certain nombre de documents de son passage par Matignon, dont les précieux carnets à spirale dans lesquels il prenait quotidiennement des notes.

Sources imprimées

Presse et revues
Presse nationale
Le Monde : dépouillé intégralement de mai 1981 à décembre 1982.
Libération, Le Figaro, Le Quotidien de Paris, L'Humanité : dépouillés sélectivement (septembre-octobre 1981 et mai-juin 1982).

Revues juridiques, syndicales et partisanes
Échange et projets (revue du club éponyme) : dépouillé de 1974 (n° 1) à 1982.
CFDT magazine (mensuel) : dépouillé pour les années 1981 à 1983.
Le Droit ouvrier (revue juridique mensuelle de la CGT) : dépouillé pour l'année 1981.
Droit Social (revue juridique mensuelle) : dépouillé de 1978 à 1982.
Intersocial : dépouillé de 1981 à 1982.
Revue pratique de droit social (seconde revue mensuelle juridique de la CGT) : dépouillée pour les années 1982 et 1983.
L'Unité (hebdomadaire du Parti socialiste). Est intégralement disponible en ligne sur le site Internet de la Fondation Jean-Jaurès : http://www.jean-jaures.org (recherche par mots-clés dans la base de données).

Débats parlementaires
Journal officiel de la République française. Débats parlementaires. Assemblée nationale : séances des 13, 14, 17, 18, 19, 24, 25, 27, 28 mai, 1er, 2, 3, 4, 7, 8, 9, 10, 11, 25 juin, 22, 27 juillet, 1er, 6, 13, 15 octobre, 24 novembre et 18 décembre 1982.
Bulletin des commissions de l'Assemblée nationale, mars, avril et mai 1982.
Journal officiel de la République française. Débats parlementaires. Sénat : séances des 19, 20, 23 juillet, 28 septembre, 5, 15 octobre, 8 novembre et 16 décembre 1982.
Bulletin des commissions du Sénat, avril à octobre 1982.

Témoignages et écrits des acteurs

Jacques ATTALI, *Verbatim I, Première partie : 1981-1983*, Paris, Le Livre de poche, 1995.
Martine AUBRY, *Le choix d'agir*, Paris, Albin Michel, 1994.
André BERGERON, *Quinze cent jours. Juin 1980-mai 1984*, Paris, Flammarion, 1984.
André BERGERON, *Mémoires*, Paris, Éditions du Rocher, 2002.
Françoise CARLE, *Les Archives du président. Mitterrand intime*, Paris, Éditions du Rocher, 1998.
Yvon CHOTARD, *Les patrons et le patronat*, Paris, Calmann-Lévy, 1986.
Jacques DELORS, *Mémoires*, Paris, Plon, 2004.
Jacques DELORS, *Entretiens*, Paris, Michel de Maule, 2005.
Claude ESTIER et Véronique NEIERTZ, *Véridique histoire d'un septennat peu ordinaire*, Paris, Grasset, 1987.
Yvon GATTAZ, *La fin des patrons*, Paris, Robert Laffont, 1980.
Yvon GATTAZ, *Les patrons reviennent*, Paris, Robert Laffont, 1988.
Yvon GATTAZ et Philippe SIMONNOT, *Mitterrand et les patrons, 1981-1986*, Paris, Fayard, 1999.
Yvon GATTAZ, *Mes vies d'entrepreneur*, Paris, Fayard, 2006.
Edmond MAIRE, *L'esprit libre*, Paris, Le Seuil, 1999.
Paul MARCHELLI, *Les aventuriers de l'an 2000*, Paris, Jean-Claude Lattès, 1986.
Pierre MAUROY, *C'est ici le chemin*, Paris, Flammarion, 1982.
Pierre MAUROY, *À gauche*, Paris, Albin Michel, 1985.
Pierre MAUROY, *Mémoires, « Vous mettrez du bleu au ciel »*, Paris, Plon, 2003.
Pierre MAUROY, *Entretiens*, Paris, Michel de Maule, 2003.
Thierry PFISTER, *La vie quotidienne à Matignon au temps de l'union de la gauche*, Paris, Hachette, 1985.
Michel ROCARD, *Si la gauche savait. Entretiens avec Georges-Marc Benamou*, Paris, Le Seuil.
Françoise SELIGMANN, *Les socialistes au pouvoir. Tome II. 1981-1995*, Paris, Michalon, 2005.
Georges SÉGUY, *Résister : de Mauthausen à mai 1968*, Paris, L'Archipel, 2008.

Documents

Jean AUROUX, *Les droits des travailleurs, rapport au président de la République et au Premier ministre*, Paris, La Documentation françaises, 1981.
COMMISSARIAT GÉNÉRAL DU PLAN, *Rapport du comité emploi et travail, préparation du 7ᵉ plan*, Paris, La Documentation française, 1976.
COMMISSARIAT GÉNÉRAL DU PLAN, *Rapport de la commission emploi et relations du travail. Préparation du 8ᵉ plan 1981-1985*, Paris, La Documentation française, 1980.
COMMISSARIAT GÉNÉRAL DU PLAN, *Préparer l'avenir à long terme, réflexions sur l'avenir du travail, préparation du 8ᵉ plan (1981-1985)*, Paris, La Documentation française, 1980.
COMMISSARIAT GÉNÉRAL DU PLAN, *Rapport du comité emploi-revenus, préparation du 8ᵉ plan (1981-1985)*, Paris, La Documentation française, 1980.
COMMISSARIAT GÉNÉRAL DU PLAN, *Rapport du groupe de travail emploi-formation, préparation du 8ᵉ plan (1981-1985)*, Paris, La Documentation française, 1980.
La réforme de l'entreprise. Rapport du comité présidé par Pierre Sudreau, Paris, UGE, « 10/18 », 1975.
PARTI SOCIALISTE, *Changer la vie. Programme de gouvernement du Parti socialiste*, Paris, Flammarion, 1972.
PARTI SOCIALISTE, *Le programme commun de gouvernement de la gauche. Propositions socialistes pour l'actualisation*, Paris, Flammarion, 1978.
PARTI SOCIALISTE, *Projet socialiste pour la France des années 80*, Paris, Club socialiste du livre, 1980.

Sources

Parti socialiste, *Les socialistes dans l'entreprise*, 5ᵉ Conférence nationale entreprises, mai 1982, Paris, Club socialiste du livre, 1983.

Pour une politique du travail. Rapports présentés à Robert Boulin. I. L'emploi, II. Le travail, Paris, la Documentation française, 1979.

Programme commun de gouvernement. Parti socialiste, Parti communiste, Mouvement des radicaux de gauche, Paris, Flammarion, 1973.

Sources audiovisuelles

Gérard Mordillat et Nicolas Philibert, *La voix de son maître*, film documentaire, 1978.

Journaux de 20 heures d'Antenne 2 des 13, 14, 17, 18, 18, 24, 25, 27 et 28 mai, des 1ᵉʳ, 2, 3, 4, 7, 8, 9, 10, 11 et 25 juin, des 19, 20 et 27 juillet, des 21 et 22 septembre 1982.

Recherche par mots-clés sur le site de l'INA (http://www.ina.fr) :
Interview de Jean Auroux
 IT1 13 heures
 TF1 – 22 décembre 1981 – 00 h 06 min 20 s.
Droits des travailleurs dans l'entreprise
 Journal A2, 20 heures
 A2 – 13 mai 1982 – 00 h 03 min 55 s.
Mesures loi Auroux
 Midi 2
 A2 – 13 mai 1982 – 00 h 01 min 59 s.
Droits des travailleurs
 Journal A2, 20 heures
 A2 – 1ᵉʳ avril 1982 – 00 h 02 min 23 s.
Plateau Auroux
 C'est à vous
 TF1 – 29 janvier 1982 – 00 h 21 min 23 s.
Coffineau, Séguin sur le projet de loi Auroux, 1ᵉʳ extrait
 Journal A2 dernière
 A2 – 13 mai 1982 – 00 h 05 min 12 s.

Entretiens

Jean Auroux, ministre du Travail (1981-1982) puis ministre délégué aux Affaires sociales, chargé du travail (1982-1983), 4 avril 2008.

Bernard Brunhes, conseiller du Premier ministre pour les affaires sociales (1981-1983), 13 mai 2008.

René Cessieux, chargé de mission puis conseiller technique (travail et emploi) au cabinet du Premier ministre (1981-1984), 21 mai 2008.

Michel Coffineau, député du Val-d'Oise (1981-1993), rapporteur de la loi relative au développement des institutions représentatives du personnel, auteur du rapport parlementaire écrit pour les 10 ans des lois Auroux, 16 juin 2008.

Yvon Gattaz, président du CNPF (1981-1986), 6 juin 2008.

Jean-Paul Jacquier, membre de la commission exécutive de la CFDT en 1982, 3 juillet 2008.

Edmond Maire, secrétaire général de la CFDT (1971-1988), 16 mai 2008.

Pierre-Louis Rémy, directeur adjoint de cabinet de Jean Auroux (1981-1982), 26 juin 2008.

Sources

Bibliographie

Outils de travail

L'année politique, économique et sociale en France, Paris, Le Moniteur, 1981 et 1982.

Jean-François SIRINELLI (dir.), *Dictionnaire historique de la vie politique française au XXe SIÈCLE*, Paris, Presses universitaires de France, 2004.

Base de données en ligne des députés français depuis 1789 : http://www.assemblee-nationale.fr/sycomore/ [21.07.2008].

Méthodes et archives

Les archives des hommes politiques contemporains, Paris, Gallimard et Association des archivistes français, 2007.

Serge BERSTEIN (dir.), *Les cultures politiques en France*, Paris, Le Seuil, 2003.

Agnès BOS et Damien VAISSE, « Les archives présidentielles de François Mitterrand », in *Vingtième Siècle. Revue d'histoire*, n° 86, avril-juin 2005, p. 71-79.

Sonia COMBE, *Archives interdites. Les peurs françaises face à l'histoire contemporaine*, Paris, La Découverte, 2001.

Écrire l'histoire du temps présent, Paris, CNRS éditions, 1993.

Sébastien LAURENT (dir.), *Archives secrètes, secrets d'archives ?*, Paris, CNRS éditions, 2003.

René RÉMOND (dir.), *Pour une histoire politique*, Paris, Le Seuil, 1996.

Généralités

Jean-Jacques BECKER (avec la collaboration de Pascal ORY), *Crises et alternances, 1974-1995*, Paris, Le Seuil, 1998.

Jacques CHAPSAL, *La vie politique sous la Ve République. Tome II : 1974-1987*, Paris, Presses universitaires de France.

Hughes PORTELLI, *La politique en France sous la Ve République*, Paris, Grasset, 1989.

Colette YSMAL, *Les partis sous la Ve République*, Paris, Montchrestien, 1989.

Biographies

Paul BUREL et Natacha TATU, *Martine Aubry. Enquête sur une énigme politique*, Paris, Calmann-Lévy, 1997.

Jérôme CATHALA et Jean-Baptiste PRÉDALI, *Philippe Séguin, hussard de la République*, Paris, Le Seuil, 1996.

Jean-Marie COLOMBANI, *Portrait du président*, Paris, Gallimard, 1985.

Franz-Olivier GIESBERT, *François Mitterrand ou la tentation de l'histoire*, Le Seuil, 1977.

Franz-Olivier GIESBERT, *Le Président*, Paris, Le Seuil, 1990.

Patrick GIRARD, *Philippe Séguin*, Paris, Ramsay, 1999.

Jean LACOUTURE, *Mitterrand, une histoire de Français, Tome I : Les risques de l'escalade et Tome II : Les vertiges du sommet Paris*, Le Seuil, 2000.

Catherine NAY, *Le noir et le rouge ou l'histoire d'une ambition*, Paris, Grasset, 1988.

Histoire des partis de gauche

Jean-Jacques BECKER et Gilles CANDAR, *Histoire des gauches en France (volume II), xxe siècle : à l'épreuve de l'histoire*, Paris, La Découverte, 2004.

David BELL et Byron CRIDDLE, *The French Socialist Party : Resurgence and victory*, Oxford, Clarendon Press, 1984.

Alain BERGOUNIOUX et Gérard GRUNBERG, *Les socialistes français et le pouvoir. L'ambition et le remords*, Paris, Hachette littératures, 2007.

Noëlline CASTAGNEZ-RUGGIU, *Histoire des idées socialistes en France*, Paris, La Découverte.

Vincent CHAMBARLHAC, Maxime DURY, Thierry HOHL et Jérôme MALOIS, *La France socialiste. Histoire documentaire du Parti socialiste*, Tome IV : 1969-2005, Dijon, Presse universitaires de Dijon, 2006.

Stéphane COURTOIS et Marc LAZAR, *Histoire du Parti communiste français*, Paris, Presses universitaires de France, 2000.

Albert DU ROY et Robert SCHNEIDER, *Le roman de la rose. D'Épinay à l'Élysée, l'aventure des socialistes*, Paris, Le Seuil, 1982.

Frank GEORGI (dir.), *Autogestion, la dernière utopie ?*, Paris, publications de la Sorbonne, 2003.

Jacques GIRAULT (dir.), *L'implantation du socialisme en France au xxe siècle. Partis, réseaux, mobilisation*, Paris, publications de la Sorbonne, 2001.

Hélène HATZFELD, *Les relations entre le Parti socialiste, la CFDT et le mouvement social, 1971-1981*, thèse de doctorat, Institut d'études politiques de Paris, 1987.

Hélène HATZFELD, *Faire de la politique autrement. Les expériences inachevées des années 1970*, Rennes, Presses universitaires de Rennes, 2005.

Hélène HATZFELD, « Une révolution culturelle du Parti socialiste dans les années 1970 ? », in *Vingtième Siècle. Revue d'histoire*, 96, octobre-décembre 2007, p. 77-90.

Jacques KERGOAT, *Le Parti socialiste de la Commune à nos jours*, Paris, Le Sycomore, 1983.

Jacques KERGOAT, *Histoire du Parti socialiste*, Paris, La Découverte, 1997.

Jean-François KESLER, *De la gauche dissidente au Nouveau Parti socialiste. Les minorités qui ont rénové le PS*, Paris, Bibliothèque historique Privat, 1990.

Marc KESSELMAN, « Système de pouvoir et cultures politiques au sein des partis politiques français », in *Revue française de sociologie*, vol. XVI, n° 4, 1982.

François KRAUS, « Les Assises du socialisme ou l'échec d'une tentative de rénovation d'un parti », in *Notes de la Fondation Jean-Jaurès*, n° 31, 2002.

Jacques MOREAU, *L'espérance réformiste. Histoire des courants et des idées réformistes dans le socialisme français*, Paris, L'Harmattan, 2007.

Jacques MOREAU, *Les socialistes français et le mythe révolutionnaire*, Paris, Hachette littérature, 1998.

Gilles MORIN, « Les socialistes et la société française. Réseaux et milieux », in *Vingtième Siècle, revue d'histoire*, n° 96, octobre-décembre 2007, p. 47-62.

Hugues PORTELLI, *Le Parti socialiste*, Paris, Montchrestien, 1992.

Marc SADOUN, *De la démocratie française. Essai sur le socialisme*, Paris, Gallimard, 1993.

Histoire de la gauche au pouvoir

Pierre AVRIL, « Le Président, le groupe, le parti », in *Pouvoirs*, n° 20, 1982, p. 115-126.

Philippe BAUCHARD, *La guerre des deux roses. Du rêve à la réalité, 1981-1985*, Paris, Grasset, 1986.

Michel BEAUD, *Le mirage de la croissance, la politique économique de la gauche*, Paris, Syros, 1983.

André BELLON, *Une nouvelle vassalité. Contribution à une histoire politique des années 1980*, Paris, Mille et une nuits, 2007.

Serge BERSTEIN, Pierre MILZA, Jean-Louis BIANCO (dir.), *Les années Mitterrand, les années du changement, 1981-1984*, Paris, Perrin, 2001.

Pierre BIRNBAUM (dir.), *Les élites socialistes au pouvoir 1981-1985*, Paris, Presses universitaires de France, 1985.

Paul CERNY et Martin SCHAIN (éd.), *Socialism. The state and Public policy in France*, Londres, Pinter, 1985.

Jean-Marie COLOMBANI, *Portrait du Président. Le monarque imaginaire*, Paris, Gallimard, 1985.

Jean-Marie COLOMBANI et Hugues PORTELLI, *Le Double septennat de François Mitterrand. Dernier inventaire*, Paris, Grasset, 1995.

Élie COHEN, « Les socialistes et l'économie : de l'âge des mythes au déminage », in Élisabeth DUPOIRIER et Gérard GRUNDBERG (dir.), *mars 1986 : la drôle défaite de la gauche*, Paris, Presses universitaires de France, 1986, p. 71-96.

Samy COHEN, « Les hommes de l'Élysée », in *Pouvoirs*, n° 20, 1982, p. 87-100.

Thomas R. CHRISTOFFERSON, *The French Socialists in Power, 1981-1986, From Autogestion to Cohabitation*, Newark, Londres et Toronto, Associated University Press, 1991.

Monique DAGNAUD et Dominique MEHL, *L'élite rose. Qui gouverne ? Les cabinets ministériels. Conseillers, experts et militants. Sociologie du pouvoir socialiste*, Paris, Ramsay, 1982.

Anthony DALEY (ed.), *The Mitterrand Era. Policy Alternatives and Political Mobilization in France*, Londres, Macmillan, 1996.

Alain DUHAMEL, *La République de M. Mitterrand*, Paris, Grasset, 1982.

Pierre FAVIER et Michel MARTIN-ROLAND, *La décennie Mitterrand. Tome I : Les ruptures (1981-1984)*, Paris, Le Seuil, 1995.

Alain FONTENEAU et Pierre-Alain MUET, *La gauche face à la crise*, Paris, Presses de la FNSP, 1985.

Robert FRANK, « La gauche sait-elle gérer la France ? (1936-1937/1981-1984) », in *Vingtième Siècle. Revue d'histoire*, 1985, vol. VI, n° 1.

Solange et Christian GRAS, *Histoire de la première république mitterrandienne*, Paris, Robert Laffont, 1991. David HANLEY, « Les députés socialistes », in *Pouvoirs*, n° 2, 1982, p. 55-66.

Stanley HOFFMANN et George ROSS (dir.), *L'expérience Mitterrand. Continuité et changement dans la France contemporaine*, Paris, Presses universitaires de France, 1987.

Laurent JOFFRIN, *La gauche en voie de disparition. Comment changer sans trahir*, Paris, Le Seuil, 1984.

Serge JULY, *Les années Mitterrand. Histoire baroque d'une normalisation inachevée*, Paris, Grasset, 1986.

Jacques LESOURNE, *Soirs et lendemains de fête. Journal d'un homme tranquille, 1981-1984*, Paris, Laffont, 1984.

Jean-Louis QUERMONNE, « Le gouvernement présidentiel ou un gouvernement partisan ? », in *Pouvoirs*, n° 20, 1982, p. 67-86.

Frédéric SAWICKI et Pierre MATHIOT, « Les membres des cabinets ministériels socialistes en France (1981-1993) : recrutement et reconversion. 1) Caractéristiques sociales et filières de recrutement. 2) Passage en cabinet et trajectoires professionnelles », in *Revue française de science politique*, 1999, volume IL, respectivement n° 1, p. 3-30 et n° 2, p. 231-264.

Frédéric THIRIEZ, *Quatre ans après*, Paris, Stock, 1985.

Vincent WRIGHT (éd.), *Continuity and Change in France*, Londres, Allen and Unwin, 1984.

Syndicats, patronat et relations sociales

Dominique ANDOLFATTO (dir.), *Les syndicats en France*, Paris, La Documentation française, 2004.

Dominique ANDOLFATTO et Dominique LABBÉ, *La CGT. Audience et organisation depuis 1945*, Paris, La Découverte, 1997.

Dominique ANDOLFATTO et Dominique LABBÉ, *Sociologie des syndicats*, Paris, La Découverte, 2000.

Dominique ANDOLFATTO et Dominique LABBÉ, *Histoire des syndicats (1906-2006)*, Le Seuil, 2006.
Alain BERGOUNIOUX, *Force ouvrière*, Paris, Presses universitaires de France, 1982.
Bruno BÉTHOUART, *Des syndicalistes chrétiens en politique (1944-1962)*, Lille, Presses universitaires du Septentrion, 1999.
Antoine BÉVORT et Dominique LABBÉ, *La CFDT : organisation et audience depuis 1945*, Paris, La Documentation française, 1992.
Monique BORREL, *Conflits du travail, changement social et politique en France depuis 1950*, L'Harmattan, 1996.
Michel BRANCIARD, *Syndicats et partis. Autonomie ou dépendance, tome II, 1948-1981*, Paris, Syros, 1982.
Michel BRANCIARD, *Histoire de la CFDT : soixante-dix ans d'histoire syndicale*, Paris, La Découverte, 1990.
Michel DREYFUS, *Histoire de la CGT. Cent ans de syndicalisme en France*, Bruxelles, Complexe, 1995.
Jean-Gabriel FREDET et Denis PINGAUD, *Les patrons face à la gauche*, Paris, Ramsay, 1982.
Frank GEORGI, *L'invention de la CFDT, 1957-1970 : syndicalisme, catholicisme et politique dans la France de l'expansion*, Paris, L'Atelier-CNRS, 1995.
Frank GEORGI, «"Le monde change, changeons notre syndicalisme". La crise vue par la CFDT (1973-1988) », in *Vingtième Siècle. Revue d'histoire*, n° 84, octobre-décembre 2004, p. 93-105.
Guy GROUX et René MOURIAUX, *La CFDT*, Paris, Economica, 1989.
Hervé HAMON et Patrick ROTMAN, *La deuxième gauche. Histoire intellectuelle et politique de la CFDT*, Paris, Le Seuil, 2002, (première édition Ramsay, 1982).
Nicolas HATZFELD et Jean-Louis LOUBET, « Les conflits Talbot, du printemps syndical au tournant de la rigueur (1982-1984) », in *Vingtième Siècle. Revue d'histoire*, n° 84, octobre-décembre 2004, p. 151-160.
Jean-Paul JACQUIER, *France, l'introuvable dialogue social*, Rennes, Presses universitaires de Rennes, 2008.
Dominique LABBÉ, *Syndicats et syndiqués en France depuis 1945*, Paris, L'Harmattan, 1996.
Dominique LABBÉ et Maurice CROISAT, *La fin des syndicats ?*, Paris, L'Harmattan, 1992.
Jean-Maurice MARTIN, *Le CNPF*, Paris, Presses universitaires de France, 1983.
René MOURIAUX, *Syndicalisme et politique*, Paris, Éditions ouvrières, 1985.
M. PIGENET, P. PASTURE et J.-L. ROBERT (dir.), *L'apogée des syndicalismes en Europe occidentale, 1960-1985*, Paris, publications de la Sorbonne, 2005.
Pierre ROSANVALLON, *La question syndicale. Histoire et avenir d'une forme sociale*, Paris, Calmann-Lévy, 1988.
Xavier VIGNA, *L'Insubordination ouvrière dans les années 68. Essai d'histoire politique des usines*, Rennes, Presses universitaires de Rennes, 2007.
Henri WEBER, *Le parti des patrons : le CNPF (1946-1986)*, Paris, Le Seuil, 1986.

La réforme de l'entreprise avant 1981

Claire ANDRIEU, *Pour l'amour de la République : le club Jean Moulin, 1958-1970*, Paris, Fayard, 2002.
Patrick BARRAU, « Le rapport Sudreau ou l'impossible consensus », in *Cahiers de l'institut régional du travail*, n° 9, avril 2001, p. 175-182.
Alain BELTRAN et Gilles LE BÉGUEC, en collaboration avec Jean-Pierre WILLIOT, *Action et pensée sociales chez Georges Pompidou*, Paris, Presses universitaires de France, 2004.
Serge BERSTEIN et Jean-François SIRINELLI (dir.), avec la participation de Valéry GISCARD D'ESTAING, *Les années Giscard. Les réformes de société 1974-1981*, Paris, Armand Colin, 2007.
François BLOCH-LAINÉ, *Pour une réforme de l'entreprise*, Paris, Le Seuil, 1963.
Bernard H. MOSS, « La réforme de la législation du travail sous la Ve République : un triomphe du modernisme ? », in *Le Mouvement social*, n° 148, juillet-septembre 1989, p. 63-91.

Histoire du droit du travail

Alain CHATRIOT, Odile JOIN-LAMBERT, Vincent VIET (dir.), *Les politiques du travail (1906-2006)*, Rennes, Presses universitaires de Rennes, 2006.

Boris DÄNZER-KANTOF, Véronique LEFEBVRE, Félix TORRES (avec le concours de Michel LUCAS), *Un siècle de réformes sociales. Une histoire du ministère du Travail, 1906-2006*, Paris, La Documentation française, 2006.

Jean-Pierre LE CROM (dir.), *Deux siècles de droit du travail. L'histoire par les lois*, Paris, Éditions de l'Atelier/Éditions ouvrières, 1998.

Jean-Pierre LE CROM, *L'introuvable démocratie salariale : le droit de la représentation du personnel dans l'entreprise (1890-2002)*, Paris, Syllepse, 2003.

Jean-Pierre LE CROM (dir.), *Les acteurs de l'histoire du droit du travail*, Rennes, Presses universitaires de Rennes, 2004.

Jacques LE GOFF, *Du silence à la parole. Une histoire du droit au travail des années 1830 à nos jours*, Rennes, Presses universitaires de Rennes, 2004, (première édition Quimper, Calligrammes, 1985).

Les lois Auroux

Michel COFFINEAU, *Les lois Auroux, dix ans après. Rapport au Premier ministre*, Paris, La Documentation française, 1993.

Jacques DUBOIS, « Analyse économico-politique des lois Auroux », in *Cahier et revue de l'Ours*, n° 146, décembre 1983, p. 3-48.

Jean-Claude JAVILLIER, *Les réformes du droit du travail depuis le 10 mai 1981*, Paris, Librairie générale de droit et de jurisprudence, 1984, (première édition 1982).

Charlotte LAURENT-ATTHALIN (dir.), *Les nouveaux droits des travailleurs*, Paris, La Découverte-Maspero/Le Monde, 1983.

Jacques LE GOFF (dir.), *Les lois Auroux, 25 ans après (1982-2007). Où en est la démocratie participative ?*, Rennes, Presses universitaires de Rennes, 2008.

Lucette LE VAN-LEMESLE et Michelle ZANCARINI-FOURNEL, « Moderniser le travail : temps de travail, conceptions de l'entreprise et lois sociales », in Serge BERSTEIN, Pierre MILZA, Jean-Louis BIANCO (dir.), *Les années Mitterrand, les années du changement, 1981-1984*, Paris, Perrin, 2001, p. 531-547.

Le rapport et les lois Auroux, Paris, Liaisons sociales, 1984.

Le débat parlementaire

Jean-Michel BELORGEY, *Le Parlement à refaire*, Paris, Gallimard, 1991.

Noëlline CASTAGNEZ (dir.), « Socialistes au Parlement », *Parlement(s)*, décembre 2006.

Jacques FRÉMONTIER, *Les cadets de la droite*, Paris, Le Seuil, 1984.

Jean GARRIGUES, *Les grands discours parlementaires de la Ve République*, Paris, 2006.

Jean GARRIGUES (dir.), *Histoire du Parlement de 1789 à nos jours*, Paris, Armand Colin, 2007.

Adolf KIMMEL, *L'Assemblée nationale sous la Cinquième République*, Paris, PFNSP, 1991.

Les questions sociales au Parlement (1789-2006), Actes du colloque du Sénat du 31 mars 2006, édition électronique.

(disponible sur : http://www.senat.fr/noticerap/2005/actes_questions_sociales-notice.html [16 juillet 2008]).

Index nominatif

ALEZARD Gérard : 147
ALLENDE Hortensia : 48
ATTALI Jacques : 16, 61, 109, 124, 145, 172, 227
AUBRY Martine : 26, 39, 55-56, 62-64, 83, 86-87, 91, 94-95, 104-105, 110-113, 126, 141, 159, 162-164, 167-168, 174, 176, 193, 210, 217, 220, 227, 230
AUROUX Jean : 7, 11, 13-26, 34, 39-52, 54-65, 67-131, 136-155, 158-163, 165, 167-169, 171-172, 174-176, 178-184, 187-194, 196-200, 202-203, 205-215, 217, 219-220, 225, 227-229, 234
AUTAIN François : 201

BACHY Jean-Paul : 157, 166, 170, 199-200
BARIANI Didier : 187
BARRE Raymond : 86, 94, 214
BARROT Jacques : 189
BEGOT Georges : 30
BÉLIER Gilles : 141, 193
BELORGEY Jean-Michel : 192, 234
BÉRÉGOVOY Pierre : 48, 60, 145, 205-206, 211, 213
BERGERON André : 8, 53-54, 107, 129, 144, 182, 227
BIANCO Jean-Louis : 17-50, 60-61, 156, 232, 234
BLOCH-LAINÉ François : 78, 233
BONO Robert : 30
BOULIN Robert : 8, 86-89, 97, 116, 178, 214, 217, 228
BRANA Pierre : 175
BRUNHES Bernard : 9, 25, 31, 51-57, 59-64, 82, 86-87, 104, 108-109, 125-127, 131, 138-139, 142-145, 147-148, 150, 152-153, 157-158, 163-164, 167-169, 175, 179,

BRUNHES Bernard (suite) : 180-182, 191, 205, 210, 217, 225, 229
BRUNHES Jacques : 194-195, 202

CABANES Pierre : 56
CASTAING Michel : 214
CESSIEUX René : 9, 25, 39, 52-53, 56, 58, 60, 63-65, 83, 85, 87, 95, 104-105, 109, 121, 124, 138-146, 151, 153-154, 158-159, 161-168, 170, 172, 174-176, 196, 199-200, 211, 217, 222, 225-226, 229
CEYRAC François : 105, 151
CHABAN-DELMAS Jacques : 13, 22, 31, 52, 78, 91
CHARIÉ Jean-Paul : 202
CHARLES Serge : 201-202
CHÉRÈQUE Jacques : 30
CHEVÈNEMENT Jean-Pierre : 23, 74
CHIRAC Jacques : 187
CHOTARD Yvon : 26, 105, 131, 144-145, 151-152, 154, 179, 188, 227
COFFINEAU Michel : 11, 41, 159-163, 167, 170, 176, 186, 193, 195, 197, 213-214, 228-229, 234
COHEN Maurice : 193
CORBIN Patrice : 53

DAGNAUD Monique : 52, 54, 56-57, 232
DASSAULT Serge : 34, 179
DEBARGE Marcel : 175
DECAILLON René : 57
DELEBARRE Michel : 199, 225
DELELIS André : 149
DELMON Pierre : 82
DELORS Jacques : 8, 16, 31, 52-53, 57, 59, 79, 90-91, 93-95, 97, 102, 109, 185, 189, 207, 227

DESCHAUX-BEAUME Freddy : 202
DEUIL Gérard : 145
DREYFUS Pierre : 205, 233
DUBOIS Jacques : 120, 208, 212, 234
DUCOLONÉ Guy : 192
DUPEYROUX Jean-Jacques : 86, 88, 178

ÉVIN Claude : 167, 171, 198

FARANDJIS Stélio : 201
FAURE Edgar : 56
FAVIER Pierre : 13-14, 17, 49-50, 140, 190, 232
FITERMAN Charles : 125, 141, 148-149
FORCADELL : 29
FOSSET André : 203-204
FOUCHIER (de) Jacques : 117
FOURNIER Jacques : 104, 181, 205
FRAYSSE-CAZALIS Jacqueline : 167, 173, 197

GALBRAITH John Kenneth : 56
GATTAZ Yvon : 11, 15, 103, 145, 151-152, 172, 191, 210, 227, 229
GAUMÉ Gérard : 129, 147, 205
GISCARD D'ESTAING Valéry : 24, 79-80, 86-88, 105, 114, 187, 214, 233
GRADEL Richard : 65, 164, 167, 171, 191
GUILLAUME Henri : 124

HATZFELD Hélène : 70, 231
HATZFELD Nicolas : 177, 192, 233

JACQUIER Jean-Paul : 11, 95, 144, 146, 228, 233
JOSPIN Lionel : 39, 156, 176-177, 186, 188, 196
JOXE Pierre : 75, 171-172, 175, 191, 222

KERGOAT Jacques : 15, 231
KRASUCKI Henri : 26, 144, 147, 172, 205, 211-212, 225
KREISKY Bruno : 48

LAOT Jeannette : 54, 60, 97, 126, 217, 225
LE CROM Jean-Pierre : 20, 214, 234
LE GARREC Jean : 63, 146, 206
LE GOFF Jacques : 16, 20-21, 57, 67, 95, 104, 127, 146-147, 163, 190, 214, 234
LE VAN-LEMESLE Lucette : 18, 234
LEBÈGUE Daniel : 124
LEGRAND Joseph : 197
LEMONNIER Jacques : 117
LESIRE-OGREL Hubert : 30
LIPKOWSKI (de) Jean : 201
LONG Marceau : 201
LOUBET Jean-Louis : 177, 192, 233

MADELIN Alain : 189, 191-192, 201
MAIRE Edmond : 10, 30, 53, 57, 106, 129, 144, 182, 209, 212-213, 226-228
MARCHAIS Georges : 187
MARCHELLI Paul : 179-181, 217
MARTIN-ROLAND Michel : 13, 17, 49-50, 140, 190, 232
MATTÉOLI Jean : 48, 88-89
MAUROY Pierre : 8, 14-18, 22, 25-26, 32-33, 39, 50-55, 63, 65, 74, 83, 87, 108-111, 116, 118, 123-126, 129, 138-141, 143-146, 148-154, 156-157, 161-172, 175-177, 180-183, 191, 194, 196, 200-201, 205, 209-211, 225, 227
MEHL Dominique : 52, 54, 56-57, 232
MENU Jean : 8, 131, 180-182
MERCIER Albert : 30, 95, 146

MÉTAIS Robert : 54, 125, 143, 147, 180, 182, 225
MILLON Charles : 191, 201
MITTERRAND François : 7-9, 11, 13-18, 21-22, 24, 29, 39, 45, 47-50, 54, 58, 60-63, 68, 74, 77-78, 95, 103-106, 108-110, 115, 119, 122, 124, 140, 145, 152, 155-156, 160, 172, 174, 176-177, 179, 182, 196, 205, 209-210, 217, 225, 227, 230, 232, 234
MORA Christiane : 175
MORDILLAT Gérard : 117, 228
MOSS Bernard H. : 15, 19-20, 79, 103, 114, 233
MOYNOT Jean-Louis : 107

NEIDINGER Jean : 105, 131, 144-145
NOIR Michel : 191

OEHLER Jean : 167

PALME Olof : 48
PEYRELEVADE Jean : 124, 170, 175
PHILIBERT Nicolas : 117, 228
PILLET Paul : 50
POMPIDOU Georges : 79, 87, 233
PRADERIE Michel : 26, 55-56, 62-64, 83, 86-87, 91, 126, 138, 142, 209, 212, 217

QUESTIAUX Nicole : 30, 205

RÉMY Pierre-Louis : 55-57, 62-64, 80, 83, 91, 94, 131, 159-160
RIGOUT Marcel : 142
RIVERO Jean : 88-89, 116
ROCARD Michel : 51, 53, 56, 69, 74, 121
ROLANT Michel : 30, 68, 102
ROUCAUTE Yves : 15
ROUDY Yvette : 198
ROYAL Ségolène : 61

SARKOZY Nicolas : 86
SCHIFFLER Nicolas : 173
SCHMIDT Helmut : 48
SÉGUIN Philippe : 8, 90, 188, 190, 192-193, 195, 200
SOUBIE Raymond : 86
SUDREAU Pierre : 8, 79, 80-82, 84, 86, 91, 93, 119, 122, 126, 207, 214

TERRENOIRE Alain : 49
TOUBON Jacques : 191-192, 196, 201
TOURNÉ André : 173
TOUTAIN Ghislaine : 167, 195

VANLERENBERGHE Pierre : 180
VIRAPOULLÉ Louis : 204

ZANCARINI-FOURNEL Michelle : 18

Table des matières

Préface d'Olivier Wieviorka — *page* 7
Remerciements — *page* 11
Introduction *et documents iconographiques* — *page* 13

Première partie
Le rapport Auroux

Chapitre I – Les conditions de la rédaction du rapport — *page* 47
La deuxième gauche au pouvoir ?
Les pôles du nouveau pouvoir

Chapitre II – Aux sources du rapport Auroux :
une décennie de réflexions tous azimuts — *page* 67

L'ombre portée des revendications du Parti socialiste
Les sources technocratiques
La matrice de la gauche chrétienne
Les revendications syndicales

Chapitre III – *Les droits des travailleurs*,
par Jean Auroux, ministre — *page* 103

La fabrique d'un rapport
Le modernisme achevé ?
Un rapport explosif ?

Deuxième partie
Du rapport à la loi

Chapitre IV – Écrire un monument législatif
page 137

La machine gouvernementale
Cinq, puis quatre projets de loi

Chapitre V – Turbulences
page 155

Réapparition du Parti socialiste
La tentation «maximaliste» du Parti socialiste
Nuages de printemps

Chapitre VI – L'œuvre parlementaire
page 183

Guérilla à l'Assemblée nationale
Des aménagements à la marge

Conclusion
page 207

Annexes — *page* 217
Sources — *page* 225
Bibliographie — *page* 230
Index nominatif — *page* 235

Le Prix de la Fondation Jean-Jaurès

La Fondation Jean-Jaurès attribue chaque année un prix récompensant un travail universitaire sur l'histoire du socialisme (xixe-xxie siècles). Il est destiné à promouvoir une étude originale permettant de retracer l'histoire des différents mouvements ouvriers et socialistes (français ou étrangers) – que ce soit sous l'angle des événements ou de la vie de militants et de responsables politiques -, mais aussi d'étudier leur organisation, leur implantation sociale et géographique, et les débats d'idées qu'ils suscitent.

Lauréats précédents

2000 : Sandra Mériaudeau, *Histoire d'une fédération du Parti socialiste SFIO : la fédération socialiste de l'Ain, 1944-1969* – maîtrise d'histoire contemporaine, sous la direction d'Étienne Fouilloux – Université Lumière-Lyon II – Note de la Fondation Jean-Jaurès n° 21, avril 2001.

2001 : François Kraus, *Les Assises du socialisme, ou l'échec d'une tentative de rénovation d'un parti (octobre 1974)* – maîtrise d'histoire contemporaine, sous la direction de Jean-Louis Robert et de Frank Georgi – Université Paris I-Centre d'histoire sociale du xxe siècle – Note de la Fondation Jean-Jaurès n° 31, juillet 2002.

2002 : Remi Darfeuil, *La Mémoire du mitterrandisme au sein du Parti socialiste* – DEA de sociologie politique, sous la direction de Gérard Grunberg – IEP de Paris – Note de la Fondation Jean-Jaurès n° 34, mars 2003.

2003 : Romain Ducoulombier, *Régénérer le socialisme. L'ascétisme révolutionnaire et la figure de l'homme nouveau prolétarien dans le premier communisme français, 1917-1924* – DEA d'histoire politique, sous la direction de Marc Lazar – IEP de Paris – Note de la Fondation Jean-Jaurès n° 42, août 2004.

2004 : Thomas Jouteux, *Le Parti socialiste dans la campagne de François Mitterrand en 1981. L'organisation militante d'une campagne présidentielle* – maîtrise d'histoire contemporaine, sous la direction de Jean-Louis Robert et de Frank Georgi – Université Paris I-Centre d'histoire sociale du xxe siècle – Note de la Fondation Jean-Jaurès n° 47, avril-mai 2005.

2005 : Bruno Demonsais, *« Gavroche », anatomie d'un hebdomadaire culturel socialiste (1943-1948)* – maîtrise d'histoire contemporaine, sous la direction de Pascal Ory – Université Paris I-Centre d'histoire sociale du xxe siècle (collection *Des poings et des roses*, juillet 2006).
Ex-aequo avec
Christelle Flandre, *Approcher la social-démocratie. Le regard du Parti socialiste sur la social-démocratie allemande, 1971-1981* – maîtrise d'histoire contemporaine, sous la direction de Frank Georgi et d'Annie Fourcaut – Université Paris I-Centre d'histoire sociale du xxe siècle (collection *Des poings et des roses*, décembre 2006).

2006 : Emmanuel Jousse, *Réviser le marxisme ? D'Édouard Bernstein à Albert Thomas, 1896-1914* – master de recherche, mention histoire et théorie du politique, spécialisé histoire, sous la direction de Marc Lazar – Sciences Po Paris (collection *Des poings et des roses*, décembre 2007).

2007 : Claire Marynower, *Joseph Begarra : un socialiste dans la guerre d'Algérie (1954-1962)* – master de recherche, mention histoire et théorie du politique, spécialité histoire, sous la direction de Marc Lazar – Sciences Po Paris (collection *Des poings et des roses*, novembre 2008).

Comité de lecture

Président
Alain Bergounioux, président de l'OURS, conseiller auprès de la première secrétaire du Parti socialiste.

Fabrice d'Almeida, professeur à l'Institut français de presse, université Panthéon-Assas Paris II.
Christian Bougeard, professeur d'histoire contemporaine à l'Université de Bretagne occidentale (UBO, Brest), chercheur au Centre de recherche bretonne et celtique.
Gilles Candar, président de la Société d'études jaurésiennes,
  professeur d'histoire en classes préparatoires au lycée Montesquieu (Le Mans).
Noëlline Castagnez, maître de conférences à l'université d'Orléans,
  chercheur associé au Centre d'histoire de Sciences Po (Paris).
Jean-William Dereymez, directeur adjoint de l'Institut d'études politiques de Grenoble.
Frank Georgi, maître de conférences à l'université Paris 1 Panthéon-Sorbonne,
  chercheur au Centre d'histoire sociale du XXe siècle.
Hélène Hatzfeld, docteur d'État en science politique,
  Mission de la recherche au ministère de la Culture et de la communication.
Marc Lazar, professeur à Sciences Po Paris.
Gilles Morin, docteur en histoire, professeur à la Cité scolaire Marie-Curie (Sceaux),
  chercheur associé au Centre d'histoire sociale du XXe siècle.

Des poings et des roses :
une équipe et un projet

Cette collection est dirigée par Pierre Mauroy, président de la Fondation Jean-Jaurès, et par Alain Bergounioux, président de l'Office universitaire de recherche socialiste.

Elle est coordonnée et mise en œuvre par un comité éditorial composé de responsables de la Fondation Jean-Jaurès (Laurent Cohen, Emmanuelle Jouineau, Thierry Mérel) et de l'OURS (Frédéric Cépède, Denis Lefebvre, Gilles Morin), avec le concours de chercheurs.

Des poings et des roses reprend le titre de l'ouvrage publié par le Parti socialiste en 2005 à l'occasion de son centenaire. Cette métaphore du combat des socialistes – Marx exigeait «du pain et des roses» pour les damnés de la terre – associe au poing des luttes et de la prise en main par les hommes de leur destin, la rose rouge, fleur d'espoir, d'amour, de passion. «Le poing et la rose» est le symbole imaginé et traduit en image par la fédération socialiste de Paris en 1970, animée par des militants du CERES. Il est devenu le logo du Parti socialiste après le congrès d'Épinay.

Des poings et des roses a comme principaux objectifs d'éditer trois à quatre fois par an des ouvrages de référence, destinés à un public le plus large possible :
– des documents d'archives illustrant l'histoire des socialistes, des origines du mouvement à nos jours ;
– des travaux inédits de chercheurs, et notamment le Prix de la Fondation Jean-Jaurès ;
– et des actes de colloques ou de journées d'étude consacrés à l'histoire de la gauche.

Dans le cadre de ces trois grands axes, notre collection est aussi ouverte aux manuscrits et propositions de recherche qui pourraient lui être soumis.

Pour tout contact :
cas@jean-jaures.org
info@lours.org

La Fondation Jean-Jaurès est une fondation politique.

La Fondation Jean-Jaurès a été créée en 1992.

La Fondation Jean-Jaurès, reconnue d'utilité publique le 21 février 1992, a pour buts, selon ses statuts, «de favoriser l'étude du mouvement ouvrier et du socialisme international, de promouvoir les idéaux démocratiques et humanistes par le débat d'idées et la recherche, de mener des actions de coopération économique et culturelle concourant à l'essor du pluralisme et de la démocratie dans le monde».

La Fondation Jean-Jaurès est présidée par Pierre Mauroy.
http://www.jean-jaures.org
fondation@jean-jaures.org

L'Office universitaire de recherche socialiste (OURS)

Fondé en 1969 par Guy Mollet (1905-1975), secrétaire général du Parti socialiste SFIO (1946-1969), l'OURS est une association (loi de 1901) qui réunit une équipe de citoyens (militants, chercheurs, journalistes…) venus d'horizons différents. Il fonctionne comme un centre de recherches historiques et théoriques non seulement sur le socialisme, et son histoire, mais encore sur tous les problèmes humains de notre temps, s'appuyant sur des publications (*L'Ours*, mensuel socialiste de critique littéraire, culturelle et artistique, et *Recherche socialiste*, revue trimestrielle thématique d'actualité politique et d'histoire sociale), des séminaires, colloques et manifestations, une bibliothèque et un centre d'archives ouverts au public.

L'OURS est présidé par Alain Bergounioux.
http://www.lours.org
info@lours.org

L'HARMATTAN, ITALIA
Via Degli Artisti 15 ; 10124 Torino

L'HARMATTAN HONGRIE
Könyvesbolt ; Kossuth L. u. 14-16
1053 Budapest

L'HARMATTAN BURKINA FASO
Rue 15.167 Route du Pô Patte d'oie
12 BP 226
Ouagadougou 12
(00226) 76 59 79 86

ESPACE L'HARMATTAN KINSHASA
Faculté des Sciences Sociales,
Politiques et Administratives
BP243, KIN XI ; Université de Kinshasa

L'HARMATTAN GUINÉE
Almamya Rue KA 028
En face du restaurant le cèdre
OKB agency BP 3470 Conakry
(00224) 60 20 85 08
harmattanguinee@yahoo.fr

L'HARMATTAN CÔTE D'IVOIRE
M. Etien N'dah Ahmon
Résidence Karl / cité des arts
Abidjan-Cocody 03 BP 1588 Abidjan 03
(00225) 05 77 87 31

L'HARMATTAN MAURITANIE
Espace El Kettab du livre francophone
N° 472 avenue Palais des Congrès
BP 316 Nouakchott
(00222) 63 25 980

L'HARMATTAN CAMEROUN
Immeuble Olympia face à la Camair
BP 11486 Yaoundé
(237) 458.67.00/976.61.66
harmattancam@yahoo.fr

571695 - juillet 2014
Achevé d'imprimer par